Franzius

NEAL SKYE

RICH & MYSTERIOUS

DER NIAGARA-FALL

KRIMINALROMAN

Ein Buch aus dem FRANZIUS VERLAG

Buchumschlag: Jacqueline Spieweg
Gestaltung der Zeitungsmeldung & des farbigen Inhaltsverzeichnisses:
Jacqueline Spieweg nach einer Idee von Neal Skye
Bildlizenz: Pixabay
Korrektorat/Lektorat: Petra Liermann
Verantwortlich für den Text ist der Autor Neal Skye
Satz, Herstellung und Verlag: Franzius Verlag
Druck und Bindung: BoD, Norderstedt

ISBN 978-3-96050-002-5

2. Auflage

Die Handlung der Geschichte ist frei erfunden. Ähnlichkeiten mit lebenden oder verstorbenen Personen sind rein zufällig und unbeabsichtigt.

Die Deutsche Nationalbibliothek verzeichnet diese Publikation in der Deutschen Nationalbibliografie; detaillierte bibliografische Daten sind im Internet über http://dnb.dnb.de abrufbar.

Für Barbara, Janett, Imke, Kathrin, Dominique und all die anderen, die mich bei diesem Projekt so wunderbar unterstützt haben. Das werde ich nie vergessen!

Special thanks to Daritzya from the El Tio in Port Chester, NY and Essence and Joey from The Little Owl in Manhattan

Kapitel 1

»Ich bin Sara«, sagte sie. »Sara Maria Anderson.«

Ich wusste, das konnte nur *Problem* bedeuten. Noch bevor ich den Kopf hob und meine Augen, die in meinen jungen Jahren einmal stahlblau gewesen waren und nun eine verwaschene, nicht namentlich zu erfassende Farbe angenommen hatten, auf sie richtete, warf ich anhand ihrer fragilen, zierlichen, aber angenehmen Stimme ein Bild auf meine innere Leinwand. Anfang zwanzig und schon vom Leben gezeichnet. Hübsches Gesicht, aber vernarbtes Herz. Ich hob meinen Kopf und sah sie an. Vor mir stand eine sehr attraktive Lady in ihren Zwanzigern mit bildschönen, sanften Gesichtszügen. Aber ihre melancholischen Augen schienen, als verbargen sie eine Seele, die schon dunkle Schatten gesehen hatte. Was immer ihr Problem war, es war nicht ihr einziges.

Die Luft in meinem kleinen Schnüfflerbüro war warm und muffig. Ich hätte das Fenster geöffnet, wenn es sich hätte öffnen lassen. Nicht das einzige, was in dieser Bruchbude nicht mehr funktionierte. Gerade hatte ich den lästigen Morgenkater mit dem billigsten Whiskey heruntergespült, den man bei *Craigs Circle* kaufen konnte, als meine Nase in dem üblichen Luftgemisch aus trockener Büroluft und abgestandenem Geschirr aus der Büroküche plötzlich einen weiteren, blumigen, ziemlich aufdringlichen Duft eines Lavendel-Parfüms aufnahm, das meinen Kontostand weit überstieg.

»Von woher kommen Sie denn gerade?«, fragte ich, nachdem ich meinen Blick von ihren grünen Augen in Richtung Süden hatte schweifen lassen.

Sie trug ein smaragdgrünes Kleid aus fließendem Satin, das sich sanft um ihre fast makellosen Maße schmiegte. Wo trug man heutzutage noch so etwas? Im Theater, in der Oper?

»Vernissage«, sagte sie. Ich wollte erst antworten, dass ich mich mit französischen Komponisten nicht gut auskannte, aber das war kein guter Zeitpunkt für Scherze.

»Draußen auf dem Schild da«, sagte sie und deutete mit einem ihrer grünlackierten Fingernägel auf den Ausgang, »steht Baker & Doyle. Sind Sie Baker oder Doyle?«

»Weder noch«, grunzte ich. Sie hatte gleich den wunden Punkt getroffen. In den 80er und 90er Jahren war Baker & Doyle eine florierende Detektei gewesen, die bis weit über die Stadtgrenzen hinaus bekannt gewesen war. Der Hedderby-Fall hatte sogar Kreise gezogen bis nach Washington D.C. und ich hatte ihn geknackt, den Jackpot. Und mein Gewinn war die Eintrittskarte zu einem lukrativen Job bei Baker & Doyle gewesen. Kurz bevor es mit Baker zu Ende ging, womit damals aber noch keiner gerechnet hatte. Donald Aaron Baker war eigentlich Rechtsanwalt, kannte sich mit Gesetzen und Gesetzeslücken aus wie kein anderer und wenn er sich mal in einen Fall verbissen hatte, arbeitete sein Gehirn 24 Stunden am Tag auf Hochtouren. Kein noch so unwichtig scheinendes Detail ging da verloren und wenn dann irgendwann ein entscheidendes Zwischenstück gefunden war – BÄNG – kramte er aus den tiefsten Ordnern seiner Erinnerung die beiden Endstücke heraus und bastelte damit aus kaum vorhandenen Bausteinen wahre Monumente.

Doyle hatte, im Gegensatz zu Baker, große Stücke auf mich gehalten. Meine Recherchen zu dem Fall hatten mir damals zu einer Beförderung bei meinem Schmierblatt, wie Doyle es immer genannt hatte, verholfen. Zum *Oberschmierer,* hatte er gelacht, als wir uns auf der Pressekonferenz getroffen hatten, die der Hedderby-Konzern seinerzeit einberufen hatte und in der die Geschäftsführung ganz deutlich klarstellen wollte, dass Matthew Hedderby sich schon vor Jahren aus dem Tagesgeschäft zurückgezogen hatte und der Konzern keinerlei Kenntnisse von den Machenschaften ihres Firmeninhabers haben konnte. Daher wurde mit aller Deutlichkeit jeglicher Zusammenhang zwischen Hedderby Chemicals Inc. und den *skandalösen Geschäftsgebaren* von Matthew Hedderby zurückgewiesen. Die Schmierblätter, allen voran der Buffalo Star, für den ich damals arbeitete, mussten ihre Seiten eben vollkritzeln mit immer sensationslüsterneren Märchen und schadeten damit ehrlichen, amerikanischen Unternehmern, die ihren amerikanischen Traum lebten, damit ihre Familien etwas zu beißen hatten. Ehrlich, bei der Rede hatte ich seinerzeit fast eine Träne verdrückt. Doyle war es gewesen, der die Beweise dafür gesammelt hatte, dass der Firmeneigner Matthew Hedderby der Drahtzieher des Geschäfts gewesen war. Damit hatte Doyle den ersten Dominostein zu Fall gebracht. Einen nicht unerheblichen Hinweis hatte er dabei von einem Journalisten erhalten, der kurz vor seiner Beförderung gestanden hatte… Aber Baker & Doyle waren auch damit beauftragt worden, Beweise für die Beteiligung der Geschäftsführung zu sammeln. Und wer die beiden nicht im eigenen Team gewusst hatte, hatte definitiv schlechte Karten gehabt. Heute allerdings brächte der Laden kaum mehr als ein Butterbrot und ein Ei ein und selbst das klang verlockend, da ich seit Wochen nicht mehr so gut gegessen hatte …

»Weder noch – das ist nur der Name. Ich habe auch einen«, sagte ich, erhob mich aus meinem Sessel und streckte der Lady meine Hand entgegen. »Darf ich mich vorstellen? Niclas Richmond, aber alle nennen mich Rich.«

War das ein verächtliches Schmunzeln auf ihrem Gesicht oder hatte sich der Vorhang bewegt und es war eine optische Täuschung? Wem wollte ich etwas vormachen? Wer sich im Büro umsah, dem kamen viele Worte in den Sinn: heruntergekommen, dunkel, muffig, aber nicht »Rich«.

»Sie waren also ...«, schob ich meinen Gedanken an.

Sara Anderson antwortete nicht gleich, sondern wirkte, als müsste sie tatsächlich überlegen. Offensichtlich kramte sie Bilder aus ihrem Gedächtnis hervor und wahrscheinlich konnte sie diese nicht sofort einordnen.

»Ich war bei der Vernissage«, sagte sie. Sie war also eine Kunstliebhaberin. Nicht, dass es wichtig gewesen wäre, aber ich war nicht mehr der verbissene Heißsporn vergangener Tage und es war inzwischen einer meiner Stärken, en passant vermeintliche Nebensächlichkeiten aufzuschnappen, um sie dann später auf Knopfdruck auszuspielen, wenn sie doch noch einmal wichtig wurden. Diese und andere Eigenschaften hatten mich dahin gebracht, wohin ich einst gekommen war: ganz nach oben. Andere brachten mich dann wieder hierher zurück.

»Was ist dann passiert?« Noch hatte ich nicht den Eindruck, dass es wert gewesen wäre, nüchtern zu werden.

»Das kann ich leider auch nicht sagen«, sagte sie mit einem Schulterzucken.

»Aber wie kamen Sie dann auf mich?«

Ich musste husten, was längst getrunkene Prozente auf unangenehme Weise meine Nase durchpusten ließ.

Sie sah mich an, ratlos, fast mitleidig, nach Worten suchend.

»Wie kommen Sie darauf, dass ich auf Sie gekommen bin?«

»Naja, zum einen sind Sie hier.« In meinen jungen Jahren hätte sie nun sehen können, wie ich meine Stirn runzelte, aber im Laufe der Zeit waren die Falten einfach dageblieben, so dass das Runzeln mit bloßem Auge kaum erkennbar war.

»Ich weiß, ich bin mit einem Taxi zur Vernissage gefahren. Ich entsinne mich auch, dass ich in die Galerie reingegangen bin oder zumindest die Tür dazu geöffnet habe – und dann erinnere ich mich erst wieder ab dem Moment, an dem ich in einem Taxi aufgewacht bin. Der Fahrer sagte, wir wären da. Und dann nannte er diese Adresse und dass er sie von meinem Mann hätte und dieser gesagt habe, er solle mich dorthin fahren. Ich sagte ihm, dass ich überhaupt nicht verheiratet sei. Da spuckte er nur sein Kaugummi aus dem Fenster und sagte, wie dem auch sei, die Reise sei beendet, bezahlt und ich solle aussteigen.«

Nannte er diese Adresse. Immer und immer wieder dröhnte dieser Satz in meinem Kopf wie ein nicht enden wollendes Echo. Was hatte es mit der Braut auf sich? Was konnte passiert sein? Und *warum* schickte sie jemand zu dieser Adresse?

Zu *meiner* Adresse, denn die Wohnung über der Detektei am Virginia Place stand seit Jahren leer und die Büroräume im Komplex hatten Baker und Doyle seinerzeit alle aufgekauft, falls die Detektei noch einmal expandieren würde. Das konnte nun nicht mehr passieren, aber vermietbar waren die Räume, die seit Jahrzehnten unbenutzt waren, auch nicht mehr. Jedenfalls nicht, ohne sie vorher einer Grundrenovierung zu unterziehen. Wer also führte die Lady in Green direkt in mein Leben? Einer, der mich kannte vielleicht. Der sie so gefunden hatte, bewusstlos nach einem schmutzigen Glas Wein oder einem getränkten Tuch vor der Nase, und gedacht hatte, sie zum Besten zu schicken. Schließlich, wenn einer einen so verworrenen Fall in dieser Stadt würde lösen können, dann ich, Niclas Richmond. *Rich* – ich nickte mir selber zu – ich hatte wieder einmal die wahrscheinlichste Lösung auf dem Tisch. Aber ich wäre nicht der Beste, wenn ich nicht auch akribisch alle weniger wahrscheinlichen Möglichkeiten bis ins kleinste Detail durchleuchten würde.

»Helfen Sie mir?« Türkisgrüne Augen sahen mich flehend an – bei der Frau passte farblich einfach alles zusammen, wenn auch sonst nichts. Ich vergesse manchmal, warum ich das tue, aber wenn so ein junges, hilfloses Ding vor meinen Schreibtisch erscheint und mich mit trauriger Miene um Hilfe bittet ... Ich wusste, ich war ihre letzte Hoffnung, der Strohhalm, nach dem die Ertrinkende griff. Ihre letzte Chance. Ihre einzige Chance.

»Ich kriege 200 Mäuse pro Tag plus Spesen.«

Kapitel 2

Nachdem ich Sara einen Kaffee angeboten hatte – schwarz, ohne Zucker, denn die Schnitte war verdammt nochmal schon süß genug –, zückte ich mein Tablet und begann, die wesentlichsten Dinge aufzuschreiben:

Erinnerungen

Das war das erste, was wir herausfinden mussten: Bis wann konnte Sara sich noch erinnern, ab wann konnte sie wieder klar denken und gab es irgendetwas, das dazwischen stattgefunden hatte, das noch in irgendeiner Form vorhanden war, sei es ein Geräusch, eine Farbe, ein Gefühl? Es konnte alles sein. Ich war mir sicher, dass mehr fehlte als nur die knappe Stunde, die nun inzwischen offensichtlich war. Wir mussten da ins Detail gehen, aber dafür hatten wir keine Zeit. Noch nicht.

Der vermeintliche Ehemann: Sara behauptete, nicht verheiratet zu sein. Sie würde den Mann, dem sie angeblich das Jawort gegeben hatte, kaum identifizieren können, oder doch? Sie erinnerte sich nicht, in das Taxi gestiegen zu sein, also war da auch kein Gesicht, das sie mit dem Unbekannten in Verbindung bringen konnte. Der Taxifahrer, der konnte ihn vielleicht beschreiben. Ziemlich sicher sogar, denn er hatte ja die Scheine kassiert. Das war erstmal die wichtigste Spur.

Taxifahrer: Diesen Punkt schob ich erstmal nach hinten, da es einiger Recherchen bedurfte, um ihn ausfindig machen zu können.

Die Vernissage: Wir mussten sicher in die Galerie zurückfahren, in der die Vernissage stattgefunden hatte. Sara wusste nicht mehr, ob sie in Begleitung gewesen war.

»Ich ging alleine rein«, sagte sie. »Da bin ich mir recht sicher. Ich überlege, wer sich dafür interessiert hätte – da fallen mir nicht viele ein.« Sie schien noch weiter zu grübeln und ich ließ sie, denn wenn sie nicht alleine zu der Veranstaltung gegangen war, musste sie sich doch erinnern, dass sie sich mit irgendwem verabredet hatte.

»Ein Freund vielleicht?«, fragte ich.

Sie nahm einen Schluck Kaffee und verzog das Gesicht. Ich trank meinen Kaffee schwarz und stark, sonst erzielte er nicht die Wirkung. Und es sah so aus, also bräuchte ich einen klaren Kopf für diese Sache.

»Nein, mir fällt wirklich niemand ein, der sich dafür hätte interessieren können.«

Ich speicherte, was ich bislang hatte und sah Sara an. Zurück zur Vernissage zu fahren, war das Offensichtliche. Nur war die lauernde Gefahr nicht zu unterschätzen. Wenn derjenige wiederkäme, der für den Blackout von Sara verantwortlich war, war sie in großer Gefahr, da sie ihn nicht erkennen würde, und selbst wenn doch, würde sie möglicherweise in dieselbe Falle tappen wie beim ersten Mal. Gut, dieses Mal hätte sie einen Profi an ihrer Seite, aber genau das könnte denjenigen auch zu einer unbedachten Handlung veranlassen. Ich hatte schon viele vor mir hergejagt und kannte das Gefühl, jemanden in die Enge getrieben zu haben. Und ein Tier, das in die Enge getrieben wird, hat nichts zu verlieren und wenn das passierte, durfte ich mich nicht auch noch um die hübsche grüne Lady kümmern müssen. Wenn das passierte, waren es meine Glock 17 und ich gegen den Rest der Welt. Ich hatte meine Halbautomatik erst vor wenigen Jahren bei einem Pokerspiel gewonnen, das fast legal gewesen war. Jedenfalls war ein Ex-Bulle dabei gewesen. Ich hatte erst *was für ein Spielzeug* gedacht, denn sie lag viel zu leicht in der Hand, aber im

Laufe der Zeit erkannte ich die Vorteile. Sie war handlich und zielgenau und ließ sich gut unbemerkt am Körper führen. Ich überprüfte das 33er Magazin auf Vollständigkeit und schob die Waffe zurück in den Halfter. Außerhalb des Schießstandes hatte ich noch keinen einzigen gezielten Schuss abgefeuert – aber wenn jemand einen falschen Plan hätte, würde meine Glock diesen durchkreuzen, soviel stand fest.

Am liebsten hätte ich die Spur bei dem Taxifahrer aufgenommen, aber die Spur war irgendwo da draußen und es war noch lausig kalt in meiner Nase. Wie groß waren die Chancen, dass jemand unten vor der Tür beobachtet hatte, wie sie aus dem Taxi stieg? Und sich dann sowas wie eine Automarke, ein Kennzeichen, den Namen oder die Nummer des Taxiunternehmens hatte merken können? Immerhin konnte Sara eine brauchbare Beschreibung des Fahrers abgeben. »Mitte bis Ende vierzig, schütteres, dünnes Haar, das einige Tage nicht gewaschen worden war, braune, abgewetzte Lederjacke, schwarzes Polohemd, unmodern«, erklärte sie mir und ich speicherte die Datei mit diesem vernichtenden Urteil über das Modebewusstsein der Taxifahrer-Gilde von Buffalo ab.

»Ja, unmodern«, wiederholte sie. Sie kam gerade aus der Toilette, wo sie gewesen war, um sich ein bisschen aufzufrischen und roch nun noch mehr nach Lavendel, als ich sie hinter mir stehend bemerkte. Offensichtlich las sie meine Stichworte.

Ich drehte mich um wie ein Schüler, der bei einer Klassenarbeit entdeckt, dass der Nachbar von einem abschreibt und sah, wie sich ihr Mund formte und »Ford, gelb« sagte. Als ich nicht sofort reagierte, schob sie ein »die Automarke« nach. Ford, okay, das grenzte es ein … Ein gelbes Taxi, ja … Super!

»Die Sitze waren beige, naja, es waren so Sitzbezüge, wie man sie im Supermarkt kaufen kann, mit so einem komischen Rautenmuster. Irgendwie pastellgelblich. Und als Schaltknüppel hatte er da eine Billardkugel draufgeschraubt.«

»Die schwarze Acht?«

Sie lachte, nein, sie lächelte, aber ohne ihre Zähne zu zeigen. Vielleicht zog sie auch nur ihre Augenbrauen hoch, aber sie zeigte eine Reaktion.

»Ja, Klischee, oder?«

Gut, einige wenige Informationen gab es nun, die ich streuen konnte. Seit einem Jahr etwa hatte ich die Möglichkeiten des World Wide Webs entdeckt, vor allem, was soziale Netzwerke betraf. Lange hatte ich mich gesträubt, gute alte Fußarbeit auf der Straße durch Surfen auf den Datenautobahnen auch nur zu ergänzen. Bis eines Tages mein Freund Vince sein Blackberry gegen ein iPhone tauschen wollte und mir sein altes Handy für einen Freundschaftspreis überließ. Es dauerte nicht lange, bis mein *Equipment* durch ein Tablet erweitert worden war. Ich hatte mir in den letzten Monaten durch gezielte Freundschaftsanfragen und Postings ein recht brauchbares Netz zusammengesponnen. Einige Male sinnlose, vermeintlich witzige Fotos mit einem einfachen *LOL* gewürdigt, schon bekam man von selbst Freundschaftsanfragen von Leuten, die man nie kennengelernt hatte. Ich loggte mich also bei Facebook ein und gab unter *Was machst du gerade* die Stichpunkte *suche Taxifahrer, gelber Ford, schwarze 8, beige Sitzbezüge mit Rautenmuster, hat gerade Dienst* ein und loggte mich wieder aus. Vielleicht ergab das was – man wusste nie.

»Sowas von Klischee«, antwortete ich übertrieben zustimmend. Frauen verstanden so etwas nicht. Ich kannte jedenfalls keine, die eine schwarze Billardkugel als Schaltknüppel cool fand.

Wo ich gerade online war, konnte ich gleich mal nach *Vernissage Buffalo* googeln. Nach wenigen Klicks war ich schon ratlos, drehte mich um und sah in ein blasses Gesicht. Jetzt, wo die Schreibtischlampe ihren kühlen Schein auch auf die Stirn der Lady warf, schimmerte ihr Gesicht ebenfalls blassgrün.

»Wir sind nicht in New York …«, sagte sie mit schwacher Stimme und starrte mich mit großen Augen fassungslos an.

Kapitel 3

Das rötliche Licht der untergehenden Sonne drang nur noch schwach durch die Bürofenster. Die Fahrt nach New York würde um die sieben Stunden dauern – ein sofortiger Aufbruch machte also wenig Sinn. Die Chance, dass die Vernissage noch lief, wenn wir eintrafen, war gleich Null. Ich schlug Sara vor, sich ein wenig auszuruhen und zog meine Jacke an, um mir ein bisschen die Beine zu vertreten, während sich Sara ein wenig ausruhen wollte. Ich ging raus auf die Straße.

Vor ein paar Monaten wäre ich jetzt ins Scarlet gegangen und hätte mich dort nach dem Taxi umgehört. Direkt neben der Detektei lag das kleine Burger-Restaurant, in dem ich an manchem Abend nach getaner Arbeit das eine oder andere Lager gekippt hatte. Meistens mit Vince, der inzwischen bei einem Sicherheitsdienst angeheuert hatte. Kaum zu glauben, aber inklusive Nachtschichtzuschläge kam er da auf mehr Kies als noch zu seinen Zeiten als Cop und obwohl auch der neue Job durchaus einige Gefahren mit sich brachte, schlief seine Ellen seitdem ruhiger, wenn er nachts unterwegs war, um die Stadt ein kleines bisschen sicherer zu machen. Und die beiden hatten zwei großartige Kinder, die vor einigen Jahren flügge geworden waren: Stuart war Drummer in einer Indie-Rockband und mit dieser ständig auf Tour, was Ellen gar nicht gefiel. Bis rauf nach Boston und runter nach Philly waren die Chubby Ankles in jeder Bar ein angesagter Act. Val schrieb im Lokalteil für eine kleine Zeitung in Brooklyn. Immer, wenn ich davon erzählte, tat ich das mit stolzgeschwellter Brust, meist aber ohne zu erwähnen, dass ich schon einen nicht unerheblichen Anteil daran hatte, dass aus ihr eine durchaus angesagte Journalistin geworden war. Naja, zumindest hatte sie gleich zwischen drei Angeboten wählen können und hatte sich glücklicherweise für das richtige Blatt entschieden, nämlich für das, das ich ihr empfohlen hatte.

Als die beiden noch Kinder waren, hatte ich mich manchmal um sie gekümmert, damit Vince und Ellen mal Zeit für sich hatten. Ich war seit der Sache damals in Kenmore nie wieder etwas Ernstes eingegangen und hatte manchmal einfach nichts Besseres vor. Nicht, dass es an Gelegenheiten gemangelt hätte, wenn vielleicht auch nicht mehr so viele wie in den guten alten 90er Jahren, in denen ich erst Oberschmierer bei einem Schmierblatt geworden war, das sich aber zufällig – und auch daran hatte ich einen nicht unerheblichen Anteil – sehr gut verkaufte und Spitzenleuten wie mir ein anständiges Gehalt bieten konnte. Und nach einigen Jahren bei Baker & Doyle, bei denen ich mit meinem ersten, seinerzeit gelb-schwarzen 69er GTX vorgefahren war, lebte ich zwar mehr von Provisionen, die wir für erfolgreich abgeschlossene Fälle erhielten, als vom Gehalt, aber das verdammt gut. Einige Jahre lang zumindest, aber auf den Gedanken, dass der Lauf, den ich seinerzeit zweifellos hatte, zeitlich begrenzt sein würde, war ich nicht gekommen. Oder ich hatte ihn nicht zugelassen. Und das sollte ich kurz darauf mit aller Macht zu spüren bekommen. Zuviel hart verdiente Dollars hatte mein GTX geschluckt – und letztlich meine Leber. Nicht zu vergessen die Jennifers, Angelinas, Reginas, Tiffanys und wie sie alle hießen. Bis dann der Dollarnachschub immer mehr versiegt war und die Bars, in denen ich abgehangen hatte, immer billiger geworden waren. Aber selbst dann konnte von Zeit zu Zeit die eine oder andere Schnitte meinem unnachahmlichen Charme nicht widerstehen. Mir hing der maskuline Duft der Straße an und manche verloren sich darin, wenn sie in meine Augen blickten, den Augen, denen der ganzen Schmerz und Dreck der Gossen nichts anhaben konnte. Augen, die aber zeigten, dass die Seele dahinter schon Kämpfe ausgetragen haben musste, von denen die Betrachterinnen nicht den Hauch einer Ahnung haben konnten. Augen, die sagten: »Trotz des ganzen Gegenwindes blickst du in die Augen eines Siegers.« Und doch aber auch alle Melancholie nach außen transportierten, die sich im Laufe der Jahre dahinter angesammelt hatte. Diese Mischung war explosiv und ich konnte es den Mädels nicht verübeln.

Aber sowie eine von ihnen Pläne mit mir machen wollte, von *gemeinsam Wegfahren* sprach oder gar auf die absurde Idee kam, ich sollte ihre Freunde oder sogar – Gott behüte – Familie kennenlernen, bewegte ich mich eilig in Richtung Ausgang auf dem Weg nach Nimmerwiedersehen. Ich hatte es nie verstanden – ich hatte nie ein Geheimnis daraus gemacht, dass ich kein Material für eine feste Beziehung war. Manche von ihnen hatten mich Arschloch genannt und Schlimmeres, aber sie konnten mir vorwerfen, was sie wollten: Ich hatte immer mit offenen Karten gespielt. Vielleicht war genau das der Punkt, warum die Fische immer wieder anbissen, selbst, wenn ich gar nicht angelte. So manche dachten sicher, sie könnten mich umkrempeln, könnten die Wunden in meiner Erinnerung heilen, könnten verhindern, dass sie manchmal nachts aufbrachen in endlosen Nächten, in denen ich schweißgebadet wach lag. In denen meine Augen brannten und ich panisch nach Luft rang, bis ich merkte, dass um mich herum alles ruhig war, dass ein kühler Luftzug durch das offene Fenster wehte und dass das Mondlicht nur einen leichten Schein in mein Schlafzimmer ließ. Nächte, in denen ich Angst hatte, wieder einzuschlafen.

Vince war der einzige, mit dem ich reden konnte. Ohne viel zu reden. Manchmal saßen wir einfach nur zusammen und schauten gemeinsam ein Football-Spiel an, tranken Lager und redeten kaum ein Wort. Aber das waren die besten Gespräche, es war wie eine Football-Lager-Therapie. Schätze, bei den Mengen an Alkohol auch nicht billiger als eine von denen, die inzwischen an jeder Ecke angeboten wurden. Es gehörte ja vor ein paar Jahren fast zum guten Ton, sich Therapiestunden reinzuziehen. Aber aus keiner Therapiestunde bin ich je mit so einem guten Gefühl herausgegangen, wie in jenen Tagen aus dem *Scarlet* nach ein paar Lager mit Vince. Und das komische war: Je öfter ich mit Vince einen trinken ging, desto weniger Alkohol floss. Bis aus dem Saufkumpanen, wie mich Ellen viele Jahre lang ohne mein Wissen abfällig abgestempelt hatte, ein gern gesehener Gast im Hause Watson wurde. Und so entwickelte sich auch zu den Kindern Stuart und Val ein gutes Verhältnis. Ich hatte die beiden nie wirklich wie Kinder behandelt – ich wusste auch gar nicht, wie man das machte. Vor allem Val entwickelte schnell ein Talent für das Schreiben. Sie schrieb komische Geschichten über Schlümpfe in Entenhausen oder einen fiktiven Außerirdischen, der von einer Kindergang gejagt wurde, bis plötzlich ein echter Außerirdischer auftauchte. Ich liebte diese naive Art, die Dinge zu sehen, und gab ihr viele Tipps, wie man Spannungsbögen ausreizen, durch Veränderung des Blickwinkels vielleicht neue Frische in eine Geschichte bringen konnte, die drohte, in einer Sackgasse zu enden.

Auch meine Überlegungen in dem Fall der grünen Lady drohten in einer Sackgasse zu enden. Ich zwängte mich in das kleine Restaurant gegenüber des Scarlet, das vor einigen Monaten seine Türen geschlossen hatte. Obwohl es direkt neben der Detektei lag, konnte es das Scarlet nicht ersetzen. *Zu voll, zu wenig Leute aus der Gegend,* dachte ich. *Speisen wie bei Muttern* war das Motto. Ein paar Mal hatte ich das gefüllte Hähnchen und die Frikadellen probiert und war nicht enttäuscht worden. Die kleine Gruppe von Rauchern, die vor dem Restaurant stand und lautstark über American Football, vor allem über den Verkauf der Buffalo Bills diskutierte, war nach eigenem Bekunden erst vor ein paar Minuten eingetroffen. So kämpfte ich mich zu Keith durch, der hinter dem Tresen gerade ein frisches Lager zapfte. Nachdem geklärt war, dass er nichts gesehen hatte, das mir hätte weiterhelfen können, bat ich ihn, sich im Laufe des Abends bei seinen Gästen doch mal umzuhören und drückte ihm einen Zehner in die Hand. Er nickte und ich machte mir keine großen Hoffnungen, dass dieser Schein gut investiert sein würde.

Nur ein paar Meter weiter war ich diesbezüglich optimistischer. Seit das Scarlet geschlossen war, trafen sich Vince und ich meistens in einem etwas größeren BBQ-Schuppen mit einer exzellenten Küche und einer großen Auswahl amerikanischer, mexikanischer und britischer Biere. Ich hatte dort mein erstes *Newcastle* getrunken und war seitdem meist dabei geblieben. Aber nun war mein Magen eher flau – er brauchte etwas zum Arbeiten. Ich bestellte zwei BBQ Bacon Burger, einen mit extra Käse und Jalapeños. Jake hatte mich an der Tür schon abgefangen und meine Bestellung aufgenommen. Ihm gehörte der Laden zwar nicht, aber er schmiss ihn fast alleine. Für sein Alter – er mochte gerade Ende zwanzig sein – hatten sich schon eine nicht unerhebliche Anzahl von Ringen unter seinen Augen platziert. Aber er verstand seinen Job, hatte einen der besten BBQ Köche der Stadt eingestellt und ein gutes Konzept. Wer allerdings BBQ mit Grillen verglich, musste sich auf einen langen Vortrag gefasst machen. »Eine Praline«, hatte er mir mal gesagt, »schluckst du auch nicht in einem Stück herunter. Du lässt sie langsam auf der Zunge zergehen, nur dann kann sie ihren Geschmack voll entfalten. Dasselbe ist es mit dem Fleisch auf einem BBQ – du musst es langsam erhitzen. Wer Fast Food will, geht zur Konkurrenz. Die Franzosen essen vier Stunden lang und länger und manche von uns meinen, von der Bestellung bis zur Bezahlung mit weniger als einer halben Stunde auskommen zu wollen.« Jake hatte den Kopf geschüttelt. »Alles Barbaren!«

An jenem Tag aber war Jake weniger gesprächig. Dennoch bat ich ihn, sich mal umzuhören. Den toten Präsidenten konnte ich diesmal steckenlassen, als Stammgast half Jake mir gerne. Es war der erste Fall, der direkt eine Spur hier am Virginia Place hinterließ und auch wenn ich mir keine großen Hoffnungen machte, einen entscheidenden Hinweis zu erhalten, so hatte ich es doch in der Nase, dass, wenn jemand etwas zu dem ominösen Taxi beisteuern konnte, es Jake sein würde.

Er war eine echte Plaudertasche – er begrüßte jeden Gast wie einen Freund, den er lange nicht mehr gesehen hatte und über dessen Besuch er sich ganz besonders freute. Das war eine spezielle Gabe von Jake – man hatte gar nicht das Gefühl, in einem Restaurant zu sitzen, sondern bei einem Kumpel, der an einem warmen Sommerabend das BBQ anschmiss und mit dem man zusammen auf etwas anstieß: auf den Frieden oder dass die Bills das nächste Spiel gewannen oder einfach nur auf einen schönen Abend. Tatsächlich lohnte sich die Warterei auf die Burger, denn einer jungen Frau mit krausen, brünetten Haaren, die provisorisch mit einer Klammer nach oben gesteckt waren, war das Taxi tatsächlich aufgefallen.

»Ein New Yorker Taxi in Buffalo«, sagte sie, als sei sie immer noch überrascht. »Das sieht man ja nicht alle Tage.«

Ich zückte mein Blackberry und schrieb die wichtigsten Beobachtungen auf. Leider waren es nicht sehr viele. Der Ford war offensichtlich ein Crown Victoria – das hatte ich erwartet und das half nicht wirklich weiter. Sehr gut beschreiben konnte sie die blonde Frau in dem auffälligen Kleid, die aus dem Taxi gestiegen war, zögerlich und ratlos noch verharrte, wo der Crown längst kehrtgemacht und wahrscheinlich seine lange Fahrt zurück zum Big Apple begonnen hatte. Aber die Beschreibung nutzte auch nichts – wie Sara aussah, wusste ich ja bereits. Zum Taxi konnte sie auch nicht mehr sagen – auf die Werbung darauf hatte sie nicht geachtet.

»Haben Sie denn die Nummer sehen können an der Tür?« Madame Kraushaar kratze sich im selbigen und schüttelte den Kopf. »Nein – ich würde denken, irgendwas mit 90 am Ende, aber es kann auch 30 gewesen sein oder 99?«

Irgendwas mit … – das grenzte es ein. Noch hatte ich keine Ahnung, wie mir die dürftigen Informationen weiterhelfen konnten, aber es waren manchmal einfach auch die Informationen, die man nicht bekam, die eine höhere Bedeutung hatten als die, die man erhielt. So war offenbar kein zweites Fahrzeug im Spiel gewesen. Madame Kraushaar sagte klar und deutlich, dass es eine Weile gedauert hatte, bis die Dame letztlich ausgestiegen war und dass kein Fahrzeug dahinter gewartet hätte. Damit war nun auch klar: Die Dame war wirklich allein nach Buffalo gekommen. Niemand hatte sie erwartet oder sie gar auf dem Weg in mein Büro begleitet. Ihre Geschichte schien zu stimmen, aber das war keine Überraschung. Es war nicht nur ihr unschuldiger Blick, es war auch die Angst in diesem, die Verzweiflung darüber, die er nicht verbergen konnte, in eine Situation geraten zu sein, die Sara nicht unter Kontrolle hatte. Meryl Streep mochte so etwas spielen können, Sara Anderson nicht. Da war ich mir sicher.

Es war ein Anfang. Es fing ja immer so an, aber wenn ich nur einen Fetzen erwischen konnte, war ich wie eine Bulldogge, dann war es nur eine Frage der Zeit, bis der Job getan war.

Ich bezahlte die beiden Burger und ging zurück in die Detektei. Ich beschloss, Vince anzurufen und ihn zu fragen, ob er Ellen vielleicht um etwas bequemere Kleidung bitten konnte, die sie Sara ausleihen konnte. So in etwa müsste die Größe stimmen und so scharf die Schnitte in ihrem Abendkleid auch aussah – so konnte ich unmöglich mit ihr in New York herumlaufen.

Als ich zurück ins Büro ging, lag Saras Kopf auf ihrer Handtasche, die wiederum auf meinem Schreibtisch lag. Leicht hob sie ihn, als sie mich bemerkte. Mit müden Augen schaute sie mich an, bis sie diese nach der Entdeckung des Burgers weit aufriss. Ich konnte mir nicht helfen, aber ich hatte den Eindruck, ihr Gesicht hatte inzwischen auch ohne den Schein der Schreibtischlampe eine blassgrünliche Farbe angenommen.

»Ich bin hundemüde«, gähnte sie. »Aber den Burger schickt ein Engel.« Und auch das sagte sie ohne eine Spur von einem Lächeln.

»Möchten Sie jemanden anrufen?«, fragte ich sie. »Sie werden doch sicher in New York vermisst.«

»Danke«, erwiderte sie und nickte in Richtung ihrer Handtasche. »Ich wollte eben einer Freundin Bescheid geben, wo ich bin, aber mein iPhone ist leer. Ich würde gerne sagen, sie soll sich keine Sorgen machen. Ich würde ihr morgen erklären, was passiert ist. Und im Büro erwartet man mich eh erst wieder am Montag.«

Nachdem wir das ungesunde Zeugs heruntergedrückt hatten, griff ich wieder zu meinem Blackberry, das mir Sara nach einem kurzen Gespräch zurückgegeben hatte und wählte eine wohlbekannte Nummer.

»Ellen Watson«, meldete sich eine dunkle Frauenstimme. Ellens Stimme hatte einen warmen, freundlichen Klang, der nicht zu der Förmlichkeit ihres Tons passte. Offensichtlich hatte sie nicht auf das Display geschaut und sie rechnete ja auch nicht mit meinem Anruf. Vince war nicht zu Hause, aber gut, ich benötigte für Sara ja auch keinen von Vince′ Anzügen, so konnte ich Ellen direkt fragen.

»Der war gut«, schmatzte Sara. Mindestens seit Fahrtbeginn aus New York hatte sie nichts Essbares mehr zwischen die Zähne bekommen und ich fragte mich, ob dieser eine Burger ihr reichte. Aber am Ende hatte sie ihn zwar fast doppelt so schnell verdrückt wie ich, aber sie lehnte sich dann erschöpft zurück und schien erstmal zufrieden zu sein.

Zum ersten Mal, seit sie vorsichtig und voller Spannung den Raum betreten hatte, lag so etwas wie ein tiefer Atemzug in der Luft. Zwar nur wie eine kurze Pause, wie im Ring während eines Boxkampfes, dessen Ausgang keiner vorhersehen kann, aber immerhin. Ich betrachtete ihr Gesicht, das für einen kurzen Moment satt und zufrieden aussah. Sie hatte dunkelblondes Haar, dem, obwohl es recht kurz geschnitten war, ihre Frisur doch eindeutig eine feminine Note verlieh. Ihre grünen Augen wirkten die ganze Zeit über verloren und ich fragte mich, ob sich das ändern würde, wenn man sie mit so etwas wie einem Lächeln kombinierte. Ob sie enger werden würden, wenn sie wütend war? Aber ich hätte nicht darauf gewettet, sondern war der festen Überzeugung, sie würden dieselben hilflosen Signale aussenden, wie sie es taten, als ihre türkisfarbenen Pumps sie in mein Büro geführt hatten. Ihre Wangen wirkten kantig und weich zugleich, ein Zusammenspiel zweier Eigenschaften, die normalerweise kein Team bildeten. Genau das aber war das Faszinierende an ihrem Gesicht. Und ihre Lippen – manche Frauen gaben jedes Jahr Unmengen von Geld aus, damit ihre Lippen so voll wirken würden und verfehlten damit meist das Ziel, denn die Natürlichkeit ging dann fast immer den Bach runter (genauso wie der Kontostand der dazugehörigen Ehemänner). Ich war da immer schon eigen gewesen – wenn ich Botox im Gesicht sah, kam mir das Essen von vor drei Tagen wieder hoch und es verdarb mir jeglichen Appetit auf neues. Und mein Magen knurrte eigentlich immer, so dass Hunger und Appetit für mich nur noch sowas wie Synonyme waren. Aber ihre Lippen waren auf eine ganz natürliche Weise voll und verführerisch, ein Brigitte Bardot–Gedächtnis-Schmollmund. Man wusste gar nicht, wohin man als erstes schauen sollte – das ganze Gesicht war ein einziges Kunstwerk. Sie musste die Männerherzen im Akkord brechen.

Reiß dich zusammen, Rich, wies ich mich selbst an, als mein Blick wieder auf ihr Abendkleid herunterfuhr. *Du bist Profi,* mahnte mich eine innere Stimme und eine andere fügte ein hämisches *ein ALTER Profi* hinzu. Das Mädchen könnte gut und gerne meine Tochter sein und wenn ich an meine Aktivitäten zu besseren Zeiten zurückdachte, bestand dafür sogar eine gewisse Wahrscheinlichkeit. Außerdem war sie eine Kundin und wir brauchten beide einen kühlen Kopf.

Kapitel 4

Ich wohnte in einem kleinen Holzhaus aus dem 19. Jahrhundert in der Cornelia Street, gleich gegenüber von einem Center für Verkauf und Schärfen von Sägeblättern. Das Haus hatte ich damals als Notlösung gekauft und es sollte eigentlich als Übergang dienen. Es hatte leer gestanden und das war das Hauptkriterium gewesen, da Wohnraum knapp gewesen war. Außerdem war ich ohnehin nur zum Schlafen zuhause. Zu den besten Zeiten von Baker & Doyle waren 14-Stunden-Tage keine Seltenheit. Meist ging man danach noch ins Mulligan's, um runterzukommen, vielleicht noch, um Einzelheiten eines Falles bei zwei, drei Glas Honker's Ale zu besprechen oder auch nur, um die Gelegenheit zu suchen, die Nacht nicht alleine verbringen zu müssen. Der Pub lag zwar einige Minuten vom Büro entfernt, aber die Musik war cool, das Ale kalt und es hingen immer ein paar heiße Schnitten da herum. Essen servierte man dort damals schon nicht, aber wir hatten ohnehin unsere Sandwiches oder Hot Dogs meist tagsüber nebenbei verdrückt. Irgendwann aber hatten sich unsere Ansprüche diesbezüglich gewandelt, weswegen wir dann immer seltener ins Mulligan's gegangen waren. Deswegen und vielleicht aufgrund der Tatsache, dass die Freundin vom Wirt seinerzeit ein kleines Techtelmechtel nebenher hatte mit einem gutaussehenden, erfolgreichen Privatdetektiv, was mir sowas wie Hausverbot eingebracht hatte. Und eine Nacht im Knast, weil ich vielleicht etwas zu hart zurückgeschlagen hatte, als mir der Wirt eine Lektion erteilen wollte und danach den Kollegen von der Streife den Verlust eines Schneidezahnes melden musste. Ich war immer schon ein friedfertiger Mensch gewesen, aber angegriffen funktionierte mein Körper wie eine Präzisionswaffe. Ich hatte noch nie jemanden so fluchen hören wie ihn in jener Nacht, in der er die psychischen Schmerzen für einen Moment vergessen konnte, weil die physischen sie übertrumpft hatten. Ich war selber auch nicht glücklich gewesen, denn so viele coole Bars hatten wir in der Stadt nicht und vor allem Doyle war eine Weile muffig gewesen, weil er ungern auf sein Honker's Ale verzichten wollte und dort danach auch kein so gern gesehener Gast mehr war.

Sex hatte ich an den seltsamsten Orten gehabt und oft genug damit geprahlt, aber nie im eigenen Bett. Seit ich in Babcock wohnte, hatte nie eine Schnitte einen Fuß in mein Schlafzimmer gesetzt. Das würde auch heute nicht passieren. Zum einen war die Kleine viel zu jung. Das hatte mich zwar bei der einen oder anderen Barbekanntschaft nicht gehindert – meine Formel war da ganz einfach *wenn legal dann egal*, aber das hier war kein Bierflirt, das war keine Frau, mit der man die Welt um sich herum einfach mal vergessen konnte für eine Nacht, der man danach sagen konnte: *Das war toll, das sollten wir irgendwann nochmal machen – ich ruf dich an* und sie sagt dann *Unbedingt!* und denkt *Wenn du glaubst, dass ich dir meine richtige Telefonnummer geben würde, bist du noch naiver, als ich dachte.* Wobei, die falsche Telefonnummer zu hinterlassen, das hab´ ich ja wohl erfunden, naja, zumindest perfektioniert. Manchmal hinterließ ich Telefonnummern von irgendwelchen Leuten, die mir auf die Nerven gegangen waren. Dieser Winkeladvokat zum Beispiel, der beinahe dafür gesorgt hatte, dass sein Klient mit seiner Schwarzarbeitervermittlung uns von der Schippe gesprungen wäre. Der Typ war auf der auf-den-Zeiger-gehen-Skala im blutroten Bereich. Oder als ich gerade ein gutes Jahr bei Baker & Doyle war, stellten die so einen studierten, schnöseligen Kanadier ein, der meinte, sich beliebt zu machen mit wahnsinnig komischen Witzen über unser Land. Amerikanisches Bier sei der Versuch, Wasser zu verdünnen – hallo? Doyle hatte mal gesagt: »Die Kanadier hatten das größte Potential aller Nationen. Sie könnten die Kultur der Briten haben, die Küche der Franzosen und die Technologie der Amerikaner. Stattdessen haben sie die Kultur der Amerikaner, die Küche der Briten und die Technologie der Franzosen ...« Ich hatte nur gelacht und denke noch heute darüber nach, wie er das mit der Kultur gemeint haben könnte. Heute, nachdem ich den Spruch mal bei Facebook geschickt bekommen habe, bin ich mir nicht mehr so sicher, dass er sich das selber ausgedacht hat.

Nein, ich wusste noch nicht, wer diese Sara war, aber so eine war sie nicht. Obwohl mir nicht entgangen war, wie sie mich ansah. Wie konnte man einen Typen auch schon anders ansehen, in den man seine ganze Hoffnung legte? Dass sich da Hormone bilden mussten, lag fast auf der Hand. Aber ich wollte die Situation nicht ausnutzen. Offenbar hatte die Lady etwas Kleingeld und ich hatte nicht nur endlich mal wieder einen vielversprechenden Auftrag, sondern auch erhöhten Bedarf, dass ein paar Scheinchen mal wieder die Richtung wechselten.

Aber ich musste ihr anbieten, bei mir zu übernachten, denn meinen Vorschlag, ihr ein Zimmer in einem der vielen Hotels in Buffalo zu besorgen, beantwortete sie mit Kopfschütteln. *Hoffentlich,* dachte ich in jenem Moment, *werde ich sie wieder los, wenn der Fall vorbei ist.*

Ich hatte eine recht bequeme Couch, auf der mich auch schon viele Male der Schlaf übermannt hatte. Für eine Nacht sollte das gehen, zumal ich den Eindruck hatte, dass, sowie sie sich hinlegte, sie im Reich der Träume landen würde. Im Büro konnte ich nicht bleiben. Die Fenster ließen sich nur noch in der kleinen Küche öffnen und ich schlief nur noch bei offenem Fenster.

Bevor wir losfuhren, nahm ich mein Blackberry aus dem Jackett und loggte mich ins Internet ein. Ich hatte eine Nachricht von BlackDragon, einem Typen, aus dem ich nicht wirklich schlau wurde. Keine Ahnung, warum ich eines Tages eine Freundschaftsanfrage von ihm erhalten hatte. Er schien auch wenig auf Facebook unterwegs zu sein, war niemand, der sein Mittagessen postete, irgendwelche Urlaubsbilder oder youtube-Links zu irgendwelchen Rockklassikern oder zu witzigen oder sozialkritischen Geschichten. Und auch sonst gab er nichts von sich preis. Aber er schien ein verdammter Computerfreak zu sein. Und er hatte einen Hang zum Wesentlichen, was ihn mir sehr sympathisch machte. So bestand seine Gegenfrage zu meinem Taxisuchaufruf aus einem einzigen Wort.

Wofür?

Soviel Zeit musste sein. Ich gab ihm eine kurze Erklärung und erhielt von ihm ein *Gesehen*. Ich hätte wetten können, ein *okay* hielt er für überflüssig, da er wusste, dass Facebook die Information selbst rausschickte, wenn die Nachricht gelesen worden war. Warum also eine Bestätigung bestätigen?

Interessanter hätte die Nachricht von Rafael sein können, der in einem Pizza Star-Laden in der Elmwood Ave arbeitete, denn tatsächlich hatte er den gelben Ford Crown gesehen, als er nordwärts an seinem Laden vorbeigefahren war. Er konnte sogar ziemlich genau sagen, zu welcher Uhrzeit das passiert war. Leider waren damit seine Beobachtungen erschöpft und das einzige, was ich mir notierte, war, dass die tatsächliche, zeitliche Abfolge zumindest innerhalb Buffalos der erwarteten entsprach. Eine große Überraschung war das leider nicht.

Der Aufenthalt bei Ellen war kurz. Vince war immer noch auf Schicht und Ellen hatte Besuch von einer Freundin. Sie sahen sich gerade eine dieser modernen Krimiserien an, in denen Fälle gelöst wurden, weil irgend so ein ungeliebter Nerd in einem Labor aus einem pixeligen, verwackelten Foto einen gestochen scharfen Ausschnitt basteln konnte, der ganz klar bewies, dass die Reifenspuren zu einem 89er Sedan gehörten, auf sechs Millimeter heruntergefahren waren und ein Muster hinterließen, das darauf schließen ließ, dass die Reifen zwischen dem 16.04.1994 und dem 17.03.1995 gekauft worden waren, und zwar in einem Laden Ecke irgendwas, weil nur zwei Läden diese Reifenmarke führten und der andere Laden zu dem Zeitpunkt wegen eines Wasserrohrbruchs geschlossen gewesen war. Das hatte ein anderer Nerd mit unfassbar umfassenden Computerkenntnissen herausgefunden. Ich hasste diese Serien, weil sie mir auf unverblümter Weise verdeutlichten, dass ich zu einer aussterbenden Gattung zählte. Die Vieraugen von damals, denen wir früher auf dem Schulhof die Lunchpakete geklaut hatten, beherrschten heute die Szene. Verrückte Welt.

Wie sich herausstellte, waren die Hosen, in die Sara schlüpfte, überraschenderweise alle etwa eine Nummer zu groß – ich musste mich da verschätzt haben. So blieb am Ende doch nur ein schwarzer, wadenlanger Rock übrig, den Ellen eigentlich schon aussortiert hatte, aber noch behielt in der Hoffnung, dass sich irgendwann das regelmäßige Fitnesstraining in Kleidergrößen auszahlen würde. Bei Sara saß er wie angegossen und auch wenn sie immer noch chic aussah, so doch weit weniger auffällig als in dem Abendkleid.

Tatsächlich hatte Ellen dann ein hellblaues T-Shirt in der Auswahl, auf dem die Freiheitsstatue zu sehen war. Darunter stand in fetten Lettern *I LOVE NY*. Sara lächelte, mehr aus Höflichkeit als über den Scherz, und entschied sich für ein malvenfarbenes, leicht eingelaufenes T-Shirt mit der schwarzen Wolkenkratzer-Silhouette einer fiktiven Metropole, unter der in kaputten Buchstaben *SUBURBANISATION* stand. Die Suche nach einem geeigneten Schuh erwies sich als weitaus schwieriger, bis Ellen dann doch noch auf ein Paar schlichte, schwarze Ballerina stieß, die Val gehörten. Mit einem schönen Gruß an Vince verabschiedeten wir uns und ich steuerte meinen GTX wieder südwärts.

Als wir dann in meinem kleinen, aber eigenen Haus ankamen, spürte ich einen fragenden, etwas mitleidigen Blick von der Seite. Oh, ich war sicher, die Lady war besseres gewohnt, wobei New York ja auch nicht gerade bekannt war für Schnäppchen-Villen. Trotzdem musste allein ihr Kleid teurer gewesen sein als meine gesamte Wohnzimmereinrichtung. Ich bot ihr noch einen

Tee an, den sie aber dankend ablehnte. Sie wollte nur noch schlafen.

Es wurde dann wieder eine dieser Nächte. Bestimmt drei oder vier Mal wurde ich wach, hatte mich etwas geweckt, das nicht da war. Und jedes Mal konnte ich erst wieder die Augen schließen, nachdem ich mich vergewissert hatte, dass alles ruhig und in Ordnung war. Und jedes Mal zog ich auch mein Blackberry und sah nach, ob jemand etwas gesendet hatte, das mir weiterhelfen konnte. Es war seit einiger Zeit immer so. Es diente mehr der Beruhigung als der Befriedigung meiner Neugier. Gegen drei Uhr morgens war ich dann allerdings hellwach. Der schwedische Drache. Der Tattoo-Freak sandte mir einen Link. Ein Typ mit einem Profilbild eines 65er GTOs hatte ein Foto gepostet. Ein Foto eines gelben Ford Crown Victoria auf dem Niagara Thru-way von heute Nachmittag, 17 Uhr. Die Nummer auf dem Ford war klar erkennbar und endete mit 39. Aber die Nummer war gar nicht mehr wichtig, denn der Teufelskerl hatte sich in die Behörde der Stadtverwaltung von New York City reingehackt und wir hatten einen Namen: Der Ford war zugelassen auf Ricardo Pelayo Torres. Jetzt hatte die Bulldogge den ersten Fetzen fest zwischen den Zähnen und würde nicht mehr loslassen.

Ich war am Abend zuvor schon neugierig gewesen, mehr von Sara Maria Anderson zu erfahren, aber sie war ja fast schon auf der Fahrt zu mir eingeschlafen und wir würden ja am nächsten Tag Zeit haben auf dem Weg nach New York.

Sara behauptete, tief und fest geschlafen, aber wirres Zeug geträumt zu haben. Leider hatte sie keinerlei Erinnerungen mehr daran, aber das war ja auch nichts Neues ...

Wir mussten nun herausfinden, an was genau sie sich erinnerte, womit sie sich die Stunden, Tage und vielleicht Monate vor dem Besuch der Vernissage beschäftigt hatte. Und ich musste so viele Informationen wie möglich über ihr Leben erhalten, um das Geschehene verstehen zu können. Mir wäre sicher lieber gewesen, wir hätten das in Ruhe in meinem Büro oder meinetwegen am Küchentisch hinter uns bringen können, aber die Zeit drängte. Ich glaubte zwar immer noch daran, dass es für alles eine logische Erklärung geben musste und nicht wirklich etwas dahintersteckte, was die Fahrt nach New York rechtfertigen würde. Aber ich wusste, wenn da doch etwas faul war, dann musste man die Spur aufnehmen, solange sie noch frisch war. Außerdem hatten wir noch eine lange Fahrt vor uns, bei der sie sich mit dem Erzählen Zeit lassen konnte. Zwar konnte ich dann nicht mitschreiben, aber mein Gedächtnis funktioniert wie eine Festplatte, wenn ich mir Dinge merken musste, die zu einem Namen gehörten. Und nun war ein neuer Ordner hinzugekommen: *Sara Maria Anderson*. Was ich einmal bewusst gehört hatte, blieb für immer als Datei in meinem Kopf. Der Unterschied zu einer richtigen Festplatte lag darin, dass man einmal erstellte Dateien in meinem Kopf nie mehr löschen konnte. Aber wenn ich doch mal nicht sicher war, konnte Sara eine Adresse, einen Namen oder Sonstiges, das ich nicht gleich richtig zuordnen konnte, in meinem Blackberry notieren.

Wir waren gerade an Rochester vorbei, da wusste ich schon ein bisschen mehr. Sara war in Brooklyn aufgewachsen. Ihr Vater, Roger Anderson, hatte in der Gerichtsmedizin gearbeitet und starb, als Sara siebzehn war. Ihre Mutter Bernice übte einen Bürojob bei einem renommierten Softwareentwicklungsunternehmen aus. Sara war Jahrgangsbeste in der Abschlussklasse gewesen und hatte ein Stipendium an der Columbia University erhalten. Schon während des Studiums war sie abgeworben worden vom NYC Mercury – das war quasi ein Sechser im Lotto für sie gewesen. Eine junge, moderne Zeitung, die sich schon nach wenigen Jahren in New York etabliert hatte und mit einer täglichen Auflage von 350.000 Exemplaren bereits eine beachtliche Konkurrenz für die etablierten Zeitungen darstellte. Es hatte sie stolz gemacht, am Aufbau einer jungen Zeitung mitzuwirken, die sich schon bald vor den *Daily News* nicht mehr verstecken musste. Dabei hatte sie offensichtlich Mitbewerber ausgestochen, die einen immensen Druck vom Elternhaus her bekamen, um zu beweisen, dass das viele Geld, das in die Ausbildung gesteckt worden war, sich rentiert hatte. Damit hatte sich die Tochter einer alleinerziehenden, weiblichen Bürokraft sicher nicht nur Freunde gemacht. Manche konnten für so einen Job schon mal an die Grenze der Legalität gehen. Aber was wollte jemand damit bezwecken, sie für einen halben Tag vielleicht aus der Stadt zu wissen? Würde sie einen wichtigen Termin verpassen? Aber warum dann ausgerechnet Buffalo? Und wer in New York kannte meinen Namen? Mich hatte es zwar so drei-, viermal in den Big Apple gezogen, um mit meinen Recherchen weiterzukommen, aber ich bildete mir nicht ein, dass mehr als eine Handvoll New Yorker meinen Namen kannte, geschweige denn wusste, wo mein Büro lag.

Vor Binghamton fuhren wir dann von der Interstate 81 ab, um mit einem Burger den Hunger zu stillen und mit einem schwarzen Kaffee die Müdigkeit zu bekämpfen. Nur das Gespräch mit Sara hielt mich wach – dieser permanente Schlafmangel wirkte langsam. Wie ein steter Tropfen hatte er meinem Körper nach und nach die Energie entzogen. Aber ich riss mich zusammen, nur jetzt brauchte mein Magen etwas zum Arbeiten, auf das mein Blut in den Adern weiter zirkulieren konnte und nicht so vor sich herschlich, wie es den Anschein hatte.

»Erzählen Sie mir von Ihrer Arbeit!«, forderte ich sie auf, nachdem sie von den sanitären Anlagen zurückgekommen war.

»Mal sehen …«, begann sie. »Also, fast ein Jahr lang habe ich dort nur Zuarbeiten gemacht, zuerst im Feuilleton, dann in der Lokalredaktion. Ablage, Kopien, Berichte zusammenfassen für Kollegen und Kolleginnen und so weiter. Dann fing ich an, bei den Zusammenfassungen schon auf Querverbindungen hinzuweisen, Ideen zu entwickeln, die richtigen Fragen zu stellen.« Sie sah mich vielsagend an. »Das kam nicht so gut an. Die Kleine, die frisch von der Uni kam, aber schon alles besser wissen wollte – Sie verstehen, dass das einigen unangenehm aufstieß. Es dauerte eine Weile, aber dann wurde Marc Vineyard auf mich aufmerksam und fing an, mir Zusammenfassungen aufzutragen von Berichten, Reden und solchen Sachen. Eine ganze Zeitlang lief das so und alles, was zurückkam, waren immer wieder Verbesserungen, immer wieder der Hinweis auf Fehler und Ungenauigkeiten. Wenn ich irgendetwas voraussetzte, dann sagte Vineyard, dass man das nicht könne. Tat ich es nicht und war zu ausführlich, sagte er, er wolle eine Zusammenfassung des Berichts lesen, nicht die Serie zum Film. Ich war einerseits stolz ob der Möglichkeiten, die er mir immer wieder gab, aber ich hatte andererseits das Gefühl, auf der ganzen Linie zu versagen. Und als ich irgendwann den Tränen nahe war, bat er mich in sein Büro. Ich war mir fast sicher, meine Kündigung zu erhalten. Stattdessen bat er mich um eine Art Dokumentationsserie über Schwerverbrecher in Manhattan, die er einmal in der Woche bringen wollte. Nicht zum Zuarbeiten, sondern in meiner eigenen Verantwortung. Sogar mein erstes, kleines Team durfte ich mir dafür zusammenstellen. Ich war völlig von der Rolle und konnte es gar nicht glauben, aber heute weiß ich, dass er mich auf die Probe gestellt hatte. Er hatte ganz bewusst einige Bewertungen schlecht ausfallen lassen, obwohl ihm klar gewesen war, dass diese nicht gerecht waren. Er hatte damit testen wollen, wie ich damit umgehe. Ob ich das Handtuch werfe beim ersten Widerstand, ob ich mich bei den anderen Kollegen über ihn beschwere – oder ob ich noch mehr Energie in meinen Job stecke und selbst gut durchdachte Arbeiten immer wieder einer Prüfung unterziehe. Und dann ging es auf einmal ganz schnell und inzwischen habe ich in der Lokalredaktion ein eigenes Team, das aus vier Leuten besteht und dem ich vorstehe.«

Ich bat Sara, ihre Teamkolleginnen und -kollegen kurz zu beschreiben. Oft genug entstanden Probleme am Arbeitsplatz und hier schien eine Mischung aus Eifersucht, Ehrgeiz und Neid in der Luft zu liegen. Da brauchte man kein Streichholz, da reichte ein Blick und das ganze Gebilde stand lichterloh in Flammen.

»Ich hatte heute keinen Termin, es ist Samstag. Ich kann mir nicht vorstellen, dass irgendjemand etwas davon hat, wenn ich am Wochenende nicht zuhause bin.«

Wir machten uns wieder auf den Weg zu meinem GTX und fuhren auf dem Grand Army of the Republic Highway weiter Richtung New York und Sara begann, mir die Mitglieder in ihrem Team vorzustellen.

Da war Victoria Dimon, eine erfahrene Kraft, die seit zwanzig Jahren oder länger schon in dem Geschäft arbeitete und von der ersten Stunde an beim NYC Mercury war. Sie kamen gut miteinander aus, da Sara ihr Respekt entgegenbrachte, während viele der anderen Victoria nur als ein übriggebliebenes Fossil einer Zeit ansahen, in der Computer nur etwas für Freaks gewesen waren und ein gutes Ablagesystem mit Ordnern, Trennblättern und Schränken noch geschätzt worden war. Aus einer Zeit, in der die Manager noch einen großen Bogen um jede Schreibmaschine gemacht und ihr Zehnfingersystem noch eine Bedeutung gehabt hatte. Heute besaß jeder ein eigenes Notebook und keiner ließ mehr etwas abschreiben. Victoria arbeitete auf ihre Rente zu. Das war zwar noch ein Stück Weg, aber von der großen Karriere träumte sie nicht mehr. Sie erledigte immer noch viel Fußarbeit – und das noch mit einem erstaunlichen Tempo. Aber es waren oft Arbeiten, die niemand sah. Arbeiten, die nur auffielen, wenn sie niemand machte. Arbeiten, mit denen man niemanden beeindrucken konnte und die sich leider nur zu selten auf den Gehaltsscheck auswirkten.

David Kerec war jünger als Sara und sollte von ihr langsam ins Team eingeführt werden. David war noch sehr unsicher und ihm fehlte bisher die Gabe, eine Meinung auch gegen eine heftig vorgetragene Gegenmeinung standhaft zu vertreten, aber Sara erkannte in ihm durchaus Potential. Dass von ihm irgendeine Gefahr ausgehen konnte, war unwahrscheinlich.

Kelly Mitchell war nur zwei- oder dreimal die Woche in der Redaktion. Sie teilte sich die Mutterschaftszeit mit ihrem Mann

Steven, der entsprechend an den Tagen arbeitete, an denen Kelly zuhause blieb.

Und dann war da dieser Brian O'Reilly, und da hörte ich genauer hin. Brian war schon länger beim NYC Mercury als alle anderen aus dem Team, ausgenommen Mrs. Dimon. Ihn zeichnete laut Sara ein schon ungesunder Ehrgeiz aus. Es war ihm ein Dorn im Auge, dass sie ihm die Position quasi vor der Nase weggeschnappt hatte. Die Position, auf die er viele Jahre gewartet hatte, weil die Gelegenheit absehbar gewesen war. Denn auch wenn keiner genau wusste, wie viele Jahre ihr Vorgänger Glen Cooper wirklich auf dem Buckel hatte, so musste er irgendwann mal abtreten und dann würde die Stelle frei werden. Brian war ein exzellenter Journalist. Vor allem seine Technik bei Interviews, in denen er bewusst rüde und forsch war, um die Interviewpartner zu verunsichern und sie dadurch dazu zu bringen, aus ihrer kontrollierten Deckung herauszutreten und etwas zuzulassen, was sie gerne vermieden hätten, nämlich Emotionen – da machte ihm keiner etwas vor, das musste auch Sara ihm zugestehen. Aber es gab andere Eigenschaften, die sie als weniger glücklich empfand.

»Brian neigt dazu«, sagte Sara, »manchmal Dinge als eigene Ideen zu verkaufen, die gar nicht von ihm stammen. Und ich weiß, dass er eine Zeitlang auch meine Akten durchforstet hat – als wollte er wissen, mit wem er es zu tun hat. Ich habe es irgendwann aus Zufall mitbekommen. Ich habe ihn quasi in flagranti erwischt, als er meinen Terminkalender durchlas, aber er lachte nur und meinte, er wolle mich mal zum Essen einladen und habe schon mal nach einem Termin gesucht. Von dem Personalgespräch danach träumt er sicher noch heute.«

»Und – waren Sie mit ihm Essen?«

»Natürlich nicht! Jedenfalls nie privat. Bei gemeinsamen Terminen standen wir schon zusammen an einem Hot Dog-Stand.« Sie verzog den Mund zu einem sehr kurzen, unechten und breiten Grinsen.

Als hätte sie den Eindruck, ich hielte ihre Animosität für diesen Brian für übertrieben, schob sie nach:

»Eines Morgens kam ich mal etwas früher ins Büro und hörte Brian mit jemandem telefonieren. Und er sprach offensichtlich mit jemandem, den ich auch schon einmal interviewt hatte. Es war eine Recherche für eine befreundete Anwältin, die mit einer Spur nicht weiterkam.«

»Was war das für ein Fall?«

»So eine Erbschaftsgeschichte – eigentlich kein besonders interessanter Fall«, sagte sie. Das war gelogen – da war ich sicher.

»Ich glaube, der Fall ist interessanter, als es den Anschein hat ...«, murmelte ich vielsagend.

»Eben, genau das dachte Brian offensichtlich auch. Aber ich habe keine Ahnung, wie er an die Telefonnummer gelangt ist.«

»Haben Sie Telefonate in Ihrem Büro getätigt oder waren Sie auf Internetseiten, die mit dem Fall zu tun hatten?«

Sara schüttelte den Kopf. »Nein, so naiv bin ich nicht. Ich weiß, dass es in meinem Job viele Kojoten gibt, die nur darauf warten, dass sie einem ein Stück von dem Kuchen wegnehmen können. Die Sache unterlag strengster Geheimhaltung.«

Ich hatte gleich das Gefühl, dass an diesem Fall etwas nicht stimmte. Die Geschichte war sicher wahr, aber nur halb erzählt. Wesentliche Punkte schienen da zu fehlen. Die Frage war: Fehlten diese Punkte auch ihr oder hatte Sara etwas zu verschweigen? Eine uninteressante Geschichte, die der strengsten Geheimhaltung unterlag – ich war etwas beleidigt, dass sie sich so wenig Mühe mit dem Lügen gab.

»Unterliegt«, verbesserte sie sich, als hätte sie meine Gedanken lesen können.

»Hören Sie«, sagte ich in einem bestimmenden Ton. »Sie haben mich engagiert, obwohl Sie selber offensichtlich sehr gut sind im Recherchieren. Was braucht eine aufstrebende Journalistin von Ihrem Kaliber Hilfe von einem Schnüffler, zudem einem Schnüffler aus Buffalo, der weit weg ist von all dem, was mit diesem Fall zu tun haben könnte? Sie könnten nach New York zurückfahren, dort zum NYPD gehen und Anzeige gegen Unbekannt erstatten. Außer Ihrem Blackout ist ja noch nichts passiert, was wirklich nach einem Fall aussieht.«

Sara sah flüchtig zur Seite und dann wortlos auf die Straße und wirkte dabei so konzentriert, als würde sie den Wagen lenken.

»Wenn wir etwas hier zusammen erreichen wollen, dann geht das nur als Team«, fuhr ich fort. »Wenn Sie Ihr eigenes Ding durchziehen und mich nur als Bodyguard missbrauchen – Schätzchen, da müssten Sie noch ein paar Scheinchen mehr rüberwachsen lassen. Wenn Sie das vorhaben – und ich sage nur, wie es auf mich wirkt – durchschaue ich das noch heute Nachmittag und fahre noch heute zurück nach Hause.«

»Ich kann da nichts zu sagen. Schweigepflicht, okay? Das müssten Sie doch kennen? Davon gehe ich auch bei Ihnen aus oder hätten wir das vorab schriftlich festlegen sollen?«

Sie konnte schnippisch sein, naja, sie war Journalistin und schnell mit den Worten.

»Ich sage es nur. Sie müssen mehr wissen als das, was Sie vorgeben zu wissen. Und der einzige Grund, warum Sie mich brauchen, ist vielleicht, dass Sie eine Ahnung haben, warum Sie nach Buffalo geschickt wurden. Ich lasse nur mal ein paar Gedanken spielen. Vielleicht brauchen Sie irgendwann Ortskenntnisse von mir oder Kontakte, die Ihnen fehlen, weil ich ein gut funktionierendes Netz aufgebaut habe in Buffalo. Und in Niagara Falls natürlich. Bis runter nach Cleveland, nur zur Vollständigkeit. Oder aber Sie stecken in einer Sache fest, weil es Sie persönlich betrifft, weil Sie als Journalistin feststellen, dass Sie als Sara zu emotional an die Sache herangehen. Dass Ihnen die Perspektive fehlt für eine objektive Betrachtung, dass Sie viel zu tief selber drinstecken, als dass Sie noch einen klaren Überblick haben könnten.«

»Darf ich weiter hier vorne sitzen oder muss ich nach hinten auf die Couch, Herr Doktor?«

Sara erwartete keine Antwort. Sie war sichtlich genervt, aber es half nichts: Wenn sie nicht endlich reinen Tisch machte, zumindest an einer Ecke, dann machte mein weiteres Mitwirken keinen Sinn. Nicht, dass ich etwas Besseres zu tun gehabt hätte, aber es juckte in meinem kleinen Finger und das bedeutete nichts Gutes. Das bedeutete, dass die ganze Geschichte gefährlicher war, als es vielleicht gerade den Anschein machte. Und wenn Gefahr lauerte, wollte ich verdammt nochmal wissen, was die Gefahr für ein Gesicht hatte. Ich musste sie abschätzen können, musste die nächsten Schritte vorhersehen, Gegenschritte überlegen, überlegen, ob dieser Job das wert war. Wobei mir nicht einmal klar war, ob das überhaupt noch meine Entscheidung war. Wenn Sara in Schwierigkeiten war und irgendjemand – unabhängig ob gut oder böse – sie in ein Taxi zu meinem Büro gesetzt hatte, steckte ich möglicherweise eh schon mehr in der Sache drin, als ich ahnte. Das gefiel mir nicht und wenn mir etwas nicht gefiel, ging ich in die Offensive.

»Ich will wissen, gegen wen wir kämpfen«, sagte ich dann nur, nachdem von Sara keine weitere Reaktion gekommen war.

Sie stieß einen tiefen Seufzer aus.

»So ein Zufall«, sagte sie ruhig. »Das will ich auch!«

Sara lotste mich auf dem New York State Thruway besser, als mein Blackberry es gekonnt hätte – und sie hatte eine deutlich angenehmere Stimme als meine Navigations-App, die mich an Mrs. MacGill, meine erste Klassenlehrerin, erinnerte. Immer, wenn ich mal mit einem Navi unterwegs war und die Straße nicht gleich gefunden habe, wartete ich auf einen schnippischen Kommentar von *Mrs. MacGill,* wie ich meine Navi App gerne liebevoll nannte, und ihre Stimme klang in meinem Kopf: *Ach, haben wir uns vorher die Route etwa nicht angesehen? Oder die Ohren heute beim Waschen vergessen? Ich sagte: DIE NÄCHSTE RECHTS!*

Aber die Anweisungen von Sara waren präzise und immer rechtzeitig. So kamen wir ordentlich voran. In Spring Valley fuhren wir dann zur letzten Pause ab. Zum einen schluckte der GTX seine gut 50 Liter auf 100 Meilen, zum anderen knurrte nicht nur Saras Magen. So lenkte ich den V8 auf eine Mobile Tankstelle und füllte den Tank bis zum Anschlag. Gegenüber war ein Kansas Chicken & Fries, der etwas zum Füllen unserer eigenen Tanks bereithielt.

Viel weiter waren wir nicht gekommen – ich hatte das Gefühl, Sara hatte mir alles erzählt, was sie mir erzählen wollte. Es waren die Pausen. Kleine Pausen, aber diese verrieten schon während meiner Anfangszeit als Journalist meine Interviewpartner. Wenn jemand eine Frage nicht spontan beantworten konnte, sondern erstmal tief Luft holte, als müsste er länger ausholen, um dann doch nur eine kurze Antwort zu geben, hatte er etwas zu verbergen. Und Sara Maria Anderson hatte etwas zu verbergen. Selbst auf die Frage danach, wo sie wohnte, ließ sie eine Pause folgen. Wer muss bei so einer Frage überlegen?

»Ich habe ein kleines Apartment in Lower Manhattan«, sagte sie dann. »In der Bedford Street.«

Sie wohnte da mit … – Pause – … alleine. Immerhin war die Übernachtungsfrage schnell gelöst. Unten in dem Haus, in dem sich ihr Apartment befand, war ein Restaurant mit italienischer und amerikanischer Küche, in dem sie öfter nach einem langen Arbeitstag noch ein Cheddar Omlette, einen Bacon Cheese Burger oder Gravy Meatball Sliders zu sich nahm.

»Da kann man wirklich gut essen und das Ambiente ist sehr angenehm«, sagte sie. Komisch, ihre kulinarischen Vorlieben unterlagen offensichtlich keiner gesonderten Geheimhaltung, auch wenn uns das nicht im Mindesten weiterbrachte. Jedenfalls kannte sie einen Stammgast des Restaurants und der besaß im selben Haus ein Apartment, in dem auch ihres lag. Eine SMS genügte und schon war die Unterkunft reserviert. Beeindruckend.

Kansas Chicken & Fries gehört nicht gerade zu meinen Favoriten, aber wir waren letztlich satt geworden und wollten uns aufmachen zu unserer letzten Etappe. Doch dann passierte etwas, dass die Sachlage mit einem Mal völlig änderte. Sara kramte gerade in ihrer Handtasche herum, um ein Taschentuch herauszufischen, als sie plötzlich niesen musste und sich dabei von mir wegdrehte. Bei der Gelegenheit schubste sie aus Versehen ihre Handtasche um, so dass ich für einen kleinen Moment einen Einblick in selbige bekam. Hektisch stellte sie die Handtasche wieder hin und warf mir einen flüchtigen Blick zu. Und ihr Blick verriet mir, dass sie registriert hatte, dass mir Zeit genug geblieben war, sie zu sehen. Ich hatte noch nie eine kleine SIG Sauer in Natura gesehen, aber ich hatte mich eine Zeitlang sehr intensiv mit Waffen beschäftigt, bevor ich mich dann für meine erste Glock entschieden hatte. Vince und seine Truppe waren mit einer SIG Sauer ausgestattet und er klagte über das fehlende Ersatzmagazin und über das schlechte Ladesystem, war aber begeistert ob der Treffsicherheit. Aber Vince und seine Truppe gehörten zu einem professionellen Sicherheitsdienst – was machte eine Journalistin mit einer SIG Sauer? Eine Journalistin zudem, die mit einer Waffe in ihrer Handtasche in mein Büro fuhr? Ich atmete tief durch und entschied: Hier war erstmal Klärungsbedarf, bevor die Reise weitergehen konnte. Ich stieg doch nicht mit einer bewaffneten, unbekannten Frau in meinen GTX, zumal sie mir dieses kleine Detail verschwiegen hatte.

Sara setzte sich wieder und stand dann wieder auf – sie schien gerade gar keinen Plan zu haben, was sie nun machen sollte.

»Kaffee?«, fragte sie schließlich.

»Okay.« Kaffee … Okay. Ähm. Tja ...

Nach einer Weile kam sie mit zwei Bechern Kaffee in der Hand wieder zurück und wir sagten erstmal eine ganze Weile lang gar nichts. Mir ging jegliches Zeitgefühl verloren, daher kann ich nicht genau sagen, wie lange wir da saßen und unsere Gedanken sortierten. So musste sich Bobby Fisher einst gefühlt haben, als er Boris Spassky gegenübersaß, 1972 in Reykjavik. Die Nervosität vor dem ersten Zug, die Spannung, welche Taktik der Gegner anwenden würde, die Angst vor dem Verlieren. Selbst eine Glock im Halfter zu haben und diese im Ernstfall womöglich schneller ziehen zu können als Sara ihre SIG – darauf mochte und konnte ich mich nicht verlassen, erst recht nicht, wenn meine Hände wieder am Steuer waren.

»Gut«, sagte sie schließlich. Eine, wie ich fand, sehr unpassende Wortwahl. »Rich, du musst mir glauben, dass ich keine Ahnung habe, wie diese Waffe in meine Tasche gekommen ist. Ich habe nie eine Waffe besessen und lehne Waffen grundsätzlich ab.«

Es klang grundehrlich. Mir lag ein *Mensch, du* – box ihr an die Schulter – *hast mir aber einen Schrecken eingejagt, aber, puh, bin ich jetzt erleichtert* auf der Zunge. Stattdessen sah ich sie nur an und versuchte herauszufinden, ob sie log. Wo kam plötzlich das vertrauliche *Rich, du …* her? Wollte sie mich in Sicherheit wiegen? War ich in Gefahr? War ich durch sie in Gefahr? Oder war sie die Gefahr?

»Du bist eine Frau«, stellte ich fest. »Du hast in meiner Bude gepennt.« Ich musterte sie scharf. »Also, mal angenommen, du hattest wirklich keinen Schimmer, so weißt du doch spätestens seit gestern Abend, dass du eine SIG Sauer in deiner Handtasche hast. Du willst mir doch nicht sagen, dass du da seit gestern nicht mehr reingeschaut hast!«

»Also, erstmal würde ich diesen Satz nie so formulieren. Ich könnte eine SIG Sauer nicht von einer Walther unterscheiden und ich kenne die Namen nur, weil ich den einen oder anderen Kriminalroman gelesen habe und auch gelegentlich fernsehe.«

»Wie kann man den Satz denn anders formulieren?«, fragte ich leicht irritiert. »… weißt du doch spätestens seit gestern Abend, dass du eine Pistole in deiner Gianni Versace hast.«

Ich konnte nicht anders, als zu schmunzeln, obwohl mir wahrlich nicht danach zumute war. Und sie warf mir einen unschuldigen Blick zu und zuckte mit den Schultern.

»Sie war im Ausverkauf.«

Beantwortete das die Frage, wie eine, wenn auch aufstrebende, Journalistin aus Lower Manhattan sich eine derart teure Designerhandtasche leisten konnte? Nicht wirklich.

»Okay, okay«, sie gestikulierte wild mit den Händen. »Du bist gerade da, wo ich gestern war. Als du draußen warst, um was zu essen zu holen, da wollte ich Samantha in der Galerie angerufen. Das iPhone war in der Tasche und da ist mir die Waffe aufgefallen. Nochmal: Ich habe keine Ahnung, wie sie da hingekommen ist.«

Es war der Punkt, an dem der Fall in meinem Kopf Fahrt aufnahm. Es schien, als glühten gerade sämtliche Drähte, als sei eben noch in meinem Gehirn Mittagspause gewesen, nur ein paar Zellen hatten noch daran gearbeitet, den verbliebenen Restalkohol abzubauen, aber nun hatten alle gleichzeitig die Arbeit wieder aufgenommen. Samantha, Galerie, Vernissage, Lower Manhattan.

»Samantha Woolf.«

Es klang nicht wie eine Frage – es klang wie eine Antwort bei einer Quizshow. Ich wusste es einfach und wenn es um Namen ging, irrte ich mich so gut wie nie.

»Du kennst sie?« Sara schien gerade alles aus dem Gesicht zu fallen.

»Ich hab von ihr gelesen«, sagte ich. »Samantha Fatima Woolf, geboren … 1975? Jedenfalls in Rockland, Maine. Ihr Vater hat die Familie verlassen, als sie noch nicht mal zur Schule ging. Ihre Mutter war die Tochter eines englischen Bootsbauers und einer ägyptischen Tierärztin und arbeitete im mittleren Management eines Karosseriebauunternehmens. Daher wurde sie weitestgehend von ihrer drei Jahre älteren Schwester Amanda großgezogen. Als Samantha sechzehn war, nahm Amanda einen Job in New Jersey an und Samantha zog kurz darauf bei ihr ein, ging dann in New Jersey aufs College und studierte danach in Princeton Kunst und Finanzen. Sie hat mit dreizehn ein Buch geschrieben, das sie mit Ende zwanzig wiederfand, als ihre Mutter das

Haus verkaufte, um mit ihrem zweiten Mann zusammenzuziehen. *Genieße die Aussicht* hieß es und sie hat es überarbeitet, um ein paar Kapitel erweitert und dann über einen kleinen Verlag veröffentlicht.«

Sara schaute mich ebenso irritiert wie verängstigt an – so sehr, wie ich mir die Frage stellte, wer sie war, schwirrten nun in ihrem Kopf Fragen herum. Fragen, wer *ich* war und warum ich so viel über Samantha wusste.

»Cosmopolitan hat ihr mal eine Seite gewidmet«, grinste ich und antwortete damit zum Teil auf ihren fragenden Blick. Das Buch war eine Zeitlang *der* Renner gewesen. Man konnte es eigentlich jeder Frau und jedem Mädchen schenken und manche hatten daher zwei oder drei Exemplare, die sie dann wiederum weiterverschenkten. *Kein neues Thema, aber die Hoffnungen einer jungen Frau in der Sprache einer 13-jährigen, geschrieben vor fast zwanzig Jahren – authentischer wurden die auslaufenden 80er noch nie beschrieben.* So oder so ähnlich hatte jedenfalls der Buffalo Star geschrieben, als das Buch die Bestsellerlisten erreichte. Ich habe in einem Interview mit ihr im Netz gelesen, dass sie gefragt wurde, ob sie ein weiteres Buch plane und mich hat ihre Antwort beeindruckt. Sie sagte, ja, sowie Zeitreisen erfunden werden würden. Dann könnte sie ein zweites Buch mit sechzehn anfangen und könnte es heute bearbeiten und ergänzen.

Tja, man sagt, sie sei mit der Verlegerin gut befreundet gewesen und habe daher ungewöhnlich gute Konditionen für ein Erstlingswerk aushandeln können. Jedenfalls kam wohl einiges zusammen und sie hatte bald genug Geld, um eine eigene Galerie zu eröffnen. Gilt heute als gefragte Kunstexpertin.

»Wie habt ihr euch kennengelernt?«, fragte ich neugierig.

»Ein Erbstreit«, meinte Sara. »Eine Erbin hatte noch zu Lebzeiten Gemälde veräußert, um die Pflegekosten abdecken zu können, und die anderen Erben behaupteten, der Verkauf hätte viel mehr Geld bringen müssen und haben einen Rechtsanwalt mit dem Fall beauftragt. Offenbar hatte der Vater die Gemälde tatsächlich deutlich teurer eingekauft, aber eben weit über Marktpreis, weil ihn der Wert nicht interessierte und sie für ihn das Geld eben wert waren. Samantha hat damals die Expertise erstellt und wir machten gerade eine kleine Reihe über Erbstreitfälle. Bei der Gelegenheit haben wir uns kennengelernt.«

Ich schlürfte den letzten Schluck aus meinem Becher.

»Also«, Sara sah auf ihre Uhr, »wenn ich dich hätte erschießen wollen, hätte ich gestern die beste Gelegenheit dazu gehabt. Ganz einfach im Schlaf, wäre aus der Tür spaziert und mit deinem Wagen irgendwo hingefahren, wo ich vorher meinen Wagen abgestellt hätte. Warum sollte ich mich dann erst mit dir auf den Weg nach New York machen?«

Das war ein Argument, das konnte ich nicht abstreiten.

»Sicher, für eine geplante Tat fehlt mir auch der Schalldämpfer – aber es bleibt das Risiko, dass du dich nicht an alles erinnerst, was vorher passiert ist. Was, wenn die Erinnerung zurückkommt? Was, wenn du dich auf einmal erinnerst, warum du eine Waffe dabei hast?«

Sie schaute erneut auf ihre Uhr und mich dann herausfordernd an.

»Ich stehe jetzt auf und hoffe, du bist Gentleman genug, mich hier in Spring Valley nicht auf einem KCF-Parkplatz stehenzulassen. Wenn dir diese Sache zu heiß ist, bist du nicht der richtige Mann für diesen Auftrag.«

Ich machte eine abfällige Mundbewegung und stand auf. Ich beschloss, es erstmal auf sich beruhen zu lassen. Die Kleine hatte Recht. Wenn sie mich hätte umlegen wollen, dann hätte sie das in Buffalo gemacht. Ich vertraute ihr immer noch nicht, aber es gab einige Gründe, an dieser Stelle einfach weiterzumachen. Punkt 1 – ich hatte nichts Besseres vor, Punkt 2 – ich brauchte die Kohle und Punkt 3 – die Braut hatte meinen Beschützerinstinkt geweckt. Sie war sehr wahrscheinlich in Gefahr und es wäre fahrlässig gewesen, sie auf sich alleine gestellt hierzulassen. Also machten wir uns beide wieder auf den Weg zu meinem GTX.

Kapitel 5

Alles, was ich über Samantha Fatima Woolf gehört und gelesen hatte, passte nicht mit der Person zusammen, die ich da vor mir sah, als wir endlich die Galerie erreicht hatten. Es war mir klar, dass wir nicht mit dem Auto direkt nach Manhattan fahren und vor ihrem Geschäft parken konnten. Sara hatte meinen GTX nach Port Chester gelotst und dort auf einen kleinen Privatparkplatz nicht weit vom Bahnhof. Von dort waren es immerhin noch etwa fünfzig Minuten bis zur Grand Central Station. Es sei ein Geheimtipp, meinte sie, da man hier meistens einen Parkplatz fände. So fuhren wir mit der Metro North nach New York rein. Am Wochenende war das sogar gar nicht mal so überfüllt. Dennoch hatte ich gehofft, wir würden etwas näher an Manhattan herankommen.

Der Weg von der Grand Central Station zur Galerie war tatsächlich in nur wenigen Minuten zu Fuß zu bewältigen.

»Arbeitet Samantha immer am Wochenende?«

»Nein, nicht immer. Samstags arbeitet sie manchmal vormittags. Aber sie hängt wahrscheinlich über den Büchern oder kämpft sich durch die Flut von Zuschriften von Künstlern, die gerne ihre Bilder bei ihr in Kommission geben würden. Das kann dann in Ausnahmefällen auch mal ein Sonntag sein.«

Und da stand sie nun vor mir. Die Frau, die ihrer Ausbildung und Karriere alles andere untergeordnet hatte, die es geschafft hatte, sich in Manhattan erfolgreich selbstständig zu machen und sich dort zu halten. Ein Geschäft eröffnen konnte jeder, aber sich hier im Haifischbecken nicht nur zu etablieren, sondern sich einen echten Namen in der Szene zu machen, das war etwas anderes. Dazu benötigte man beide Ellbogen, da musste man überzeugend sein, da musste man härter arbeiten als die meisten anderen. Und vielen standen diese Mühen ins Gesicht geschrieben. Sie teilten Blicke aus, die Grenzen zeigten, die sagten *Ich habe hart daran gearbeitet, da hinzukommen, wo ich nun bin. Um keinen Preis lasse ich zu, dass du mir in die Quere kommst.*

Und nun stand sie das erste Mal vor mir, nachdem sich Samantha und Sara wie Schwestern fest in die Arme genommen und sich lange aneinandergedrückt hatten. Sara und die Frau, die so ganz anders wirkte, als ich sie mir vorgestellt hatte. Gut, sie war gekleidet wie eine typische Geschäftsfrau. Dunkelblauer Blazer, gleichfarbiges Top und knielanger Rock, passende Pumps mit kleinen Pfennigabsätzen. Aber die Züge in ihrem Gesicht waren weich, ihre dunkelbraunen Augen blickten warm und herzlich, aber auch wachsam und besorgt. Und sie war fast einen Kopf kleiner als Sara, machte einen beinahe zierlichen Eindruck, wodurch sie eher wie Anfang als Ende 30 wirkte. Ihre kastanienbraunen Haare waren gerade eben schulterlang und gaben den Blick frei auf ihr linkes Ohr, an dem sie einen silbernen, keltischen Ohrring trug. Ihre Lippen strahlten in Zartrosa, das Werk eines – und ich wette mit mir selbst – Maybelline Lippenstiftes in Rose Diamonds. Und mir fiel ihre kleine, süße Nase auf. Überhaupt war *süß* das Wort, das mir zu ihrem Gesicht als erstes einfiel. Sie sah eher aus wie Papas Tochter, die jeden Wunsch von den Lippen abgelesen und erfüllt bekam, die verwöhnt wurde von ihrem Vater, ihrem Freund, ihrem Mann. Aber ich kannte ja ihre Lebensgeschichte und wusste, dass ihr nichts geschenkt worden war, dass sie hart und zielgerichtet an ihrer Karriere gearbeitet hatte. Ohne Vitamin B, in New York.

Ich war fast geneigt, mir zu überlegen, ob ich Sara nachher fragen sollte, wie denn der aktuelle Beziehungsstatus von Samantha sei, aber andererseits war ich Profi und wenn sie irgendetwas mit dem Fall zu tun hatte, an dem ich gerade arbeitete, dann war sie für mich tabu. Leider machte sie genau das noch interessanter …

Samantha wirkte fast etwas reserviert, aber das lag sicher auch daran, dass sie eine Nacht hinter sich hatte, in der sie sich große Sorgen um ihre Freundin hatte machen müssen. In der sie es wahrscheinlich bis früh in den Morgen nicht geschafft hatte, ihre Augen zu schließen und einzuschlafen. Sie hatte keine Sekunde überlegt und Sara noch gestern angeboten, nach Buffalo zu fahren und sie abzuholen. Aber Sara hatte abgewinkt, denn wenn ihre Freundin nach dem Telefonat losgefahren wäre, wäre sie erst mitten in der Nacht in Buffalo angekommen. Das hatte keinen Sinn gemacht, zumal Sara es für eine gute Idee hielt, dem Fall mit mir gemeinsam auf den Grund zu gehen. Ich hatte keinen Plan, inwiefern ich in der Geschichte mit drinsteckte, aber irgendwas war da oberfaul. Und irgendwas würde es auch mit mir zu tun haben, sonst wäre die Lady nicht bei mir im Büro gelandet. Ich hatte nur immer noch keinen Schimmer, was das sein konnte.

»Vineyard hat angerufen – du sollst dich dringendst bei ihm melden«, sagte Samantha dann mit dem Blick auf Sara.

»Hat das nicht Zeit bis Montag? Ich habe schon gesehen, dass er gestern mehrfach versucht hat, mich zu erreichen, aber dann nicht mehr. Ich dachte, vielleicht braucht er Hilfe in der Redaktion und hat nun doch Brian gefragt.«

Samantha schüttelte den Kopf.

»Nein, das klang anders. Oder es kam mir anders vor. Und Vineyard klang arg … dringlich.«

»Vineyard klingt immer dringlich«, antwortete Sara genervt.

»Vielleicht kam es mir auch nur so vor, weil ich ja auch nicht wusste, wo du warst und als er dann anrief mit einer doch ungewohnt zittrigen Stimme … Ruf ihn bitte gleich an, dann hast du das hinter dir.«

Dann gingen wir die Ereignisse des vergangenen Tages noch einmal durch. Zunächst brachte uns das nicht wirklich weiter.

Samantha war während der Vernissage erwartungsgemäß von einem Gesprächspartner zum anderen gesprungen und hatte wenig Zeit gehabt, sich mit Sara zu unterhalten. Diese war alleine gekommen, dessen war sich Samantha zu 100 Prozent sicher. Und sie hatte sich eine ganze Weile mit einer älteren Dame unterhalten, wobei die Unterhaltung wohl sehr einseitig gewesen war. Ich fragte Sara, ob sie sich erinnern konnte, aber obwohl die Beschreibung von Samantha durchaus sehr präzise war – über sechzig Jahre, silberne, kurze Haare mit welligem Pony, überdimensionaler Ohrring, ein schlichtes, graues Kleid, ein großer, grauer Hut und eine schwarze Tasche – schüttelte Sara nur den Kopf.

»Wer soll das gewesen sein?«

Samantha zuckte mit den Achseln. »Ich weiß es nicht. Leider habe ich das Gesicht auch gar nicht wirklich sehen können, oder ich erinnere mich jedenfalls nicht. Aber sie hat sich vorher auch mit Brian unterhalten.«

»Brian? Moment, du meinst Brian O'Reilly? Mein Kollege *Arschgesicht Ich-bin-der-Größte* Brian?«

»Ich dachte, wenigstens daran könntest du dich erinnern. Er kam etwas später und wirkte etwas aufgebracht. Daher dachte ich erst auch, dass du mit ihm weg bist wegen irgendeines beruflichen Notfalls.« Sie legte die Hand auf Saras Arm. »Deswegen hatte ich mir da auch noch keine Sorgen gemacht, als du plötzlich verschwunden warst.«

Es war der Moment, wo nun doch Tränen in Saras Augen schossen. Die Vorstellung, dass ihr ungeliebter Kollege sie in ihrer Freizeit aufgesucht hatte und dass er womöglich mehr über den Abend wusste als sie – das war einfach zu viel. Es war der Moment, in der ihr das Ausmaß der Situation klar wurde, in der sie sich befand. Wenn sie sich nicht daran erinnerte, mit Brian gesprochen zu haben, mit dem Brian, dessen Nähe ihr physischen Schmerzen verursacht hatte, bevor sie nach vielen Gesprächen mit Samantha die Abneigung gegen ihn einigermaßen kontrollieren konnte – wenn sie sich daran nicht erinnerte, dann konnte der Blackout auch nicht die Folge eines Glases zu viel gewesen sein. Wobei sie selbst an dem Empfangssekt meistens sehr lange arbeitete, um am Ende das halbvolle Glas irgendwo stehenzulassen. Sie fand das schick, so mit dem Glas in der Hand irgendwo zu stehen, wie früher, als sie sich als erwachsen werdender Teenager eine Zeitlang Zigaretten angezündet hatte, um mit den anderen Raucherinnen zusammenzustehen. Aber nur ganz selten hatte sie auch tatsächlich einen Zug genommen. So ähnlich verhielt es sich mit Sekt – vom Geruch alleine könnte sie schon einen Schwips kriegen, da musste sie ihn nicht auch noch trinken.

Samantha hatte ihr ein Taschentuch gereicht, mit dem sie ihre Augen trocknete. Ich rieb mir die Nase und sagte:

»Lass uns los – wir haben noch einiges auf dem Zettel. Wir müssen in deine Wohnung, um zu sehen, ob wir dort irgendwelche Hinweise finden, die darauf hindeuten, was dann Stunden später passiert ist.«

Sie hatte während der Fahrt schon mit meinem Blackberry ihre Emails und ihren Facebook-Status gecheckt, konnte aber nichts Ungewöhnliches feststellen. Vielleicht gab es doch irgendeinen Hinweis in ihrem Apartment. Vielleicht ein geöffneter Brief, eine Nachricht auf dem Anrufbeantworter oder einen Eintrag im Kalender.

»Und wir müssen dann diesen Taxifahrer finden, wobei ja einiges darauf hindeutet, dass dein vermeintlicher Ehemann dieser Brian war.«

Sara war empört und wies die Theorie weit von sich. Das konnte überhaupt nicht sein. Es gab nichts, was sie außerhalb der Redaktion miteinander zu tun hätten, versicherte sie noch einmal eindringlich. Und sie war sich auch sicher, dass Brian nichts von der Vernissage gewusst hatte.

»Und beruflich? Gab es da vielleicht einen Grund, dass er vorbeikommen musste, dass er dir irgendetwas sagen wollte, was nicht bis Montag warten konnte?«

Sara schüttelte den Kopf. »Brian arbeitete gestern an einem Fall, da geht es um einen Lehrer, der entlassen wurde, weil er einen Schüler geschlagen hat. Der Lehrer hat sich dann an uns gewandt – offensichtlich hat der Schüler den Lehrer erpresst mit ...« Sie machte eine kleine Pause. »Nein, ich glaube nicht, dass das von Belang ist.«

»Was sollen wir spekulieren, wir fragen ihn einfach«, kürzte ich die Sache ab. Was sollte man sich das Hirn zermartern, wenn man ihn einfach fragen konnte? Wobei *einfach* leichter gesagt als getan war, denn offensichtlich hatte er sein Handy ausgeschaltet und war endgültig im Wochenendmodus.

Sara beschloss, als erstes Marc Vineyard anzurufen. Es ließ ihr einfach keine Ruhe, dafür war sie auch zu sehr mit ihrem Beruf verheiratet, als dass sie einen Anruf ihres Bosses einfach ignorieren konnte. Mein Anrufbeantworter war dagegen zu Zeiten von Baker & Doyle auf wundersame Weise immer kaputt gewesen. Ich konnte damit Baker zur Weißglut bringen, wenn er mich wieder mal in meiner Freizeit ganz dringend erreichen musste, vor allem an den Wochenenden. Ich war ohnehin selten zuhause gewesen, sondern hatte meist in den Armen irgendeiner Krankenschwester, Stewardess oder Kellnerin gelegen. Ja, damals galt man als Privatdetektiv noch etwas. Damals, als das Bild noch von Colt Seavers geprägt war oder Simon & Simon. Als die Bräute noch das Bild hatten des Privatdetektivs, der mit einer Pistole bewaffnet auf Verbrecherjagd ging, sich wilde Verfolgungsfahrten leistete – und da war mein feuerroter GTX durchaus eine passende Besetzung – oder waghalsige Stunts durchführte. Wenn man heutzutage in einer Bar einer Schnalle steckte, dass man Privatdetektiv war, hatten die das Bild im Kopf eines Stalkers, der, mit einem Fotoapparat mit Teleobjektiv bewaffnet, Fotos von untreuen Frauen im Auftrag ihrer gehörnten Ehemänner schoss und drehte dann angewidert ab. Seitdem stellte ich mich meist als Verleger vor, der Autoren für gesellschaftskritische Sachbücher castete. Immer der Anwalt der Kleinen, das kam besser an. Vor allem, wenn man andere Gesellschaften kritisierte als die amerikanische.

»Vineyard ist in der Redaktion und bat mich, kurz vorbeizukommen. Du hattest Recht, er klang immer noch sehr merkwürdig.«

Mir passte das gar nicht in den engen Zeitplan, aber offensichtlich lag die Kanzlei nur zwei Straßen von Saras Apartment entfernt, insofern war es wenigstens kein Umweg.

Sara ließ uns kurz alleine, um sich frischmachen zu können. Ich bat Samantha, eine Liste zu erstellen mit allen Gästen, die auf der Vernissage gewesen waren und die sie kannte, insbesondere die, die mit Sara gesprochen hatten. Sie sicherte mir ihre Mithilfe zu, bat aber, keinen von ihnen direkt zu kontaktieren – offensichtlich traute sie sich da mehr Fingerspitzengefühl zu als mir.

»Passen Sie auf sie auf«, sagte sie dann zu mir.

Nach einer herzlichen und einer förmlichen Verabschiedung von Samantha – meine war die förmliche, wobei sie fast ein wenig lächelte, als sie mir die Hand gab (was ich ziemlich gemein fand, weil mich dieses Bild noch tagelang verfolgen würde, soweit war ich mir sicher) – machten wir uns auf den Weg zum NYC Mercury.

Kapitel 6

Marc Vineyard weckte in mir Erinnerungen an den alten Baker. Er war zwar ein gutes Stück jünger als Baker zu der Zeit, als ich ihn kennenlernte, aber er hatte dieselbe selbstgefällige Körperhaltung wie dieser, wenn er mich in sein Büro beordert hatte. Derselbe scheinbar teilnahmslose Blick, der den Eindruck vermittelte, er schaue nur zufällig in deine Richtung, gleichzeitig aber die Gewissheit in sich trug, dass er jedes Mundwinkelzucken sehr wohl registrierte und ziemlich genau wusste, in welchem Gemütszustand man sich gerade befand. Ich erkannte diese Fähigkeit der Beobachtungsgabe, denn in dieser Disziplin ließ ich mir von niemandem etwas vormachen. Er vermochte es zu schaffen, dass die arme Sara einen Heidenrespekt hatte vor ihm. Aber ich spürte, ihm war unwohl, weil ich dabei war.

»Ich habe gestern schon einige Male versucht, dich zu erreichen«, begann er mit scharfem Blick auf Sara, die immer noch den schwarzen Rock und das T-Shirt von Ellen trug und darin nicht wirklich wie eine toughe Journalistin aussah, schon gar nicht wie eine toughe Journalistin eines Verlagstycoons aus Lower Manhattan. Auch für Marc Vineyard war Wochenende. Sicher hatte er heute keinen Interviewtermin mit einem Politiker oder eine Berichterstattung im Senat. Und doch trug er einen silbergrauen Anzug mit einer Seidenkrawatte in Anthrazit und ein weißes Hemd und hatte – ein wenig zu viel – Gel in seinen Haaren.

Sara erklärte ihm das Notwendigste und keine Silbe mehr, so dass ihr Chef verstand, warum sie nicht erreichbar gewesen war.

Unter anderen Umständen hätte er ihr sicher klargemacht, dass ein iPhone, wie der Name es vermuten ließ, zum Telefonieren da war und das Wort *Mobile* in *Mobile Phone* dafür, dass man das auch konnte, wenn man unterwegs war. Aber es schien ihn etwas ganz anderes zu bedrücken. »Wann hast du das letzte Mal mit O'Reilly gesprochen?«, fragte er.

»Warum, was hat er angestellt?«

Wenn Vineyard so anfing, wenn es um jemanden aus ihrem Team ging, dann meistens, weil er unzufrieden war und weil er erwartete, dass Sara mehr den Daumen auf ihren Leuten hatte und ihn auch darüber informierte, wenn die Leistung innerhalb ihres Teams nicht stimmte. Aber Vineyard reagierte nicht auf die Frage, bewegte stattdessen eine Augenbraue, was Sara vermittelte, dass sie es, statt mit einer Gegenfrage, mal mit einer Antwort versuchen sollte.

Sie erzählte dann von den Beobachtungen Samanthas bezüglich Brian und konnte glaubhaft versichern, dass sie sich keinen Reim darauf machen konnte, warum Brian auf der Vernissage gewesen war. Je mehr sie erzählte, desto weniger hatte sie das Gefühl, als hörte Vineyard wirklich zu. Er schien fast abwesend, obwohl ich mit mir selber wettete, dass er sich morgen noch an jedes Wort von ihr erinnern konnte. Als Sara zum zehnten Mal erzählte, dass sie nicht wisse, warum Brian auf der Vernissage gewesen sei, seufzte er und … – war das etwa eine Träne?

»O'Reilly …«, sagte er schließlich in einem sehr ruhigen Ton, »O'Reilly ist tot. Ist gestern Abend in seiner Wohnung tot aufgefunden worden. Herzversagen, aber das NYPD war hier, das heißt, die haben zumindest Zweifel. Detective Lonardoni ist schon auf dem Weg hierher. Ich habe denen einen Tipp gegeben, dass du wieder aufgetaucht bist.«

Sara war nun kreidebleich. Wie oft hatte sie über ihn geflucht, hatte sich mit ihm gestritten, während er immer nur unverschämt gegrinst hatte. Er hatte es ihr nicht leicht gemacht und keiner in ihrem Team mochte ihn. Aber er war ein guter Journalist gewesen, hatte was im Kopf gehabt und gute Stories geliefert. Er war, objektiv gesehen, ein echter Verlust für die Zeitung.

»Ich habe mir heute nochmal die Bewerbungen angesehen aller, die uns in den letzten Monaten welche zugeschickt haben«, sagte er mit einem unschuldigen *Das-Leben-geht-weiter*-Blick. »Trauriges Bild. Wir müssen uns Montag zusammensetzen. Aber vielleicht kann der Sport Colter zumindest vorübergehend entbehren. Er ist ein guter Beobachter und er hat etwas, was Sie beide – ich meine O'Reilly und Sie – nicht haben.« Nach einer kurzen Pause fuhr er fort: »Oder hatten – ich meine Humor. Er geht locker an die Sachen ran, das gefällt mir. Vielleicht hat er Potential und wir überlassen die Suche nach einem Neuen Green vom Sport.«

»Colter wäre okay.« Sara flüsterte fast und Vineyard sah sie mit einem Blick an, der ihr deutlich machte, dass er nicht nach Bestätigung gesucht hatte. Natürlich war Colter okay – sonst wäre Vineyard nicht auf die Idee gekommen, ihn ins Boot zu holen. Vineyard überlegte offensichtlich, ob er sie zurechtweisen sollte.

»Hör mal«, sagte er stattdessen. »Ich habe gerade unseren besten Mann verloren.« Ich spürte, wie Sara kochte. Nicht umsonst war sie die Teamleiterin, die stellvertretende Redaktionsleiterin Lokales und nicht O'Reilly. »Ich will nicht auch noch meine beste Journalistin verlieren! Wenn du mir sagst, es sei Zufall, dass einer meiner Mitarbeiter wahrscheinlich ermordet wurde und der andere weit weg von New York bewusstlos in einem Taxi aufwacht – ich bin selber Journalist und ich würde keinen Penny auf Zufall setzen.« Er wurde immer ernster. »Wenn unsere Zeitung in die Schusslinie geraten ist von Ich-weiß-nicht-wem, würde ich gerne wissen, wer der Schütze ist. Wenn du mir also irgendetwas verheimlichst …«

Sara schüttelte den Kopf.

»Okay. Die haben O'Reillys Computer beschlagnahmt.« Er blickte finster in Richtung Sara. »Und deinen auch.«

Sara wollte gerade laut protestieren, da stand *sie* schon in der Tür.

»Sara Anderson?«

Im Nu hatte *sie* die volle Aufmerksamkeit. Von Sara, von Vineyard und von mir. Wir alle starrten fast gebannt in ihre Richtung. Es lag an dem Ton. Auch an ihrem Auftreten, aber vor allem an ihrem Ton. Er klang nach *Leute, quatscht nicht, ich habe keine Zeit dafür – zuhören jetzt.*

»Ich bin Detective Gina Lonardoni, NYPD, das ist mein Kollege Tyler Coon.«

Sie war nicht sehr groß, ich schätzte sie kaum größer als Samantha, auf jeden Fall kleiner als Sara. Aber sie hatte einen Körper, dem man ansah, dass ihre einzige Freizeitbeschäftigung nur darin bestand, diesen fit zu halten. Kein Gramm zu viel, sportlich, fast etwas jungenhaft und muskulös wirkte ihre Figur, abgesehen von den beiden perfekt geformten Ausbeulungen unter ihrem blassrosa Blazer. Blassrosa – eine Typberatung wäre hier dringend nötig gewesen. Blassrosa Blazer, dünner, blassrosa Pulli und eine säuberlich gebügelte Hose in einem noch etwas blasserem Rosa. Knallrot war ihre Farbe, dazu musste man kein Experte sein. Türkis wäre auch gegangen, meinetwegen, wenn schon Rosa, auch ein knalliges Pink. Und wenn blass, dann Schneeweiß. War Schneeweiß überhaupt blass? Blassrosa! Aber ich konnte den Blick nicht von ihr wenden. Ich wettete mit mir selbst:

- Sie war aufgewachsen in New York, aber in einem der ärmeren Viertel. Das sehr konservative Outfit sollte ihre Herkunft kaschieren – war aber eindeutig eine Verkleidung.
- Sie sah aus wie Ende zwanzig, war aber sicher ein paar Jahre älter und wollte auch so wirken – auch ein Grund für die Auswahl der Kleidung.
- Kein Ehe- oder sonstiger Ring, nicht mal ein Ohrring – der einzige Schmuck war eine blasse Kette passend zum Blazer

und damit Teil ihrer Verkleidung. Daraus folgte: Sie war Single – für einen Mann wahrscheinlich keine Zeit. Auch für Anfang oder Mitte dreisig schon recht weit auf der Karriereleiter hochgeklettert

- Fitnessstudio mindestens dreimal die Woche, Kampfsporttraining und Extrastunden am Schießstand nicht eingerechnet
- Im Bett der absolute Wahnsinn

Ihr Kollege sah dagegen aus, als wäre er nach der letzten Folge Baywatch arbeitslos geworden und hätte dann beim NYPD ein neues Zuhause gefunden. Groß, sonnengebräunt, breite Schultern, Föhnfrisur – bitte, mehr 80er ging nicht. Aber ich wollte ihm nicht im Dunkeln begegnen. Ganz im Gegensatz zu …

»Miss Lonardoni.« Sara hob die Hand wie in der Schule. »Ich bin Sara Anderson.« Sara war nervös. Mit dem NYPD hatte sie noch nie zu tun gehabt. Gut, beruflich hatte es mal einen Artikel über die NYPD Big Band gegeben, den David geschrieben und sie Korrektur gelesen hatte. Bei der Gelegenheit hatte sie einen Steven Fowler angerufen, um sich zwei, drei Fakten von ihm bestätigen zu lassen. Aber hier ging es um etwas anderes, hier war sie direkt betroffen.

»Und Sie sind?« Detective Lonardoni wandte sich mit der Frage an mich und bevor ich *alles, was Sie wollen* antworten konnte, hörte ich mich sagen:

»Niclas Richmond, Privatdetektiv aus Buffalo, NY.« Ich grinste. »Meine Freunde nennen mich Rich.«

Es beeindruckte sie kein bisschen. Alle Cops hassten Privatdetektive. Aber das war in Ordnung – wir hassten Cops fast genauso sehr. Nur, wir mussten so tun, als sei es nicht so, denn die Cops hatten die ganzen Spielzeuge. So besaßen sie ein viel weiteres Informationsnetz, konnten DNA-Tests durchführen, Telefone und Handys anzapfen, Kreditkarten überprüfen oder Geldspuren verfolgen, Computer von verdächtigen Personen mit Trojanern infizieren – okay, einiges davon konnten wir auch. Wenn man es konnte. Oder, wie in meinem Fall, jemanden kannte, der es konnte.

»Sie haben schon einen Privatdetektiv beauftragt? Wow, da hat es jemand aber eilig.«

Sara lächelte verlegen. »Nein, so ist es nicht – es ist weitaus komplizierter.«

»Wir machen es so«, ließ Detective Lonardoni mit einem scharfen Blick folgen. »Sie erzählen mir einfach die Geschichte und wenn sie zu kompliziert wird und ich etwas nicht verstehe, dann frag ich einfach nach und Sie erklären es mir dann noch einmal mit ganz einfachen Worten.«

Fasziniert hörte ich zu und sah sie wie gebannt an, bis ihr Blick mich traf und ich reflexartig in Richtung Sara schaute. Aus den Augenwinkeln sah ich, wie Detektive Lonardoni sich wieder an Vineyard wandte.

»Haben Sie ein leerstehendes Büro, das wir kurzfristig nutzen könnten? Ich würde gerne mit beiden alleine reden.«

Das war ja leider nicht ganz richtig. Bei dem *alleine reden* war ja *Detective Hasselhoff* mit dabei. Ich weiß, er hieß Coon, aber trotzdem lag mir die ganze Zeit die Frage auf der Zunge, ob ich mal mit K.I.T.T. fahren, den Turbo Booster betätigen und die Huey Lewis–CD bis zum Anschlag aufdrehen durfte. Aber hier war ein Mord geschehen und es lag Gefahr in der Luft und ich beschloss, lieber keine Witze zu machen und *Sunburn Coon* einfach zu ignorieren. Das war auch nicht schwer, denn bislang kam der Kollege gar nicht zu Wort.

Nachdem Vineyard den Schlüssel zum Konferenzraum herausgekramt hatte und Detective Gina Lonardoni mit Coon die Tür zum Flur heraus war, blickte sie kurz zu mir und deutete mir, ohne ein Wort zu sagen, an, ihr zu folgen. Was war bloß mit Manhattan los? Was hatte ich nur all die Jahre in Buffalo gemacht, wo es hier in New York offensichtlich einen unerschöpflichen Pool der heißesten Schnitten gab? Ich hatte noch keinen

Plan, wie ich es anstellen würde, aber wenn das alles vorbei war, würde ich mich wohl zwischen Gina und Samantha entscheiden müssen. Vielleicht gingen auch eine Weile beide gleichzeitig … Die beiden waren jede für sich auf ihre ganz eigene Art faszinierend und so selbstbewusst beide auf mich wirkten, so taten sie das doch auf sehr unterschiedliche Weise. Da konnte man nicht einfach wählen und die Katze im Sack kaufen. Wenn ich mich zwischen zwei Autos nicht entscheiden konnte, machte ich ja auch erstmal eine Probefahrt mit beiden. Manchmal fuhr man sogar eine Karre Probe, obwohl ein Kauf ausgeschlossen war, weil zu teuer oder zu kleiner Kofferraum oder – wie im Fall der grünen Sara – zu jung. Wobei Sara aus irgendeinem Grund raus war aus der Verlosung …

Als wir den Raum am Ende des Korridors erreicht hatten, gab mir Detective Lonardoni mit einer kaum wahrnehmbaren Kopfbewegung zu verstehen, wohin ich mich zu setzen hatte. Ich fragte mich, was mich dieses Kopfnicken noch alles machen lassen konnte.

Dann erzählte ich ihr die ganze Geschichte. Naja, fast die ganze Geschichte, wobei ich ja keine Idee hatte, wie ich überhaupt da hatte hineingeraten können. Aber ich hatte das Gefühl, sie glaubte mir. Die Leute glaubten mir auch, wenn ich Geschichten erzählte und hier konnte ich sogar weitestgehend bei der Wahrheit bleiben. Natürlich verschwieg ich die SIG Sauer in Saras Handtasche. Ich hoffte, sie würde sie nicht durchsuchen wollen.

So sehr sie auch nachhakte, um irgendwo eine Verbindung zwischen mir und Sara zu finden, es gelang ihr nicht. Dabei hätte ich es mir durchaus gewünscht, wenn sie mir eine Lösung hätte präsentieren können, denn es musste eine Verbindung geben, soviel war sicher. Irgendjemand, wahrscheinlich dieser Brian, versprach sich etwas davon, sie zu mir zu schicken. Aber das erklärte immer noch nicht die Halbautomatik in Saras Handtasche. Ich war also selber immer noch kaum weiter in dem Fall. Die heißeste Spur lag wahrscheinlich gerade nackt vor einem Gerichtsmediziner, der die genaue Todesursache versuchte zu bestimmen und Informationen zu sammeln über Zeitpunkt des Todes, Tatwerkzeug und sonstige Eigenschaften, die irgendeinen Aufschluss über den Tathergang oder das Motiv geben konnten. Mageninhalte durchwühlen zum Beispiel – das war kein Job für mich.

Detective Lonardoni fuhr eine straighte, forsche Vernehmungstaktik. Sie glaubte offensichtlich nicht, dass unser Gespräch sie näher an die Lösung bringen würde und so hielt sie die Vernehmung kurz und knapp.

Gerne hätte ich das Gespräch noch weiter in die Länge gezogen. Auch wenn ich mir ziemlich sicher war, von der Polizistin, deren hübsche Stupsnase ihre italienischen Wurzeln nicht leugnen konnte, noch einmal verhört zu werden – nämlich dann, wenn irgendwer diese Verbindung gefunden hatte – fand ich es schade, als das Gespräch sich dann dem Ende zuneigte.

Zu gerne hätte ich dann Mäuschen gespielt, als Detective Lonardoni schließlich Sara zu sich hereinrief. Ich wusste, dass ich noch nicht die ganze Wahrheit über Sara kannte. Strengste Geheimhaltung – ob das eine erfahrene Polizistin zufriedenstellen würde? Wohl kaum. Der kleinen Italienerin schien man nicht so leicht etwas vormachen zu können, soviel stand fest. Ich malte mir aus, was da wohl gerade abging. Nachdem die Personalien aufgenommen worden waren, ging es sicher erstmal um das Verhältnis zu Brian, und Sara würde zugeben müssen, dass das nicht das Beste gewesen war. Sie würde ausführen, dass er in ihrem Team von allen nicht besonders gemocht worden war, vor allem nicht von ihr selbst. Die Frage nach dem *Warum* würde sie wohl genauso beantworten wie mir, dass er sich oft unbeliebt bei Interviewpartnern gemacht und sich gern mit fremden Federn geschmückt hatte und sie würde verschweigen, dass sie ihn verachtet hatte, weil er arrogant und überheblich gewesen war, sich über kleine Schwächen anderer lustig gemacht und Fehler anderer bis zur Neige ausgekostet hatte. Und sie würde nicht erwähnen, dass er sie außerdem permanent versucht hatte zu behindern, weil beide ein Auge auf die Redaktion Innenpolitik geworfen hatten und dass er, seitdem er dies gewusst hatte, ihr das Leben Tag für Tag noch schwerer gemacht hatte.

Was war mit der Erbschaftsgeschichte? Er hatte jemanden interviewt in einem Fall, an dem Sara dran war? Lonardoni würde da nachhaken, was das für ein Fall war und Sara würde sich überlegen, auch hier auf Schweigepflicht zu bestehen. Was also würde dann zu Tage kommen?

Und dann würde es um ihren Blackout gehen. Ich hatte die dumpfe Vermutung, dass der Herzstillstand bei Brian durch äußerliche Gewalt zustande gekommen war und je mehr ich darüber nachdachte, desto mehr hatte ich das Gefühl, dass Sara auf dieselbe Art und Weise hatte umgebracht werden sollen. Und genau zu diesem Schluss würde die hübsche Nase auch kommen und Sara mit auf die Wache nehmen, um sie ärztlich untersuchen zu lassen. Wenigstens, um diese Möglichkeit ausschließen zu können.

Das Gespräch dauerte länger als das mit mir und ich wollte nicht warten. Wenn Sara sich erst würde untersuchen lassen müssen, konnte es noch dauern, bis wir in ihrer Wohnung auf die Suche nach Hinweisen gehen konnten.

Wenn man Verbrechen aufklären wollte, war vor allem eines wichtig: der Zeitfaktor. Man durfte dem Täter keine Zeit geben, seine Spuren zu verwischen, sich selbst in Sicherheit zu bringen. Er musste den Atem hinter sich spüren, musste wissen, dass die Suchhunde seine Spur aufgenommen hatten. Nur dann geriet er in Panik oder Hektik und verursachte Fehler. Je schneller wir dem Täter näherkamen, desto eher würde er stolpern. Also verabschiedete ich mich, stand dann unten auf der Christopher Street und überlegte mir den nächsten Schritt.

Die Untersuchung von Sara würde nichts ergeben. Lonardoni sprach noch nicht von einem Mord und natürlich konnte Brian immer noch eines natürlichen Todes gestorben sein. Herzversagen mit fünfunddreissig. Das konnte passieren, aber wie wahrscheinlich war es, dass seine Chefin am selben Tag einen Filmriss hatte und siebeneinhalb Stunden von New York City entfernt in einem Taxi aufwachte? Außerdem beschrieb Sara Brian als sportlich und fit. Die Antwort konnte nur KO-Tropfen heißen. Die waren leicht zu beschaffen und vor allem nach einem halben Tag nicht mehr nachweisbar. Daher würde man in beiden Körpern keinen Nachweis mehr finden. Sollte sich das bestätigen, würden wir über einen kaltblütigen Mord reden und einen ebensolchen Mordversuch. Sara hatte nur an ihrem Glas genippt, das hatte sie selber gesagt. Die Dosis wäre bei einem halben Glas wahrscheinlich auch tödlich gewesen. Man wählte sie nicht zu niedrig, um nicht das Risiko einzugehen, dass das Opfer wieder aufwachte, aber auch nicht zu hoch, damit es im Körper der Leiche nicht länger als nötig nachweisbar war. Vielleicht hatten sie Brian etwas in den Sekt getan, damit er sich unwohl fühlte und nach Hause gehen würde. Und dort verschafften sie sich Zutritt und brachten ihn dazu, ein Glas mit einer höheren Dosis zu trinken.

Vor einigen Jahren hatte es eine richtige Welle gegeben. Wenn man Glück hatte, taten sie einem etwas in den Drink, nahmen einem Portemonnaie, Schmuck und Handy ab und man wachte nach einer Weile wieder auf. Aber wir hatten mal eine Serie in Buffalo gehabt, da wurden fast jede Woche in irgendwelchen Clubs Leute gefunden. Meist größere Clubs, die mehr als eine Toilette besaßen. Sobald die Wirkung eingesetzt hatte, waren sie mit dem Opfer zusammen in eine Kabine gegangen und wenn die Luft rein gewesen war, hatte man die Tür von innen abgeschlossen und war hinausgeklettert.

Wenn man abends im Club auf die Toilette ging, hielt man sich da ja nie lange auf, weswegen es niemandem aufgefallen war, wenn eine Kabine mehrere Stunden besetzt war. Wer dann aufwachte, vermisste meist nicht nur sein Handy, Schmuck und Geld, sondern auch die Schlüssel für das Auto und für die Wohnung. Bei denen kam das große Erwachen dann erst später, wenn das Autoradio und das Navigationsgerät weg waren oder vielleicht sogar das ganze Auto. Und wenn man dann endlich organisiert hatte, nach Hause zu gelangen, fehlte der Fernseher, das Notebook, der Computer, vielleicht verstecktes Bargeld, Schmuck und eventuell einige nicht wiederzuerlangende Antiquitäten. Und es gab natürlich auch junge Mädchen, die ausgeknockt wurden – ich ekelte mich vor Leuten, die so etwas taten. Ich ließ meinen Drink jedenfalls nie einfach so stehen in einer Bar – ich hatte genug Opfer kennengelernt und einigen von ihnen dazu verholfen, ihren Kram wiederzukriegen. KO-Tropfen, das musste es sein.

Die Frau mit dem silbernen, welligen Haar, die so lange auf Sara eingeredet hatte – ich brauchte Bilder von ihr. Sie hatte sicher mehrfach mit Sara angestoßen und es war ihr bestimmt nicht leichtgefallen, die Contenance aufrecht zu erhalten und mit ansehen zu müssen, dass Sara nur nippte, aber nicht trank. Die Dosis war dennoch so groß, dass es reichte, sie einige Stunden ins Land der Träume zu versetzen. Es war ein bisschen riskant gewesen, denn auf so einer Veranstaltung macht der eine oder andere auch mal ein Foto. Selbst für mich war das ein Argument für ein Handy. Ein Fotoapparat, mit dem man telefonieren konnte – unfassbar. Es war also riskant gewesen. Es sei denn, ohne Hut und mit langen, vielleicht braunen Haaren wäre die Frau kaum wiederzuerkennen. Ich zog mein Blackberry raus und wählte Samanthas Nummer. Sara hatte sie gestern gewählt, daher war sie noch gespeichert. Ich gab Samantha ein kurzes Update und sagte ihr, dass es Sara gut ginge, dass es aber noch dauern würde, bis sie wieder nach Hause durfte.

»Alles klar, danke!«, antwortete die Stimme am anderen Ende.

Ich sagte ihr, ich bräuchte alle Fotos, die auf dieser Vernissage gemacht worden seien, auf denen etwas anderes als nur Gemälde oder Fotografien zu sehen wären, mit anderen Worten: Leute. Ich schickte ihr eine Internetadresse, auf der die Fotos hochgeladen werden sollten. Diese hatte der schwedische Drache mal für mich eingerichtet, nachdem ich mich beklagt hatte, dass mein Postfach ständig voll wäre und ich daher wichtige Fotos oder Videos nicht erhalten hätte. Die Speicherkapazität auf diesem Portal war allerdings eine ganze andere Dimension. Samantha versprach mir, sofort alle zu kontaktieren, die ihr einfielen. Eine Liste erhielt ich kurz danach auf Facebook, wohlwissend, dass dies wohl die Liste der Unschuldigen war, denn das waren alles Menschen, die Samantha kannte. Die meisten von ihnen hatte sie sogar persönlich eingeladen. Warum sollte da jemand darunter sein, der Brian umgebracht hatte und Sara umbringen wollte? Es sei denn, Samantha steckte da mit drin, was ich zu dem Zeitpunkt für unwahrscheinlich hielt, aber nicht gänzlich ausschließen konnte.

Ricardo Pelayo Torres – ich erreichte sein kleines Appartement in Queens, als er sich gerade fertigmachen wollte für eine neue Schicht. Die Beschreibung, die mir Sara hatte geben können, war offensichtlich sehr präzise gewesen. Die Kleidung, die er trug, sah so aus, als führe er mit dem Taxi in die Vergangenheit. Späte 80er, meinetwegen frühe 90er. Ich wünschte, mir würden meine Hemden aus jener Zeit auch noch so wie angegossen passen – wobei sein Hemd vielleicht weniger figurbetont gewesen sein mochte, als er es gekauft hatte. Er wirkte ziemlich genervt: »Was wollen Sie?« Und ich erklärte ihm kurz, warum ich ihn aufsuchte und hatte in meinem Handy schon das Facebook-Profil von Brian aufgerufen, um den Taxifahrer zu fragen, ob das der vermeintliche Ehemann Saras sei.

»Das habe ich doch heute Morgen schon alles ihrem Kollegen gesagt! Ich muss jetzt wirklich zur Arbeit.«

»Einem Kollegen?« Ich erwähnte lieber nicht, dass ich nicht vom NYPD war. Auch ohne Ausweis oder Uniform schien er in dem Glauben zu sein. Gedanklich strich ich ihn von der Liste der Verdächtigen – der Mann hatte viel zu viel Respekt vor dem Gesetz und seinen Hütern, als solche Nummern abzuziehen. Ihm fehlte schlichtweg das Format dafür.

»Welcher war es? So ein kleiner mit schütterem Haar oder der andere?«

»Nein, dann muss das der andere gewesen sein. Er war so in etwa in Ihrem Alter, aber das Gesicht etwas rundlicher und die Haare waren rot und kraus. Und er hatte einen kleinen, rötlichen Ausschlag am Hals. Er nannte sich Johnsson«.

Wahrscheinlich gelogen, dachte ich.

»Was haben Sie ihm erzählt?«

»Ich wollte ihm nichts erzählen, aber dann wollte er mich auf die Wache mitnehmen.« Torres sah auf die Uhr. »Ich kann es mir nicht leisten, eine Schicht zu verpassen. Also nannte ich ihm die Adresse, wohin ich die Lady gefahren habe.«

Die haben meine Adresse, also die vom Büro, dachte ich. Das war gar nicht gut. Vor allem, wo ich noch nicht wusste, wer *die* waren. Ich zeigte ihm nun das Bild von Brian, Torres nickte.

»Ja«, sagte er. »Komischer Typ – ließ sich nochmal ihre Handtasche geben und gab sie dann auch sofort wieder zurück, gab mir ein paar Scheine und nannte mir die Adresse. Dann rannte er weg.«

Er *rannte* weg. Wer dachte da nun noch an einen natürlichen Tod?

»Eine letzte Frage: Er nannte nur die Adresse oder nannte er auch einen Namen?«

Torres pustete und kratzte sich an der Schläfe. »Irgendeinen Namen sagte er – Parker oder so.«

»Baker vielleicht? Baker & Doyle?«, fragte ich ungeduldig.

»Keine Ahnung, Mann, kann sein. Es ging alles so schnell.«

Torres tippte auf seine Uhr und ich bedankte mich für das Gespräch und ging in Richtung Treppe, da stand sie plötzlich wieder vor mir.

»Richmond«, sagte ihre süße Stimme schnippisch. »Hab ich Sie gefunden.«

Ich grinste. »Sie haben ein Essen gewonnen – bei Ihnen oder bei mir – Ihre Wahl.«

»Mein Gott«, stöhnte Lonardoni. »Gibt es bei Ihnen auf dem Land echt Frauen, die auf solche Sprüche stehen?«

Ich zuckte unschuldig mit der Schulter. Sie machte einen Schritt auf mich zu und sah mich herausfordernd an. »Hören Sie, ich gehe zum Arbeitgeber meines Opfers, um seine Vorgesetzte zu vernehmen und finde … Sie. Ich will den Taxifahrer vernehmen, der die Vorgesetzte meines Opfers nach Buffalo gefahren hat und wen treffe ich da vor der Tür?«

»Mich«, grinste ich und wurde augenblicklich wieder ernst, als mich ihr schroffer Blick traf. Sie war so anziehend, wenn sie böse war …

»Vielleicht verraten Sie mir, wohin Sie als nächstes gehen – da spare ich mir einen Weg.«

»Hören Sie«, begann ich. »Ich weiß, was Sie denken. Aber Sara Anderson hat mich beauftragt und ich pflege einen Auftrag ordentlich auszuführen und zur Zufriedenheit meiner Klientin zu Ende zu bringen.«

»Sie planen also, mir weiterhin in die Quere zu kommen, verstehe ich Sie da richtig?«

»Ich werde versuchen, meinen Vorsprung Ihnen gegenüber noch zu vergrößern – dann werden Sie gar nicht mehr merken, dass ich schon da war«, grinste ich.

Oh – das war zu viel.

»Sie warten hier, bis wir wieder draußen sind. Wir haben da noch zwei, drei Dinge klarzustellen.«

Dann ließ sie mich stehen und klingelte mit *Michael Knight* an Torres' Tür. Ich hörte von weitem nur ein *Das hab ich doch alles schon Ihrem Kollegen* … Der gute Mann tat mir leid. Aber ihm drohte kein weiterer Besuch eines Typen, der möglicherweise KO-Tropfen einsetzte, und zwar mit dem Ziel KO für immer.

Einige Zeit später saß ich dann doch im Verhörraum des NYPD. Mir gegenüber Ginas Bodyguard, der nach der erneuten Aufnahme meiner Personalien schweigend auf seine Chefin wartete. Ich wollte ihn schon gerade bitten, *Looking for Freedom* zu singen, um die Zeit kurzweiliger zu gestalten, da kam *Detective Blassrosa* in den Raum.

Bevor sie etwas sagen konnte, begann ich: »Ich habe da so eine Theorie: Wir hatten in Buffalo mal so eine Serie ...«

»WIR«, unterbrach sie mich, »SIND HIER NICHT IN BUFFALO!« Das sagte sie laut und abgehackt und knallte ihre flache Hand auf den Tisch, um dem Gesagten noch zusätzlich Ausdruck zu verleihen.

»Wir sind hier in New York City!«, fuhr sie fort. »In MEINEM New York City, das ist MEIN Fall und ICH leite die Ermittlungen! Sprechen Sie meine Sprache?«

Ich war in der Tat fast ein wenig eingeschüchtert. »Klar wie Kloßbrühe«, sagte ich. »Sie leiten. Ich werde Sie über jeden Schritt informieren.«

Sie war nun wirklich kurz vor dem Explodieren.

»Nein, das werden Sie nicht!«

»Werde ich nicht?«

»Wenn ich Sie noch einmal bei einem Verdächtigen, einem Zeugen oder einem Tatort sehe, nehme ich Sie fest wegen Behinderung der Polizeiarbeit! Brauchen Sie das schriftlich oder glauben Sie mir das so?«

Ich sagte nichts mehr.

»Sie können jetzt gehen. Los, ab!«

Ich stand auf und blickte sie an. Nein, so konnte das nicht enden, das lief nicht richtig. Ich hatte einen Auftrag angenommen und ich würde ihn zum Abschluss bringen. Ich war selbst in Gefahr, da meine Adresse jemandem bekannt war, der Interesse daran hatte, diese herauszufinden. Das wusste ich nun. Was ich nicht wusste, war, warum er das hatte? Was suchte er? Wissen ist Macht und in diesem Fall war meine Macht sehr mickrig – viel zu mickrig, um wieder zurück nach Buffalo zu fahren mit nichts in der Hand außer meiner Glock.

»Sind Sie mit den KO-Tropfen weitergekommen?«, fragte ich sie und ich sah, wie sich ihre Augen weiteten. »Hören Sie, Saras

Leben ist in Gefahr, *mein* Leben ist möglicherweise in Gefahr, denn ich kann mir noch keinen Reim darauf machen, warum jemand Sara zu mir geschickt hat. Ich habe volles Vertrauen in Ihre Arbeit, aber Sie alleine können nicht alle retten. Die, die sich selber retten können, müssen selbst etwas unternehmen.«

»KO-Tropfen? In Gefahr? Was …« Detective Lonardoni atmete tief durch.

Ich setzte mich wieder hin und erzählte noch einmal alles, was ich wusste. Und was ich spekulierte. Die kleine Italienerin sah mich lange an und sagte dann ruhig:

»Wir haben keine Rückstände bei O'Reilly gefunden. Auf das Ergebnis von Sara Anderson warten wir noch, aber da habe ich auch nur wenig Hoffnung. In der Tat glaube ich allerdings auch daran, dass der oder die Täter mit KO-Tropfen arbeiteten. Die Forensiker sagten, dass das Apartment von O'Reilly durchsucht worden ist, aber so, dass es keine Spuren hinterlassen sollte ... Wir sollten nicht wissen, dass sie etwas suchen.«

Ich fragte mich, ob sie gefunden hatten, wonach sie suchten. Und: War das gut für Sara, wenn sie gefunden hatten, was sie suchten? Vielleicht suchten sie dann nicht mehr weiter? Und vor allem: *Was* suchten sie?

Und was konnte es sein, wenn sie nach Buffalo fuhren, obwohl sie es gefunden hatten? Und wenn sie es nicht gefunden hatten, was könnte sich in meinem Besitz befinden, das auch nur das Benzin wert war für die Fahrt von New York nach Buffalo?

Ich hatte vielen Typen den Arsch aufgerissen und so manchen hinter Gitter gebracht. War das ein Ansatzpunkt? War jemand aus dem Gefängnis entlassen worden, der mir das Leben schwermachen wollte?

»Was immer es war – sie haben es nicht gefunden.«

Gina blickte auf. »Woher wollen Sie das wissen?«

»Ich habe keinerlei Bezug zu Brian O'Reilly, ich kannte Sara Anderson nicht, ich hatte nie Kontakt zum NYC Mercury, überhaupt habe ich keinen Kontakt zu New York, abgesehen von der

Tochter meines Freundes – aber das kann hier keine Rolle spielen. Ich kann mir nicht vorstellen, was jemanden dazu treiben könnte, Sara in diesem Zustand in mein Büro zu schicken.«

»Aber irgendjemand hat offensichtlich ein Motiv, Richmond. Irgendeinen Grund wird jemand schon gehabt haben. Entweder wollte jemand Sara in Sicherheit bringen, weil sie in Gefahr war – dann wird es jemand sein, der Sie kennt. Oder Sie sind, ohne es zu wissen, der Schlüssel zu dem Fall, womit entweder Sie oder Sie beide in Gefahr wären.«

Hinter den wunderschönen Augen arbeitet ein ausgesprochen intelligentes Gehirn, dachte ich mir.

Sie kam zu demselben Ergebnis wie ich. Und das Ergebnis gefiel mir nicht.

»Hören Sie«, sagte Detektive Lonardoni dann. »Es deutet bei O'Reilly definitiv einiges auf Fremdverschulden hin. Und mindestens einer von Ihnen ist in Gefahr, das ist mir klar. Ich werde Personenschutz beantragen für Sie und Miss Anderson. Aber selbst wenn das genehmigt wird …«

»… fehlen Ihnen die Leute – ich weiß. Chronisch unterbesetzt, die New Yorker Polizei.«

»Ich werde die Kollegen in Buffalo kontaktieren, vielleicht können die jemanden abstellen.« Sie presste die Lippen zusammen. »Vielleicht ist die Idee, nach Buffalo zurückzufahren, gerade doch nicht so gut. Sie sollten ein paar Tage hier irgendwo untertauchen.«

»Ja, vielleicht, danke – und ich werde es mir überlegen.«

Untertauchen, dachte ich spöttisch. *Ein Niclas Richmond taucht nicht unter, ein Niclas Richmond versteckt sich nicht und hofft, dass der Sturm an ihm vorbeizieht. Ihr sucht mich? Ihr glaubt, Ihr findet mich? Nicht, wenn ich euch vorher finde!*

Nein, herumsitzen und warten war nicht mein Stil.

Kapitel 7

Sara und ich trafen uns im Little Owl. Ich erinnerte mich daran, dass sie ja im gleichen Gebäude ein Apartment hatte, als ich sah, dass sie Ellens Sachen inzwischen eingetauscht hatte. Dabei sah sie jetzt noch weniger nach Freizeit aus, als in dem Rock von Ellen. In ihrem anthrazitfarbenen Kostüm und ihrer grauen Bluse wirkte sie nun wie eine Anwältin, die einen wichtigen Gerichtstermin vor sich hat. Naja, war eben ihr Style und für mich etwas für das Auge.

»Hast du ihr was von der Pistole erzählt?«, war ihre erste Frage. Sie war sichtlich erleichtert, als sie meine Antwort vernahm.

»Ich hatte sie zum Glück bei Samantha gelassen, wobei die meine Tasche gar nicht durchsucht haben. Dennoch war das besser für meine Nerven.«

Dann erzählte sie ausführlich über ihren Besuch bei der Polizeiärztin, die lange Wartezeit, die vielen Fragen, Blutabnahme – so als wäre das die Titelstory einer Sonntagszeitung. Ich hatte genug Titelstorys für den Buffalo Star geschrieben, auch oder gerade für die Sonntagsausgabe, um zu wissen, das war keine. Routineuntersuchung, erwartungsgemäß keine KO-Tropfen oder sonstiges nachweisbar, Punkt. Ich hätte wahrscheinlich *Die haben nichts gefunden* gesagt und damit die ganze Geschichte erzählt, noch bevor mein Hintern den Stuhl berührt hätte. Deswegen meinen Frauen auch immer, wir Männer hören nicht zu. Doch das stimmt nicht – wir löschen nur direkt nach dem Hören alles Unwichtige von unserer Festplatte, denn hohe Speicherkapazität ist wichtig im Leben. Und viel unnützes Zeug auf dem Rechner verlangsamt das Denken. Insofern haben wir schon zugehört, aber eben umgehend den Input verarbeitet und das gerade Gehörte direkt in den Spamordner verschoben, der automatisch minütlich geleert wird. Man könnte auch übertragen sagen, Männer laufen einfach mit leistungsstärkeren Prozessoren, leider oft auf Kosten der Kompatibilität. Und wenn dann plötzlich eine Frau sagt *Ich wollte noch blaue Schuhe kaufen, hab ich doch eben gesagt, dass die grünen Schuhe zu dem blauen Kleid nicht passen,* kommt bei uns eben nur die Meldung *ERROR! Datei ›blaue Schuhe kaufen‹ nicht gefunden!*

»Ich habe in meinem Apartment nichts entdeckt, was irgendwie auffällig gewesen wäre.«

Das war eine Information, die ich sicher abspeicherte.

»Wir treffen uns morgen früh bei mir, okay? Ich bin so müde, mir fallen gleich die Augen zu.«

Schlafen, dachte ich, *wird völlig überbewertet.* Gegen ein unbeschwertes Nickerchen war ja nichts einzuwenden, doch an dem Tag empfand ich das als pure Zeitverschwendung. Aber es war ein klares Signal, ich wusste, hier half kein Nachverhandeln und ich fragte mich, wer von uns beiden nun über zwanzig Jahre jünger war.

Kapitel 8

Der Typ, bei dem ich pennen durfte, war sehr nett. Zumindest, solange Sara noch dabei war. Er schien ihr gerne einen Gefallen zu tun, der arme Kerl. Nichts für ungut, aber bevor so einer bei einer Braut wie Sara landet, taucht Elvis plötzlich bei *Dancing With The Stars* auf. Als sie aus der Tür raus war, warf er mir ein »Ich hatte euch eher erwartet« entgegen. Eigentlich war er nur enttäuscht, dass Sara noch nicht einmal mehr mit reingekommen war, denn das war offensichtlich der einzige Grund, warum er mir die Übernachtung angeboten hatte. Ich sah ihn nur mitleidig an, zuckte mit den Schultern, ließ mir meinen Schlafplatz zeigen und – auch wenn mir noch tausend Gedanken durch den Kopf schossen – betrat schließlich ohne langes Schäfchenzählen das Land der Träume.

Ohne mich zu verabschieden, verließ ich am nächsten Morgen das Heartbreak Hotel und machte mich auf den Weg zu Saras Apartment. Sie öffnete mir mit einem ausgeschlafenen Gesicht die Tür.

»Hi, Rich, guten Morgen!«

Das *Rich* aus ihrem Mund klang irgendwie niedlich. Ich kam mir alt vor, weil es so unwirklich klang. Frauen ihres Alters redeten mich je nach Erziehung mit *Mister* oder *ey, Alter* an. Aber die Benutzung von *Rich* kam mir unpassend vor und ich stellte mir vor, ich hätte die gute Mrs. MacGill begrüßt mit *Hey, Gil, guten Morgen* und grinste bei der Vorstellung ihres Gesichtsausdrucks.

Noch vor dem Frühstück nahm ich ein paar Dinge unter die Lupe. Nichts deutete darauf hin, dass sich irgendjemand ungefragt Zutritt verschafft hatte. Und doch war etwas faul. Obwohl Sara vorgab, schon einige Jahre hier zu wohnen, fand ich weder unten an der Haustür, noch oben vor der Wohnungstür ein Namensschild. Gut, vielleicht hatte sie dieses gerade herausgenommen – die Frage war nur: Wen wollte sie täuschen? Johnsson & Co. oder mich?

In der Tat war das Apartment von Sara nicht sehr groß. Es hatte einen größeren Raum mit einer offenen Küche, ein kleines Badezimmer und zwei kleine, hintere Räume. In einem stand ein großes Bett und das andere wurde als begehbarer Kleiderschrank genutzt, in dem aber auch ein kleineres Bett stand.

»Okay – angenommen, hier war wirklich niemand. Ist irgendetwas hier anders, als du es vermutest?«

»Was meinst du?«

»Egal – irgendetwas, das darauf hindeuten könnte, dass du etwas gelesen hast oder gemacht hast, was anders war als sonst. Was vielleicht das alles verursacht hat?«

Sara zuckte mit den Schultern und sah sich erneut um.

»Ich hab mir das eben schon alles angesehen – es ist nichts anders, als ich es verlassen habe.«

Sie bot mir dann eine Limo an, die ich dankend annahm. Dann ging ich nochmal das Apartment durch. Nahezu alle Wände und Möbel im Hauptraum und dem größeren Schlafzimmer waren in Weiß gehalten, bis auf die violetten Vorhänge vor den beiden Fenstern, die an der Wand zum Hof hinaus lagen und der gleichfarbigen Tagesdecke auf dem Bett in dem größeren Zimmer. Es gab noch eine violette Obstschale auf dem Wohnzimmertisch. An den Wänden hingen viele Fotografien und einige Bilder, die durch das schlichte Weiß noch besser zur Geltung kamen. Die Tapeten in Schlaf- und Ankleidezimmer dagegen waren in zwei verschieden starken Rosatönen gehalten, die Schränke und Regale auch alle in Weiß. Auf dem Nachttisch im größeren Schlafzimmer fand ich ein Bild von Sara in einem Nachthemd. Ein Bild, keine Fotografie! Sehr befremdlich! Wer hängte so etwas von sich selber auf? War das wirklich ihr Zimmer oder … In dem Moment wurde mir klar, dass eine zweite Person das Apartment nutzte.

Ein Blick in die Schränke gab mir Gewissheit. Keine Auflage, kein Gemüse, der ganze Obstvorrat bestand aus zwei Äpfeln, dafür diverse Dosen, Suppen, Honig, Marmelade – alles Sachen, die länger haltbar waren. Ich hatte Kühlschränke in Ferienwohnungen gesehen, in denen mehr gelagert worden war als hier. Aber auch dort wie hier eben alles Lebensmittel, die lange haltbar waren. Nur der Kaffee, der war frisch. Hier sollten zwei Personen wohnen? Davon eine wie Sara, die sich offensichtlich generell gesund ernährte, was mir ihre Maße verrieten? Die andere Person kannte ich ja noch nicht, wobei mir im Badezimmer ein Fläschchen *La Vaniglia* aufgefallen war, das zu Sara nicht passte. Aber diesen Duft hatte ich vor noch gar nicht allzu langer Zeit schon einmal in meiner Nase gehabt … So oder so kam ich zu dem Schluss, dass in diesem Apartment nicht das ganze Leben stattfinden konnte. Es war definitiv kein Wochenenddomizil – also musste das sowas wie eine Werktagswohnung sein. Maximal. Nur: Wer konnte sich so etwas leisten hier in Lower Manhattan und wenn es so war … Ich grübelte und dachte darüber nach, Sara direkt zu fragen, aber ich erwartete eh keine ehrliche Antwort, daher ließ ich es.

»Hast du mal in deine Handtasche geschaut, ob da was anders ist?«, fragte ich stattdessen.

Fast mitleidig sah sie mich an.

»Ich bitte dich«, sagte sie mit beleidigtem Unterton. »Natürlich weiß ich, was in meiner Handtasche ist. Das wäre mir schon aufgefallen, wenn da etwas fehlen würde.«

»Könntest du …? Für mich …? Manchmal sehen vier Augen mehr als zwei.«

Sara machte eine Schnute, die sich nun hinter der von Brigitte Bardot wirklich nicht mehr verstecken musste. Wobei ich mich fragte, ob sie überhaupt wusste, wer Brigitte Bardot war.

Sie kramte ein iPhone 5 hervor und ich bat sie, ihre Dateien zu überprüfen. Waren vielleicht neue Bilder drauf, wurden Dateien von irgendwoher heruntergeladen? Ihre geübten Finger flogen über den Screen, fanden aber nichts Ungewöhnliches.

Handcreme, Lippenstift, Lippenpflegestift: Alles nicht von Bedeutung. Weiter: Feuerzeug, Taschentücher, Spiegel, USB-Stick, Portemonnaie, Pfefferspray – Moment, zurück.

»USB-Stick?«

»Den hab ich immer dabei. Arbeiten, mit denen ich in der Redaktion nicht fertiggeworden bin und solche, die ich zuhause angefangen habe und noch kein echtes Projekt sind.«

»Okay – schade, hätte eine Spur sein können. Sollten wir aber trotzdem mal überprü...« Stevie Wonders *Superstition* unterbrach mich. In der Regel blieb mein Handy stumm und vibrierte nur, aber Vince war einer der wenigen Ausnahmen, denn er konnte mich anrufen, wann immer er wollte.

»Vince, altes Haus! Du hast wie immer ein unpassendes Timing. Ich bin grad in ...«

Aber Vince hörte nicht zu.

»Alter – wo steckst du?«

»In New York! Wollte ich doch gerade sagen!«

»Was, zum Teufel ... – Rich, du musst sofort nach Hause kommen!«

»Bleib locker, Mann – was ist passiert?«

»Die waren in der Nacht in deinem Büro – das soll arg verwüstet sein. Und bei dir zuhause waren die auch!«

Ich musste kreidebleich geworden sein oder, wie ich es nannte: *Mir schoss das Blut in die hintere Gehirnhälfte.*

Das war nicht gut.

»Wie schlimm ist es?«

»Im Büro schienen sie recht schnell davon überzeugt zu sein, dass sie nichts finden würden, aber bei dir zu Hause ...«

Kapitel 9

In meinem Büro hatten die Einbrecher ganze Arbeit geleistet. Aber worum ging es denen? So sehr ich mich auch umsehen mochte, mir fiel nichts auf, was fehlte. Auch nichts, was sie gesucht haben könnten. Die wertvollsten Sachen, die ich besaß – also mein Blackberry, mein Tablet, mein Laptop, meine Glock 17 – führte ich am Körper oder in meiner Umhängetasche. Und dann waren da noch die Sicherheitskopien auf diversen CDs, aber dafür besaß ich ein Bankschließfach. Ich grübelte. Wenn sie etwas so sehr suchten und noch nicht gefunden hatten …

»Du brauchst Polizeischutz!«, sagte Vince, nachdem ich ihn telefonisch auf den neusten Stand gebracht hatte.

»Bislang sind das alles nichts als Vermutungen. Und du kennst doch unsere Polizei – ein Einbruch ist da nicht ausreichend. Und ein Mord in New York mit einem Einbruch in Buffalo zusammenzubringen – das reicht denen auch nicht aus. Der Personalmangel ist bei der Polizei in Buffalo um nichts besser als in allen anderen Städten auch.«

»Wem erzählst du das?« Vince kannte das nur zu gut. Viele Jahre war er schließlich Teil des Vereins gewesen.

»Aber hier muss man doch nur mal eins und eins zusammenzählen.«

Sicher, Vince hatte Recht. Und wir wurden vorsichtiger und verabredeten, uns bei mir zuhause zu treffen, statt bei ihm, auch wenn es bei mir gerade sehr ungemütlich war.

Wer immer *die* waren – und ich war mir sicher, dass wir es hier nicht mit einer Einzelperson zu tun hatten – sie schreckten vor Mord nicht zurück. Oder war Brian O'Reilly versehentlich eine Überdosis verabreicht worden? Wer mit KO-Tropfen hantierte und sich nicht auskannte, konnte sich in der Dosis schon mal verkalkulieren.

Es tat gut, Vince wiederzusehen und wir umarmten uns, als wären seit unserer letzten Begegnung einige Jahre vergangen. Dann gingen wir alles noch einmal von Beginn an durch.

Angefangen bei der guten Miss Alderton. Miss Alderton war eine ältere Dame, der das Haus neben meinem gehörte. Eine nette Frau, mit der ich gut auskam, nachdem sie anfangs noch sehr reserviert gewesen war. Aus ihrer Sicht war ich ein junger Mann, der da neben ihr einzog und im Verhältnis zu ihr – sie mochte so Mitte sechzig sein – und vor allem im Verhältnis zu den Vorbesitzern meines Hauses mochte das auch stimmen. In der ersten Zeit war es über ein *Guten Tag* nie hinausgegangen. Aber irgendwann redeten wir über das Wetter und eines Tages hatte sie Besuch und ein Stückchen selbstgebackenen Blaubeerkuchen übrig, das sie mir überließ. Und dann brachte ich ihr ab und an eine Kiste Wasser oder Katzenstreu mit. Sie hatte eine ganz kleine, silberweiße Katze namens Luna, die sich oft in meinen Garten verirrte.

Also, irgendwann gegen drei Uhr morgens war Miss Alderton wach geworden und meinte, ein Geräusch aus meinem Haus gehört zu haben. Wie sich im Nachhinein herausstellte, war das ein Blumentopf gewesen, der einzige in meiner Wohnung. Ein Topf, der schon lange keine Blume mehr gesehen hatte, da ich einen grauen Daumen besaß. Ich hatte es wirklich versucht, auch, nachdem die Gerbera, die sich ursprünglich in dem Topf befunden hatte, den mir Doyle seinerzeit geschenkt hatte, eines viel zu frühen, tragischen Todes gestorben war. Ich hatte es dann mit einer Azalee und schließlich mit einer Friedenslilie versucht, aber alle hatten dasselbe traurige Ende gefunden. Miss Alderton hatte dann eine Autotür gehört und dass ein Auto wegfuhr. In unserer Straße um diese Zeit sehr ungewöhnliche Geräusche. Sie hatte aus dem Fenster geschaut, aber nichts mehr erkennen können, sich dann gedacht, sie sei schon paranoid und war wieder zu Bett gegangen. Am Morgen dann sah sie, dass mein Auto nicht vor der Tür stand wie sonst üblich an einem Sonntagmorgen. Als sie dann aber in ihrem Garten ihre Blumen gießen wollte und zu meinem herüberblickte, fiel ihr auf, dass meine Tür nur angelehnt war. Und da erinnerte sie sich an die Geräusche in der Nacht. Mutig ging sie zu meiner Vordertür und klingelte und als niemand aufmachte, rief sie dann die Polizei an, die auch eine gute Zeit später eintraf. Spuren an der Tür bestätigten sofort, dass diese gewaltsam geöffnet worden war. Sie öffneten die Tür und hatten ein verwüstetes Haus vorgefunden.

Die Einbrecher hatten Kästen und Schubladen ausgekippt und Schrankinhalte auf dem Boden verteilt, die Matratze lag aufgeschlitzt neben dem Bett, das Schlafsofa war so rabiat ausgezogen worden, dass es sich nicht mehr zusammenschieben ließ. Aber mitgenommen hatten sie nichts.

Miss Alderton hatte die Adresse meines Büros gewusst und hinzugefügt, dass ich mich dort manchmal durchaus auch am Wochenende aufhielte. Da sie mich telefonisch nicht erreichten, fuhren die beiden Polizisten zu meinem Büro und fanden ähnliche Spuren wie bei mir zuhause. Sie fanden vor allem einen Brief, der an meine private Anschrift adressiert war und den ich längst schon mal hatte wegschmeißen wollen, weil die Informationen darin für den letzten Fall wertlos gewesen waren und dieser inzwischen auch abgeschlossen war. Dadurch mussten die Täter auf meine Privatadresse gekommen sein.

»In jedem Fall sollte ich schnellstmöglichst wieder zurück nach New York. Dort ist die Antwort.«

»Was redest du, Mann? Was immer das für ein Fall ist, du solltest dich da raushalten! Rich, das ist eine Nummer zu groß für dich!«

»Das mag sein. Aber zum einen habe ich meine Hilfe zugesagt, zum anderen werden die nicht aufgeben, bis die mich gefunden haben – ob ich nun weiter recherchiere oder nicht. Und dann finde lieber ich die als umgekehrt. Davon abgesehen zahlt die Lady ein hübsches Sümmchen und ich kann jeden Penny gebrauchen. Die Couch ist kaputt, das Bett hinüber, die Stromrechnung ist mal wieder überfällig und die Auftragsbücher sind leer wie der Tank meines GTX.«

»Aber du musst aufpassen, wenn sie deine Spur in New York finden, dann finden sie auch schnell diese Sara. Schon einmal darüber nachgedacht, dass du sie in Gefahr bringst?«

Ich schüttelte den Kopf.

»Schon mal drüber nachgedacht, dass sie vielleicht schon in Gefahr ist? O'Reilly war an irgendeinem Fall dran – so viel muss doch klar sein. Irgendwo hat der in ein Wespennest gestochen. Vielleicht hat er eine große Story gewittert.«

Vince grinste.

»Du meinst, du und Brian, ihr seid euch ähnlich?«

Ich tat die Bemerkung mit einer lässigen Handbewegung ab.

»Ich bin ein Profi, du kannst uns nicht vergleichen!«

Vince schüttelte den Kopf: »Oh Mann, Rich …«

»Die haben bei ihm nichts gefunden, die näheren Umstände kenne ich noch nicht. Dann waren sie bei dem Taxifahrer.«

Langsam hob ich den Kopf und sah Vince an.

»Die haben gedacht, dass O'Reilly Sara Informationen hat zukommen lassen, weil sie die beiden auf der Vernissage gesehen haben! Ha! Die kennen Sara gar nicht, also ihre Identität. Aber sie haben Verbindungen und haben auch diesen Taxifahrer ausfindig gemacht – der hat denen meine Adresse genannt – mich kennen die auch nicht, aber die denken vielleicht, ich hätte bei mir etwas, was O'Reilly Sara gegeben hat. Etwas, was Sara dabeigehabt haben könnte, als sie ins Taxi gestiegen ist mit ihrem Kleid und … ihrer Handtasche. Der Stick!«

Triumphierend sah ich Vince an, aber dieser winkte nur ab.

»Den Stick hatte Sara doch schon als ihren eigenen identifiziert.«

»Ja? Hat sie gesagt, das stimmt. Man nimmt einen Stick in die Hand und der ist schwarz und da steht ein Markenname drauf, den man wiedererkennt, irgendwo steht dann noch sowas wie *32 GB* und man ist sicher, das sei der eigene Stick. Dabei sind Millionen davon im Umlauf. Wenn O'Reilly diesen Stick einmal gefunden hat in ihrer Tasche, dann hat er sich möglicherweise denselben Stick gekauft. Als er ihren aus der Handtasche herausgenommen hat, um ihn zu kopieren, hat er einfach seinen reingesteckt. Als sie in ihre Tasche geschaut hat, um zu sehen, ob noch alles am rechten Platz ist, hat sie den Stick da gefunden, wo sie ihn erwartete. Nur: Es war nicht ihrer ...«

Ich nahm mein Handy und wählte mich ins Internet ein.

»Was machst du da?«, fragte Vince, drauf und dran, mir mein Handy aus der Hand zu reißen. »Du kannst sie nicht anrufen! Was ist, wenn ihr Handy abgehört wird? Oder deins?«

Ich grinste – er dachte immer noch, er spräche mit einem Anfänger.

»Hab nicht vor, sie anzurufen.«

»SMS ist genauso problematisch und dein Facebook-Account ist bestimmt auch schon gehackt worden.«

Langsam fühlte ich mich beleidigt. »Vince, Vince, VINCE! Beruhige dich! «

Ich zog mein Blackberry raus – er musste doch wissen, dass ich so eines besaß!

»Das«, sagte ich, »ist mein Blackberry und das«, ich wies auf meine rechte Hand, »ein Prepaid-Handy. Damit kann man ins Internet gehen und sich bei Facebook einloggen.«

»Und wenn die deinen Account geknackt haben?«

Ich stöhnte.

»Ich habe vier Dummy-Accounts bei Facebook eingerichtet, alle für echte Personen mit Adressen, die auch stimmen. Nur, dass diese Menschen alle schon nicht mehr unter uns weilen. Alle vier habe ich nur benutzt, um ihnen ein Profil zu geben. Ein paar streunende Katzen fotografiert, als Profilbild das Meer oder den

Abendhimmel, ab und an mal ein paar Seiten geliked. Frank Starcher zum Beispiel nimmt jedes Jahr am New York Marathon teil, weil ich den vor Jahren mal gesehen und ein paar Fotos geschossen habe. Aber ich logge mich nun als Neil Gardener ein, der ein absoluter Fan des *Niagara Falls Music & Art Festivals* ist und öfters begeistert Links zu YouTube-Videos postet von Bands, die dort auftreten. Schon mal was von der *The Dave Viterna Group* gehört? Oder von *Dive House Union*? Neil findet beide Bands superklasse, ich finde die erste nicht so ...«

»Rich – was soll das?«

»Ganz einfach – Neil Gardener und Jennifer Vander sind seit einem halben Jahr befreundet. Jennifer würde so gerne auch mal zu dem Festival, auch um die Niagarafälle zu sehen. Aber sie wartet noch auf Mr. Perfect und will ihn unbedingt dabeihaben.«

Jetzt stöhnte Vince. »Komm zum Punkt, Alter.«

»Als ich mit Sara in der Galerie war und sie ging, um sich frischzumachen, habe ich Samantha auch ein Prepaid-Handy gegeben. Sie loggt sich nun tagsüber alle zwei Stunden als Jennifer Vander ein und ich als Neil Gardener. So können wir uns im Bedarfsfall Informationen zukommen lassen, ohne dass es auffällt.«

»Könnte funktionieren«, meinte Vince.

»Könnte ... Könnte funktionieren? Gib es zu, das ist GE-NI-AL!«

Ich schrieb *Überprüf das Zäpfchen vom Kätzchen. Ich bin morgen wieder auf Visite.*

Vince schnaubte. »Entweder du schaust zu viel fern oder liest zu viele Schundromane.«

»Jennifer hat vier Katzen und liebt Spionagefilme und -bücher über alles. Für einen, der sie anbaggern will, keine schlechte Idee, das so zu versuchen.«

»Mann, vor drei Jahren wolltest du noch in den Bücherladen gehen, um dir ein Facebook zu kaufen und jetzt ... Du hast offenbar viel Zeit da in deinem Kabuff. Und ich frag mich ernsthaft, ob du nicht ein bisschen paranoid bist. Mehrere Facebook-Accounts … Ich hab nicht mal einen!«

»Ich bin nicht paranoid«, erwiderte ich trotzig. »Hast du mal einen Edda Valby-Roman gelesen? Wer da heute alles überall mitlesen kann? Und was Sara betrifft: Gut, sie wissen nicht, wer sie ist. Aber sie werden weiter im Umfeld von O'Reilly nach Ansatzpunkten suchen. Und wenn sie sehen, wie die Sara aus derselben Redaktion aussieht, dann haben sie sie gefunden. Selbst das NYPD wäre da schon drauf gekommen – bedeutet, wir haben es hier nicht mit der Championsleague zu tun. Aber sie haben den Taxifahrer gefunden, also werden sie auch Sara früher oder später aufspüren. Sie muss untertauchen.«

Ich fand auf YouTube ein Video eines tauchenden Tigers und postete es als Neil Gardener auf Facebook mit dem Wort *witzig!!*

Das mit der Anzahl der Ausrufezeichen hatte ich mit Samantha besprochen – nur die Anzahl war wichtig. Zwei bedeutete Gefahr, drei akute Gefahr.

Es war spät und mir fehlten ein paar Stunden Schlaf in den letzten Tagen. Wir beschlossen, uns in zwei Schichten aufzuteilen. Ich übernahm die erste. Ich hatte morgen wieder eine lange Fahrt nach New York vor mir und wollte wenigstens etwas davor noch schlafen. Vince machte es sich, so gut es ging, auf meinem Sofa bequem, auf dem schon Sara geschlafen hatte. Ich setzte mich in die Küche, die Glock neben mir unter der Tageszeitung. Man wusste nie – eine Waffe im eigenen Haus war gefährlich, wenn man sie nicht schneller greifen konnte als ein Einbrecher. Ich war sicher, wenn es jemand versuchen würde, dann in dieser Nacht. Sie konnten sich denken: Wo immer ich auch war, nach zwei Einbrüchen würde ich nach Hause kommen. Und er würde es durch die Hintertür versuchen, die weniger stark gesichert war als die Vordertür, wobei man von gesichert kaum reden konnte. Dennoch war es von hinten leichter.

Ich saß also in der Küche und blickte auf die Hintertür. Viele Gedanken schossen mir durch den Kopf. Sara in ihrem schicken

Kleid, die charmante, zuckersüße Samantha mit ihrer raumfüllenden Aura. Und die kleine Gina mit der italienischen Stupsnase und dem frechen Blick. Mit dem letzten Bild schlief ich – oh, Moment: Wachbleiben! Ich musste wachbleiben! Ich konnte nicht anders, nach einer Stunde Internetrecherche und einer weiteren erfolglosen Starrens auf die Hintertür fiel ich in einen Sekundenschlaf.

Ich war nicht richtig weg, aber weit genug, um den Eindringling erst zu hören, als er schon im Flur stand. Ich fuhr herum und sah, wie sich eine Smith & Wesson langsam durch die Tür bewegte. Ich hatte zwei Optionen: Ich konnte versuchen mich umzudrehen und schneller meine Glock zu greifen, als der Angreifer mich als Ziel erfassen und abdrücken konnte. Erfolgsaussichten: unter zwanzig Prozent. Oder ich konnte hochspringen und mich mit aller Gewalt gegen die Tür werfen. Mit etwas Glück ließ er seine Pistole dann fallen und es ging Mann gegen Mann. Und natürlich hoffte ich, Vince würde von dem Krach wach werden. Ich hatte keine Sekunde, um die beiden Optionen gegeneinander abzuwägen, also schoss ich hoch und schmiss meinen Körper mit aller Macht gegen die Tür. Der Angreifer stöhnte leise. Seine Waffe aber flog in hohem Bogen unter den Tisch, leider damit auch außerhalb meiner Reichweite. Er stemmte sich nun seinerseits mit aller Kraft gegen die Tür, was mich rückwärts taumeln ließ und bevor ich das Gleichgewicht wieder erlangen konnte, schoss sein Fuß gegen meinen Kopf. Im letzten Moment konnte ich mich so wegdrehen, dass mich der Stiefel zwar traf, aber nicht die von ihm erhoffte Wirkung erzielte. Wütend stürmte er wieder auf mich zu, packte meinen Arm und schob mich gegen die Küchenzeile. Mit vollem Schwung knallte mein Handballen gegen seine Elle, so dass er mich losließ und meine Rechte mit voller Wucht seinen Kiefer treffen konnte. Der Typ war etwa einen knappen Kopf größer als ich und konnte, verdammt nochmal, gut was wegstecken. Natürlich trug er Maske und Handschuhe: Während des Kampfes nicht zu identifizieren, nach dem Kampf – so er so ausgehen sollte, wie er es geplant hatte – würde er verschwinden, als sei er nie da gewesen.

Ich versuchte einen Fußtritt zu setzen, aber er machte einen Schritt nach hinten und setzte seinerseits zu einem Schwinger an, den ich wiederum abblocken konnte. Ich machte eine schnelle Körperdrehung und traf ihn mit meinem Fuß an der Schläfe. Er fluchte. Der Typ war angeschlagen und ging wild um sich schlagend auf mich los. Aber inzwischen war ich hellwach und all die vielen Stunden Ching Wu Men waren offensichtlich doch nicht spurlos an mir vorbeigegangen. Wie eine Katze bewegte sich mein Körper und ich ließ ihn erneut ins Leere laufen. Aber auch seine Angriffe waren schnell und unerbittlich. Einer traf empfindlich meinen linken Arm, ein anderer streifte mein Kinn. Wieder holte er zu einem vernichtenden Schlag aus, den ich blocken und zur Seite abführen konnte. Mit einem Faustoß gegen seine Schulter hielt ich ihn auf Distanz. Dann sprang ich ihm entgegen und zertrümmerte mit einem gezielten Tritt seine Kniescheibe. Der Angreifer schrie laut auf. In diesem Moment stand Vince schon in der Tür mit seiner SIG im Anschlag und beendete den Kampf.

»Respekt«, sagte er. »Für so einen alten Mann… Der Typ ist einen Kopf größer als du!«

Ja, aber er hatte mir auch gut zugesetzt – ich war ziemlich außer Atem und mein linker Arm schmerzte.

»Da muss er früher aufstehen«, sagte ich, zu schwach, um mit den Augen zu zwinkern.

Kapitel 10

Einige Stunden später saß ich wieder in meinem GTX und fuhr in Richtung Big Apple, aus den Lautsprechern dröhnte der Boss. Springsteen war für mich der Größte. Sicher, ich hatte auch Phasen gehabt, in denen ich mal eine AC/DC Scheibe rauf- und runterhören konnte und für die Australier von Rose Tattoo konnte ich nie zu alt werden und alle paar Jahre kriegte ich mal wieder einen Rappel und drehte deren *Rock'n Roll Outlaw* bis zum Anschlag! Aber der Boss, der hatte keine Phasen. Irgendeine Scheibe von ihm lag immer in meinem GTX und wartete nur drauf, gespielt zu werden.

Zum Glück hatte das Gespräch mit dem zuständigen Detective vom Buffalo Police Department nicht so lange gedauert. Ich hatte zwar irgendwie das Gefühl, dass Detective Morrison – ein sehr besonnener, ruhiger Ermittler, der kurz vor der Pensionierung stand und dessen Weg sich schon einige Male mit meinem gekreuzt hatte – glaubte, ich wüsste mehr, als ich vorgab zu wissen. Aber abgesehen von der SIG Sauer in Saras Tasche hatte ich ihm alles erzählt. Von der ersten Begegnung mit der unbekannten Lady, dem toten Journalisten in Manhattan bis hin zu dem Kampf mit dem Maskierten. Als ich den Kampf kurz anriss, hatte Detective Morrison die Stirn gerunzelt und seine Nase gerieben.

»Sie hatten ihm also schon die Kniescheibe zertrümmert, bevor Mr. Watson mit der Waffe in der Tür stand?«, hatte er mich gefragt und als ich das bejahte, runzelte er wieder die Stirn und rieb erneut seine Nase.

»Sie sind noch recht fit, Richmond. Aber vielleicht sind Sie jemandem zu nahe gekommen.«

Ich hatte das als unwahrscheinlich abgetan, aber er war unbeirrt fortgefahren:

»Einbruch bei Ihnen, Einbruch im Büro und nun der Überfall. Und Sie wollen mir erzählen, da gäbe es keinen Zusammenhang?«

»Das hab ich nie behauptet. Alles, was ich sage, ist, dass ich noch keinen Zusammenhang entdecken kann.«

Seine grauen Augenbrauen hatten sich eng zusammengezogen und seine kleinen Augen musterten mich.

»Hat Ihre Freundin etwas mitbekommen von all dem?«

Genervt hatte ich ihm geantwortet, dass ich keine hätte und was ihn vielleicht darauf gebracht haben könnte, etwas anderes zu vermuten, seien die Überreste meiner letzten Verflossenen, über die ich noch nicht hinweg wäre und er hatte mich daraufhin mit so einem merkwürdigen Blick angesehen.

Komischer Vogel hatte ich gedacht, ihn aber gebeten, Detective Gina Lonardoni vom NYPD eine Nachricht zu übermitteln, wenn er mehr über die Identität des Angreifers herausgefunden hätte. Bislang gab es da nicht viel. Ausweise oder sonstige Papiere hatte er nicht mitgeführt, allerdings einen Autoschlüssel. Und den Wagen hatte man auch gefunden – er stand nur wenige Meter von meinem Haus entfernt. Zum Glück hatte Vince einen guten Kontakt beim Buffalo Police Department. Der Mann hieß Thomas Thornton und ich kannte ihn inzwischen auch gut. So zirka einmal im Monat spielten er, Vince und ich bei ein paar Flaschen Lager eine Runde Spades. Und da man das Kartenspiel zu viert spielte, gehörte auch Vince′ Nachbar Hudson Turner zu der Runde. Jedenfalls hatte Thomas keine guten Nachrichten gehabt. Der Wagen, ein silberblauer Toyota Prius, war auf den Namen Robert D. Kane zugelassen und war – natürlich – als gestohlen gemeldet.

Der Schlüssel aber zu dem ganzen, falschen Film, in dem ich mich befand, musste Brian sein. Brian kannte Sara nicht nur, er war ihr Kollege, sie seine direkte Vorgesetzte. Sie mochten sich nicht und doch folgte er ihr zu dieser Vernissage und das sicher nicht, um einen Artikel darüber zu schreiben oder Sara um ein Date zu bitten. Er nannte meine Adresse, also hatte er sich irgendwie mit mir beschäftigt. Persönlich konnte er mich nicht kennen.

Brian O'Reilly, geboren 1979 in Boston, 1,90 Meter groß, athletisch, dunkle Haare, keine typisch irischen Merkmale. 1992 Teilnahme an *The United States Junior Open Squash Championship*, bei dem er es bis ins Viertelfinale geschafft hatte, um dann verletzt aufgeben zu müssen. 2004 machte er am Boston University College of Communication seinen Master of Journalism und fand auf Anhieb eine Stelle beim Boston Globe. Gab man bei Google *Brian O'Reilly + asshole* ein, erhielt man 28.900 Ergebnisse. Den Wettbewerb hatte er gegen mich mit 28.900 zu Null gewonnen.

Ich fand diverses Zeug von ihm. Beiträge darüber, was es kostete, mit den Clintons essen zu gehen (eine halbe Million Dollar – mit Kindern eine ganze) oder dass Paare mit Kindern doppelt so oft fremdgehen wie verheiratete ohne. Und dann durchstöberte ich nochmal seinen Facebook-Account, auf dem er aktuelle politische Ereignisse kommentiert hatte. Beiträge zu dem Abschuss der malaiischen Passagiermaschine in der Ukraine, einen Beitrag über Reden und Dokumente von Nelson Mandela, einen Kommentar über den FIFA-Skandal – und die fand ich allesamt richtig gut. Informativ, aber nicht überfrachtet mit Nebensächlichkeiten. Kurze, auf den Punkt gebrachte Statements. Das alles nicht unter dem Dach des NYC Mercury, sondern auf seiner privaten Facebook-Seite. Der Mann hatte definitiv mehr drauf als Klatsch und Restauranteröffnungen. Nach Saras Beschreibung hatte ich gedacht, er wäre ein typischer Blender, einer, der eine große Klappe hatte, hinter der aber nicht viel steckte. Ja, Sara hatte gesagt, er sei gut in seinem Job – aber er war nicht nur gut, er war ein Ass auf seinem Gebiet. Und er wäre einer für die Abteilung Politik gewesen! Verschenkt eigentlich, ihn in der Lokalredaktion versauern zu lassen mit Berichten über Highschool-Schüler, die wegen Verstoßes gegen die Kleidungsvorschriften nachsitzen mussten. Aber wie hatte Sara so schön gesagt: Er provozierte gerne und wollte gerade nicht, dass seine Gegenüber sich wohlfühlten. Weil: Wer sich wohlfühlt, erzählt nur das, was er erzählen will. Wer sich nicht wohlfühlt und aufgebracht ist, emotional angestachelt wurde, überschritt da eher mal Grenzen und erzählt Dinge, die er rational überlegt lieber für sich behalten hätte. Ich hatte diese Technik auch in meinem Standardrepertoire. So sorgte man für Schlagzeilen, so bezahlte man seine Miete. Aber als Newcomer-Blatt, mutmaßte ich, wollte die Geschäftsleitung sich nicht zu offensiv mit den Großen der Innen- und Außenpolitik anlegen und ließ so einen Spitzenmann in der Lokalredaktion versauern. Und um das zu toppen, setzte man ihm eine junge Journalistin vor die Nase, die direkt von der Uni auf die Überholspur wechselte und früh eine Führungsposition einnahm. Eine Position, auf die Brian schon viel länger hatte warten müssen und die er eigentlich für sich beansprucht hatte, wenn auch in einer anderen Sparte. Im Grunde genommen ergänzten sich die beiden sehr gut – wenn sie denn näher zusammengearbeitet hätten. Nun würde man nie herausfinden, ob das irgendwann mal zu einem Dreamteam zusammengewachsen wäre. Und doch: In diesem einen Fall arbeiteten sie zusammen – und es musste so sein. Er war sicher nicht auf der Vernissage gewesen, um einen privaten Kontakt mit Sara zu pflegen. Nein, er hatte schnell handeln müssen und es irgendwie geschafft, Sara aus der Galerie auf die Straße zu bringen und sie in ein Taxi zu setzen. Brian hatte dem Taxifahrer nicht meinen Namen genannt, sondern den Namen der Detektei. Auch wenn ich mir jahrelang den Hintern aufgerissen hatte und so sehr ich auch darum gebeten hatte, die Detektei in Baker, Doyle & Richmond umbenennen zu dürfen, so war ich da doch stets auf taube Ohren gestoßen. Im Fall Baker sogar auf Gelächter.

Ich war inzwischen schon wieder in Port Chester angekommen und parkte meinen GTX an ähnlicher Stelle wie beim letzten Mal. Nächste Station: El Tio in der Westchester Ave. Ein kleines Restaurant, das amerikanische und mexikanische Küche zu zivilen Preisen servieren sollte. Hier war ich mit Sara und Samantha um halb sieben verabredet, was mich etwas verwunderte. Warum trafen wir uns hier? Wohnte Samantha hier? Wäre es nicht für Sara einfacher gewesen, wenn wir uns im Little Owl getroffen hätten? Ich nahm an, dass Samantha in Port Chester wohnte. Von ihrem Wohnort war in dem Artikel über sie nichts zu lesen gewesen und die Nachricht, die ich von Jennifer Vander alias Samantha Woolf über Facebook erhalten hatte, war *Gesendet aus Manhattan*.

»Neben dem Capitol«, hatte Samantha mir als Jennifer geschrieben, und in der Tat war das kleine Eckrestaurant schnell gefunden. Da noch genug Zeit war, sah ich mir das Programm im Capitol mal an. Band of Horses – von denen hatte mir Vince mal eine CD geschenkt und ich fand sie ganz okay. Ich schlenderte die Westchester Ave ein paar Meter wieder zurück und betrat das El Tio. Ich hatte noch etwa eine Stunde Zeit und bestellte mir erstmal einen großen Kaffee. Dann ließ ich mich für eine Weile beeindrucken von der Auflistung der Musiker, die im Capitol in Port Chester schon gespielt hatten und deren Liste sich nun auf meinem Blackberry befand. Alice Cooper, Billy Idol, Chris Isaak, Foreigner – Mann, hatte ich die in meinen Zwanzigern rauf und runter gehört –, George Thorogood – not b-b-bbad –, Pat Benatar und Willie Nelson. Und Melissa Etheridge! Melissa Etheridge hatte ich 1992 in Buffalo gesehen. Und 1994 und 1996. Sie sah nicht übel aus, keine Frage, aber wie sie sich auf der Bühne bewegte, wie sie bei *No souvenirs* ganz allein mit ihrer Gitarre die Bühne füllte – das war pure Energie, die sich da von ihr auf den ganzen Saal übertragen hatte. Sie flog über die

Bühne von links nach rechts und wieder zurück mit einer Kondition, da konnten sich manche Jungs von den *Buffalo Bills* noch was abgucken. Ich war froh, dass die Einbrecher kein Interesse an meiner CD-Sammlung gehabt hatten. Die hatte ich aufgrund ihrer Größe und der Tatsache, dass ich nur selten zuhause war, in einem der Räume der Detektei unterbracht und darunter war das Album *Brave and Crazy* mit einer handsignierten Widmung von ihr.

Plötzlich machte sich mein Blackberry wieder bemerkbar mit *Latin Lover* von Gianna Nannini. Auch so eine Powerfrau mit Rockröhre – auch von ihr befanden sich mehrere Alben in meinem Besitz.

»Richmond?«, hörte ich.

»Detective Lonardoni?«

»Wo sind Sie gerade?«

Nachdem ich mitgeteilt hatte, wo ich mich befand, meinte sie, ich solle dann möglichst morgen früh auf dem Revier erscheinen.

»Wir sind dabei, die Liste aller Gäste der Vernissage durchzugehen.«

Detective Lonardoni hatte die Liste von Samantha offensichtlich schon ausgehändigt bekommen.

»Wir haben ein Handyvideo, in dem kurz und leider nur im Hintergrund eine ältere Dame zu sehen ist, wie sie mit Sara Anderson spricht. Da immer noch nicht klar ist, welche Verbindung der Mord zu Ihnen und zu Buffalo hat, hätte ich gerne, dass Sie einen Blick darauf werfen.«

Ich machte mir keine großen Hoffnungen, dass das zu etwas führen würde, aber erstmal gefiel mir der Gedanke, bei der Gelegenheit auch wieder einen Blick auf Gina werfen zu können.

»Wir sehen uns auf dem Revier.«

Ich steckte das Blackberry wieder weg und ließ noch eine Weile in meinem Kopf die süße Stimme der kleinen Italienerin nachklingen.

Die Frauen, die ich in den letzten Jahren in den Bars und Pubs Buffalos kennengelernt hatte, hatten es nie geschafft, länger als eine Nacht in meinem Kopf zu bleiben. Wenn es einer gelang, mich mit nach Hause abzuschleppen – und das gelang vielen – redeten wir miteinander, schliefen wir miteinander und verabschiedeten uns danach voneinander. Ich blieb grundsätzlich nicht die ganze Nacht – da gab es nur wenige Ausnahmen. Ich fand das fair und kündigte es auch in der Regel immer vorher an – sie sollten sich keine Hoffnungen machen, dass sich daraus etwas entwickelte. Niclas Richmond war kein Feste-Beziehung-Material. Ich weiß auch nicht, warum ich immer wieder an Frauen geriet, die mir nicht glaubten und mich hinterher dann Arschloch schimpften, obwohl nicht ich sie belogen hatte, sondern sie sich selber etwas vorgemacht hatten.

Aber Sara, Samantha und auch Gina – das waren gleich drei Frauen, die allesamt Klasse hatten. Sara war die jüngste. Ich empfand für sie eher so etwas wie Vatergefühle. Komisch. Ich hatte das Gefühl, sie beschützen zu müssen. Zum ersten Mal in meinem Leben spürte ich so etwas wie Verantwortung für jemand anderen. Ich wollte, dass das alles gut ausging – und so merkwürdig es auch klingen mochte: Ich wollte das vor allem für sie. Sie hatte so viel mehr zu verlieren als ich mit meinem verpfuschten Leben. Ich hatte einige fantastische Jahre gehabt – aber die waren seit mehr als zwanzig Jahren vorbei und inzwischen nicht mehr als eine immer blasser werdende Erinnerung.

Samantha war – zuckersüß. Süß auf eine sehr bestimmende Art und Weise. Eine sehr selbstbewusste Frau, die aber, statt den Ellbogen einzusetzen, die Hand ausstreckte und mit einem Lächeln überzeugte. Sie vermittelte schnell eine gewisse Vertrautheit, aber auf der anderen Seite wirkte sie dabei auch unnahbar. Fast konnte man eine gewisse Arroganz aus ihrem Blick herauslesen, und dann ließ man sich aber wieder von ihrem freundlichen Wesen einfangen. Ich war mir sicher, sie konnte einen Mann mit einem Lächeln ruinieren, um ihn dann aber wiederum sanft aufzufangen. So richtig konnte ich sie noch nicht einschätzen, aber ganz klar hatte sie mich in ihren Bann gezogen und ich war durchaus etwas nervös, sie heute wiederzusehen.

Aber nicht so nervös, wie ich es nun gerade wurde, nachdem Gina mich angerufen hatte. Sie hatte eine Stimme, die irgendwo zwischen Hayden Panettiere und Gianna Nannini lag. *Eine italienische Taylor Swift,* dachte ich. Mit der Energie einer Rockröhre und der Zerbrechlichkeit einer gefühlvollen Balladensängerin. Sie war – intensiv. Sehr intensiv. Immer wieder schlich sie sich in meine Gedanken und ließ sich bis zum Eintreffen von Sara und Samantha auch nicht mehr daraus verbannen. Ich musste da realistisch sein. Auch zwischen uns lagen vielleicht fünfzehn Jahre, vielleicht sogar ein oder zwei mehr. Und was hätte ich ihr zu bieten? Ich fragte mich das und erschrak – diese Frage hatte ich mir ein halbes Leben lang nicht mehr gestellt und jetzt, wo die Antwort darauf am armseligsten ausfiel, stellte ich sie mir. Und ich hörte sie mich innerlich auslachen, wenn ich auf den Gedanken käme, sie zum Essen ausführen zu wollen. Sicher würde sie das in einem solchen Fall nicht tun, sondern schlicht mit so etwas wie *Ich halte das für keine so gute Idee* antworten, mit den Schultern zucken und den Mund verziehen, so wie ich ihn hunderte Male verzogen hatte, um einer Frau klarzumachen *Bis hierhin und nicht weiter*. Aber gerade hatte ich ihr in Gedanken die Frage gestellt und sie hatte mich ausgelacht. Ich hatte kaum einen Cent mehr auf dem Konto, die beruflichen Aussichten waren gerade alles andere als rosig, Einbrecher hatten mein Büro verwüstet und mein Haus auf den Kopf gestellt, ich hatte gerade einen Überfall überlebt und da draußen war noch irgendwer, der sich vielleicht gerade den nächsten Schritt überlegte, wie er mich loswerden konnte. Und er hatte gute Chancen, weil ich keinerlei Hinweise hatte, aus welcher Richtung der nächste Angriff kommen würde. Keinen Plan, warum ich so wichtig war, dass mich jemand umbringen wollte. Ich hatte also viele Gründe, warum es mir nicht gutgehen sollte – aber dieser Gedanke, der Gedanke, dass Gina mich auslachen würde, dieser Gedanke gab mir gerade den Rest.

Reiß dich zusammen, Rich! , mahnte ich mich selbst.

Dann betrat Sara das Restaurant – sie war alleine. Und sie war wieder im Look *Geschäftsfrau* unterwegs, trug zu einem Kostüm in einem dunklen Türkis eine pastellgrüne Bluse und schlichte, schwarze Pumps mit kleinen Absätzen. Ich fühlte mich in ihrer Gegenwart immer deutlich underdressed, wobei in diesem Restaurant eher mein Outfit die Norm war. Trotzdem hatte es irgendwie eine einschüchternde Wirkung, wenn auch nicht so einschüchternd, wie derselbe Look bei Samantha gewesen wäre.

Sara lächelte nicht, als sie mich sah – ihre Augen verrieten eher Traurigkeit und Furcht.

»Bist du okay?«

»Ja, klar«, lächelte ich. »Unkraut vergeht nicht!«

Nein, der Satz beruhigte sie keinesfalls. Sie fiel mir in die Arme und drückte mich fest, so als hätte sie sich wirklich Sorgen gemacht. Sorgen, sie hätte mich in Gefahr gebracht, als sie ihr Problem nach Buffalo gebracht hatte. Sorgen um … mich!

»Alles gut, Kleines«, sagte ich vorsichtig und erwiderte die Umarmung nur zögerlich.

»Ich ... Wir müssen reden«, sagte sie schließlich.

In allen Einzelheiten erzählte ich dann von meinem Kampf gegen den Eindringling. Saras Blick wirkte resigniert, als ich sagte, dass es leider noch keinerlei Hinweise gäbe zu der Identität des Täters. Ich sagte, es gäbe noch Hoffnung, dass er vielleicht doch redete, dass anhand seiner Fingerabdrücke – und wir hofften vor allem, in dem gestohlenen Wagen welche zu finden – die Polizei in Buffalo noch etwas herausfinden würde. Und ich hoffte, dass dann Detective Morrison mir einen Tipp geben würde. Oder auf Thornton, dass dieser dann Vince über den neusten Stand informierte. Sara erzählte dann, dass Samantha und sie auf dem Revier gewesen waren und sich das Video angeschaut hatten, das einer der Besucher mit seinem Handy gedreht hatte. Noch waren nicht alle befragt worden – aber bis zu dem Zeitpunkt war dieses Video das Beste, was dem NYPD zu diesem Fall vorlag. Nun musste die Dame nicht zwangsläufig etwas damit zu tun haben, aber Sara konnte sich nicht erinnern, sie vor der Vernissage schon einmal gesehen zu haben und auch Samantha sollte keine Idee zu der Identität der Dame gehabt haben. Allerdings, nachdem das NYPD das Video einigen Gästen der Vernissage vorgespielt hatte, erinnerte sich ein Bekannter von Samantha an Bruchstücke von diesem Gespräch. Diese waren klein und nur sporadisch, aber zumindest erinnerte er sich soweit, dass Sara das Gespräch gerne beendet hätte, weil sie das Thema offensichtlich nicht wirklich interessierte.

»Worum ging es?«, fragte ich neugierig.

»Es soll um Russland gegangen sein und die Ukraine und dass die Halbinsel Krim nun wieder zu Russland gehört, dass wir möglicherweise am Rande eines Krieges stehen – ich habe keine Ahnung, warum sie mir das alles erzählt hat. Vielleicht dachte sie, weil ich Journalistin wäre, würde mich das interessieren – aber das ist Europa. Und ich soll auch sowas gesagt haben wie, dass das alles weit weg sei, dass ich mir in der heutigen Zeit einen Krieg, ob warm oder kalt, gegen Russland nicht vorstellen könne. Das würde zu mir passen. Aber sie soll da nicht so überzeugt von gewesen sein. Jedenfalls, nachdem er mir sagte, worüber wir geredet haben, hatte ich sowas wie einen Erinnerungsflash, ganz kurz nur und ich meine, ich erinnere mich an die Frau, an ihre Stimme. Aber vielleicht bilde ich mir das auch nur ein, nachdem er ihr Worte in den Mund gelegt hat.«

»Okay«, sagte ich. »Die Stimme. Hell, dunkel? Denk nach! Sprach die Dame mit einem Akzent?«

»Nein, ich weiß nicht, aber ich denke, das wäre mir aufgefallen.«

»Also nicht irgendwie osteuropäisch?«

»Nein, das kann ich ausschließen.« Etwas hilflos sah sie mich an und fügte ein *Glaub´ ich …* hinzu.

Wäre eine interessante Wendung gewesen. Es musste alles überhaupt nichts bedeuten. Eine ältere Dame, die vielleicht mitbekam, dass Sara für den NYC Mercury arbeitete und sich einfach wichtigmachen und zeigen wollte, wie gut sie sich in der aktuellen Weltgeschichte auskannte. Ältere Menschen geben ja gerne ihre Lebensweisheiten weiter in dem irren Glauben, jemand interessiere sich dafür. Ich war noch nicht überzeugt, dass die Dame irgendetwas mit dem Mord an Brian O'Reilly zu tun haben könnte.

Sara erzählte dann, auch Samantha hätte sich ein bisschen umgehört bei den Gästen, die sie selbst eingeladen hatte und zu denen sie ein Vertrauensverhältnis pflegte. Keiner von denen, mit denen sie gesprochen hatte, wusste, mit wem die ältere Dame gekommen war, aber aufgefallen war sie jedem. Aber ältere Damen, die sich für Kunst interessieren, waren nicht gerade etwas Besonderes, so dass sich niemand etwas dabei gedacht hatte. Immerhin hatte sich ein anderer Gast noch erinnert, dass sie mit Sara gesprochen und dabei über Putin hergezogen hatte, an dem sie kein gutes Haar lassen wollte. Gut, die Dame war also offensichtlich nicht begeistert gewesen, dass die Halbinsel Krim nun wieder russisch war. Das sagte vielleicht etwas über ihre politische Gesinnung aus, machte sie aber nicht zu einer Verdächtigen im Mordfall O'Reilly.

Meine Enchiladas Rojas waren ausgezeichnet und füllten meinen Magen auch. Gesättigt und etwas müde bestellte ich die Rechnung.

»Wie geht es weiter?«, fragte ich.

»Wir fahren nun zu Samantha. Ich möchte dir etwas zeigen.«

»Wo ist sie überhaupt?«

»Wir haben nach den jüngsten Ereignissen einen privaten Personenschutz beauftragt. Sie trifft sich mit denen um sieben Uhr, deswegen ist sie schon vorgefahren und wir kommen dann mit deinem Wagen nach.«

Privater Personenschutz – das war nicht billig. Und schon gar nicht billig, wenn das Unternehmen wusste, dass es schon einen Toten gegeben hatte. Klar, Samantha hatte einen Bestseller geschrieben. Aber eben EINEN. So erfolgreich *Genieße die Aussicht* auch war, ich zweifelte daran, dass sie genug Geld einnahm, um sich einen privaten Personenschutz in dieser Kategorie mal eben so leisten zu können. Und das letztlich noch nicht einmal für sich selber …

»Hör zu«, sagte sie dann. »Ich wollte dir eigentlich etwas sagen, aber ich denke, es ist besser, wenn wir das zu dritt besprechen.«

Ich sah sie an und versuchte in ihrem Gesicht zu lesen. Ich hatte sie stets mit einer gewissen Skepsis gesehen. Rational gab es einige Hinweise darauf, dass sie nicht in allen Punkten die Wahrheit gesagt oder zumindest das eine oder andere verschwiegen hatte. Aber ich sah in ihrem Gesicht Furcht und Verzweiflung – und da war wieder die Lady in ihrem grünen Satinkleid, die mein Büro betreten hatte mit einem verlorenen Blick. Aber ich sah auch Hoffnung. Hoffnung, dass ich ihr würde helfen können und ich war nicht der Typ, der auf schöne Frauenaugen reinfiel, auch nicht auf feuchte, smaragdgrüne, die stumme Hilfeschreie ausstießen. Diese Hilfeschreie waren echt. Sie waren echt, weil ich Recht hatte: Sie hatte viel zu verlieren. Ich wusste nicht, was, aber es schien, als sei sie einmal glücklich gewesen. Vielleicht sogar bis letzten Freitag, bis zu der Vernissage, bis zu jenen Ereignissen, die so dramatische Auswirkungen gehabt hatten auf ihr Leben. Ereignisse, die ihre heile Welt erschütterten. Konnte das sein? Für mich als Nicht-New Yorker waren *New York* und *heile Welt* schon zwei Begriffe, die sich gegenseitig ausschlossen. Wie viele kamen jedes Jahr in den Big Apple mit einem großen Koffer voller Hoffnungen und befanden sich schon nach kurzer Zeit mit einem noch größeren Koffer voller Enttäuschungen auf der Rückreise? Aber sie hatte es geschafft, zumindest beruflich.

Ich nickte und so saß ich schon bald wieder in meinem GTX mit der hübschesten Beifahrerin, die ihn je von innen hatte sehen dürfen. Sie sagte nichts während der ganzen Fahrt, so, als sparte sie alles auf. Hatte sie Angst vor mir? Angst vor meiner Reaktion? Das machte mich etwas unsicher. Dachte sie deshalb, es sei besser, wenn Samantha dabei wäre? Das musste eine tiefe Freundschaft sein zwischen den beiden. Auch ungewöhnlich, denn Sara war ja auch deutlich jünger als Samantha.

Dann bogen wir von der Bundesstraße in Richtung Rye ab und ich war überrascht. Wir befanden uns hier in bester Wohnlage. Rechts und links sah man viele Bäume, überall kleine Steinmauern, die zu Grundstücken führten, die man nur als Anwesen bezeichnen konnte. Häuser und Grundstücke in einer Größe, die sich Baker, Doyle und ich in den goldenen 90ern nicht einmal dann hätten leisten können, wenn wir alle zusammengeschmissen hätten.

»Langsamer – und hier links rein«, sagte Sara dann schließlich. Ich war sprachlos. Hinter der nächsten Kurve musste ein See liegen – man konnte einen Yachthafen ein Stück hinter dem Haus liegend erblicken und als wir ausstiegen, stieg mir frische Seeluft in die Nase. Das musste ein Traum sein. Was war das, bitte, für eine Hütte? Das waren sicher um die tausend Quadratmeter! Direkt vor dem Haus stand ein pechschwarzer, nagelneuer Dodge Challenger SRT Hellcat – ich hätte am liebsten wie ein Groupie das Blackberry gezückt und Foto um Foto gemacht. Von dem Haus, von dem Garten, von den Yachten in der Ferne und natürlich von dem Dodge. Wenn ich einen moderneren Zweitwagen neben meinem GTX hätte, dann wäre die Hellcat sicher die erste Wahl. Allerdings wäre es natürlich völlig unlogisch, zwei Autos dieser PS-Stärke zu besitzen, wobei es fast vermessen war, die beiden miteinander vergleichen zu wollen. Das 707 PS-Baby schaffte die Viertelmeile in 10,6 Sekunden!

»Sam fährt einen …«

»Dodge, ja«. Sara lächelte. Die Frau, die nie lächelte, tat dies ausgerechnet jetzt. »Und nenn sie bitte nicht Sam – sie hasst das!«

Ich nickte und hatte den Eindruck, Sara wusste gar nicht, was da für ein Geschoss vor dem Haus stand.

Weiter hinten auf dem Gelände – so musste man es wohl nennen – stand ein schwarzer Chevy Van. Das mussten die Sicherheitsleute sein, von denen Sara gesprochen hatte. Normalerweise wäre ich beleidigt gewesen. Wer einen Rich und eine Glock an seiner Seite hatte, brauchte keinen Sicherheitsdienst. Aber, verdammt, ich wusste nicht, wie viele Pistolenläufe sich noch auf mich richten würden. Oder auf Sara. Ich würde den Pfeifen nachher mal auf den Zahn fühlen und mir selbst ein Bild machen, ob wir uns im Ernstfall auf sie verlassen konnten.

Samantha erwartete uns schon vor dem Eingang. Sie lehnte, die Arme verschränkt, im Türrahmen und nickte uns freundlich zu. Sie sah immer noch schick aus, hatte ihr geschlossenes Kostüm von gestern gegen ein langes, blaues Kleid aus Satin getauscht. Sie hatte das rechte Bein leicht quer vor das linke gestellt und wirkte auf mich wie eine Schlossherrin, die stolz auf ihr Heim war und die darauf wartete, Besuch in Empfang zu nehmen und durch die Räume zu führen. Obwohl sie deutlich kleiner war – deutlich kleiner noch als Sara – hatte man das Gefühl, zu ihr heraufschauen zu müssen. Gut, in dem Moment stand sie vor dem Haus, das ja auch etwas erhöht war, aber auch später überkam mich das Gefühl immer wieder.

Aber da war sie wieder, die Skepsis. Wie konnte eine Galeriebesitzerin aus Manhattan mit einem Bestseller sich eine solche Villa leisten, selbst wenn sich ihre Freundin an dem Haus beteiligt hatte? Zumal sie ja auch noch dieses – wenn auch kleine – Apartment in Manhattan besaß! Allein das Auto davor war mehr wert als alles, was ich besaß. Aber vielleicht hatte Samantha reich geerbt – das konnte sein, war aber langsam die letzte Lösung.

Wir erreichten die Eingangstür und ich drückte Samantha die Hand. *Ganz schön fester Griff für so ein kleines Persönchen,* dachte ich, lächelte aber nur. Die beiden Frauen umarmten sich. Dann betrat ich das erste Mal *Hathor Manor* – dieser Name stand jedenfalls auf einem sehr edlen Schild über der Eingangstür. Es war überwältigend. Ich hatte Baker irgendwann mal eine Akte zu ihm nach Hause bringen müssen und war schon überrascht gewesen, was für eine edle Hütte er sich hatte leisten können. Aber das war ein Fliegenschiss gegen diesen Palast. Schon der Eingangsbereich war imposant. Ich trat ein und staunte. Alle Wände im Erdgeschoß waren in Weiß gehalten, die Türen und Türrahmen ebenso wie die Zierleisten. Der Boden bestand aus weißem Eichen-Parkett, das sich durch das gesamte Stockwerk zog. Gleich hinter der Tür ging es links in ein Büro. Dort stand ein gigantischer, antiker Mahagoni-Schreibtisch, auf dem sich ein kleines, aber sicher teures Apple-Notebook verlor. Direkt über dem Schreibtisch hing ein Kronleuchter aus Kristall und Gold, der in Kombination mit dem Schreibtisch dem Raum einen würdigen, antiken Look verlieh. An der Wand dahinter stand ein dunkelbrauner Fassadenschrank, der genug Stauraum für jede Menge moderne Ordner bot.

»Das ist Samanthas Büro«, flüsterte Sara fast und fügte hinzu: »Da geh ich nur zum Saubermachen rein.«

Da geht sie … was? Wieso…? Sara bemerkte meinen etwas verwirrten Gesichtsausdruck und sagte leise: »Später.«

Gegenüber vom Büro gab es ein weiteres Zimmer. Dort standen an allen Wänden Regale, voll mit hunderten von Büchern. Direkt am Eingang schienen hauptsächlich sehr alte Exemplare zu stehen – der ganze Raum wirkte wie eine sehr alte Bibliothek, wie man sie in Europa in alten Schlössern und Herrenhäusern finden konnte. Nicht, dass ich schon in Europa gewesen wäre, aber ich las viel und mich hatten die Bibliotheken immer besonders fasziniert.

»Darf ich?«, fragte ich und Sara blickte zu Samantha, die nickte. Ich betrat die wundervolle Bibliothek und warf einen Blick auf die Bücher. William Shakespeare, Oscar Wilde und Ernest Hemingway. Von Jane Austen schien sie so ziemlich die kompletten Werke zu besitzen und ich ahnte, dass Jane Austen und Bruce Springsteen nicht zusammenpassen würden.

Im hinteren Teil der Bibliothek war dann auch neuere Literatur zu finden, Romane von Virginia Woolf oder Pearl S. Buck, aber auch John Steinbeck oder J. D. Sallinger – ich fragte mich, ob sein *Catcher in the Rye* sich hier in Rye noch besser verkauft hatte. Daneben gab es aber offensichtlich auch Fachliteratur wie zu der Geschichte der amerikanischen Frauenbewegung oder über britische Romantik, abstrakten Realismus oder ein psychologisches Handbuch für weibliche Führungskräfte.

»Hierhin zieht sich Samantha gerne zurück – sie liebt es zu lesen.«

Das nächste Zimmer auf der linken Seite musste das Esszimmer sein, das deutlich moderner wirkte als die ersten beiden Räume. Es war recht schlicht eingerichtet mit einem schwarzen, runden Tisch in der Mitte und moderner Bestuhlung. Gegenüber vom Esszimmer lag einer der beiden Zugänge zur Küche. Auch diese war komplett in weißem Landhausstil gehalten und riesig. In der Ecke am Eingang stand ein ovaler, weißer Tisch, auf dem Bananen, Äpfel und Birnen in durchsichtigen Schalen standen, passend zu den ebenfalls durchsichtigen Stühlen. Auch hier hing ein Kronleuchter, der aber moderner anmutete als jener in Samanthas Büro. An der Wand gab es Arbeitsflächen für zehn Küchen und ein Spülbecken, in das meines mehrfach hineingepasst hätte. Wenn man an der Spüle stand, konnte man hinaus in den Garten sehen bis zu dem See, der hinter den Fichten lag, die das Grundstück abgrenzten. Wir gingen dann in das riesiges Wohnzimmer. Wie alle Räume im Erdschoss war auch dieses lichtdurchflutet. Auch hier waren Fensterrahmen und Wände in Weiß gehalten, auch hier lag dasselbe weiße Eichenparkett und an der gegenüberliegenden Wand stand eine – ich konnte es nur so nennen – Sofalandschaft aus lila Leder. Wenn man ins Wohnzimmer ging, lag gleich rechts noch ein sehr gemütlich wirkender Raum mit einem braunen Natursteinkamin. Wer wollte sich in all diesen Räumen nur aufhalten?

»Wir nutzen dieses Zimmer gerne im Winter – mit dem Kamin ist er so warm und gemütlich«, sagte Sara, als hätte ich meinen Gedanken ausgesprochen.

»Können wir nun?« Samantha wirkte etwas ungeduldig.

Direkt gegenüber vom Kaminzimmer stand ein großer, heller Holztisch. Daneben lag ein Laptop und daneben wiederum ein unauffälliger, kleiner, schwarzer Stick.

»Möchtest du etwas trinken? Kaffee ist noch da, aber wir haben auch etwas Kaltes, wenn du das lieber magst.« Samantha sah mich fragend an.

»Kaffee wäre super.«

Sara verschwand und kam kurz darauf mit einer Tasse und einer Thermoskanne wieder.

»Schwarz, ohne alles, richtig?«

Ich nickte.

Samantha setzte sich mir gegenüber und Sara nahm neben mir Platz und fuhr den Laptop hoch. Langsam wurde ich aufgeregt – *was wurde das hier*?

»Sara hat mir gesagt, was sie dir erzählt hat – naja, vor allem, was sie dir nicht erzählt hat. Wir spielen mit offenen Karten – das mache ich eigentlich immer«, begann Samantha. »Aber in diesem Fall wurde Saras Kollege ermordet, auf Sara selber ist offensichtlich ein Anschlag verübt worden, der zum Glück schiefging und als wir das von dem Überfall auf dich hörten, haben wir entschieden, wir müssen die Kräfte bündeln.«

»So weit sind wir im selben Boot«, sagte ich.

Sowohl, was die Zweifel anging, als auch den Vorschlag, uns zu vertrauen und gemeinsam gegen *die* anzugehen. Wer immer *die* waren. Das sagte ich aber nicht – ich war viel zu gespannt zu hören – oder zu sehen? – was nun kommen sollte.

»Ich habe nochmals den Stick komplett durchgeschaut«, meinte Sara. »Auch auf anderen Datenblättern innerhalb derselben Datei geschaut. Dieser Stick ist identisch mit meinem Stick, wie ich ihn zuletzt abgespeichert hatte.«

Der Bildschirm öffnete sich und ich bekam eine Gänsehaut. Auf dem Stick waren viele Ordner und die Daten, die sich darin befanden, waren erstellt worden zu einem Zeitpunkt, als ein Normalbürger wie ich noch keinen PC hatte. Man war es inzwischen gewohnt, Kiss auf CD zu hören oder sich sogar Elvis als MP3 herunterladen zu können. Selbst ich, der lange noch ein einsamer Verfechter von Vinyl gewesen war, hörte Bruce Springsteen inzwischen meistens auf CD, allein aus dem Grund, weil ich diese mit in meinen GTX nehmen konnte. Aber das? Das war so unwirklich, so surreal. Es war, als gewährte der Monitor auf Saras Laptop einen Blick in die Vergangenheit. Und natürlich wurde mir schlagartig klar, dass die Verbindung zu mir nur logisch war.

Ich konnte meinen Herzschlag in meiner Kehle spüren. Immer wieder wechselte der Blick von dem Bildschirm zu Sara und wieder zurück. Auch Sara machte einen recht verstörten Eindruck, fast, als wüsste sie genau, was sie erwartete, wenn sie den Stick in den Laptop steckte, aber dann doch eingeholt wurde von längt besiegt geglaubten Gefühlen.

Was stand in diesen Ordnern? Was genau wusste sie?

Allein die Ordnerstruktur schnürte mir den Hals zu.

- Baker & Doyle
    - Donald Aaron Baker
    - Jonathan Doyle
- Chemische Waffenexporte USA / Irak
- Fjordor Wladnik
- Hedderby Chemicals Inc.

    - Matthew Hedderby
        - Bio
        - Zeitungsartikel
    - Robert Grove
        - Bio
        - Zeitungsartikel
    - Joe Benchley
        - Bio
        - Zeitungsartikel
- NCS Niagara Chemical Solutions

»Wie …«, stammelte ich. »Wie kommst du an das Zeug?«

»Recherche. Ich hatte da vor einigen Monaten mit angefangen, aber dann das Gefühl, ich wäre in einer Sackgasse gelandet. Ich hab es dann hier und da um einen Artikel erweitert, aber – ich weiß nicht, ob ich nicht weiterkommen konnte oder …«

»Wollte?«

»Ja.«

»Was hast du mit dem Fall zu tun? Da warst du … Du warst da noch gar nicht geboren, oder?«

Ich sah, wie Samantha Saras Hand nahm und Sara diese fest drückte. Was zum Geier hatte sie mit diesem alten Fall zu tun? *Meinem* alten Fall? Gut, ich spielte nur eine, wenn auch nicht ganz unbedeutende, Nebenrolle, aber trotzdem konnte ich ihr mehr sagen, als … – in jedem Fall mehr, als sie da herausgefunden hatte bisher. Aber warum? Warum beschäftigte sich eine junge Frau von Mitte zwanzig mit einem Fall, der über zwanzig Jahre zurücklag?

»Ich bin nun bereit, dir alles zu sagen, dir zu vertrauen. Ich weiß nicht, warum ich das tue und ich habe lange mit Samantha darüber diskutiert, ob das eine gute Idee ist. Aber was kann passieren? Da draußen laufen irgendwelche Irren herum und wir sitzen hier und … Also …« Sie holte tief Luft. »Ich bin Sara Maria Anderson«.

Ich sah sie verwundert an. »Aber das weiß ich doch.«

Sie fuhr unbeirrt fort.

»Ich bin Sara Maria Anderson, Tochter von Roger Anderson, ehemaliger Gerichtsmediziner beim NYPD, und Bernice Anderson, Büroangestellte eines Softwareentwicklungsunternehmens. Sara Maria Anderson, so steht es in meinem Ausweis, so steht es auf allen Urkunden, die ich im Laufe meines Lebens erhalten habe. Unter diesem Namen laufen all meine Konten – das bin ich. Aber ganz war ich das nur, bis ich etwa zehn Jahre alt war. Ich habe mit vielen Freundinnen gesprochen, so ganz allgemein über das Thema, also, dass man sich irgendwann als Kind die Frage stellt, ob der Mann und die Frau, die einen großgezogen haben, ob das auch wirklich die eigenen Eltern sind.«

»Ja, so eine Phase hatte ich auch«, bestätigte ich und erntete einen irritierten Blick.

»Wie gesagt, so eine Phase haben viele. Die meisten, mit denen ich gesprochen habe zumindest. Aber nur die wenigstens fragen ihre Eltern. Keine, mit der ich gesprochen hatte, war auf den Gedanken gekommen, ihre Eltern danach zu fragen. Man hat ja das Gefühl, dass die Eltern denken müssten, man zweifle daran und tut ihnen damit weh. Wer macht also sowas?«

»Du?«

»Ich. Und ich wusste nicht, ob es gut war zu fragen. Es war so komisch, es war wie ein Spiel. Es war nicht so, dass ich daran gezweifelt hatte, nicht so, dass ich wissen wollte, ob meine Eltern auch meine leiblichen Eltern waren. Ich hatte zwar darüber nachgedacht, aber es nie ernsthaft für möglich gehalten, dass sie es nicht sein könnten. Wir saßen also in der Küche, meine Mutter und ich, und ich erzählte ihr irgendetwas Lustiges, was meine Freundin Jil in der Schule gesagt hatte und wir lachten und …«

Sara rieb sich eine Träne aus den Augen.

»Naja, und dann sagte ich, dass Jil und ich uns unterhalten hätten über … ja, ob wir adoptiert worden wären und Jil hätte gelacht und gesagt, sie wäre bestimmt die Tochter von Madonna, weil das ihr großes Idol sei und dass das der Grund sei, dass sie genauso sein wollte wie Madonna. Und ich hatte gelacht, weil, wenn das ein Kriterium war, ich dann die Tochter von Victoria Claflin Woodhull Martin wäre, meinem großen Vorbild. Jene Journalistin, die sich für die Gleichberechtigung der Frau stark gemacht hatte und die, was ein großer Skandal war damals, 1872 Kandidatin für die Präsidentenwahl geworden war. Zu einer Zeit, als Frauen noch gar kein Wahlrecht hatten und schon gar nicht eine Frau Präsidentin werden durfte. Allerdings hätte sie 151 Jahre alt gewesen sein müssen, als sie mich bekam. Und meine Mutter lachte und ich lachte und dann sagte ich, dass ich mir ja zum Glück keine Gedanken machen müsste, weil ich ja nicht adoptiert wäre und weil ich die beste Mutter überhaupt hätte. Und dann hörte sie auf zu lachen. Und als ich ihr ernstes Gesicht sah, bekam ich Panik. Und das zu Recht. Sie druckste lange herum und sagte später, sie habe sich immer vorgestellt, wie das wäre, mir das zu erzählen und hätte so gerne meinen Dad dabeigehabt, aber der hatte Dienst und sie hielt das auch nicht für gut, noch zu warten, wo ich nun doch schon mitgekriegt hätte, dass etwas nicht stimmte. Später haben meine Eltern darüber gestritten, weil mein Dad stinksauer war, dass sie mir das alleine erzählt hatte, ohne ihn dabeizuhaben. Dass er den Moment verpasst hatte, in dem ich erfuhr, dass mein Dad gar nicht mein Dad war. Im eigentlichen Sinn. Aber eigentlich war ich ja die Betrogene, ich war diejenige, für die eine Welt zusammenbrach. Meine tollen Eltern … waren nicht meine leiblichen Eltern. Ich war so enttäuscht, aber komischerweise gar nicht lange. Manche Eltern erzählen sowas nie. Als Kleinkind versteht man sowas nicht, in der Pubertät kommt das gar nicht gut und ehe man es sich versieht, ist das Kind erwachsen und erfährt es von irgendwoher, aber nicht von da, woher es das erfahren sollte. Ich erfuhr es von der Person, von der ich es erwartet hätte zu erfahren. Und dann kam eine Phase, in der ich das richtig cool fand. Meine Eltern hatten *mich* ausgesucht, sie hatten sich für *mich* entschieden. Und sie waren so offen, es mir zu sagen und hielten mich mit zehn Jahren schon reif dafür, über so etwas zu reden. Nach einer Zeit sah ich es so und nach einer Weile war es fast wie vorher. Gerade mit meiner Mutter hab ich mich immer schon super verstanden.«

Angeregt hörte ich ihr zu – vergaß fast, wie das Gespräch begonnen hatte, und konnte das Leid förmlich spüren, das da noch kommen musste, denn mit jedem Satz wurden ihre Augen feuchter. Samantha hielt ihre Hand ganz fest und streichelte sanft über ihren Handrücken.

»Angeblich fand man mich vor einem Waisenhaus, man hatte keinerlei Hinweise über die Identität meiner Eltern. Und sie sagte mir, viele adoptierte Kinder würden in der Pubertät anfangen, ihre leiblichen Eltern zu suchen, das sei ganz normal und es täte ihr so leid, dass ich mir da keine Hoffnung machen könnte. Und dann ...«

Sara holte tief Luft und trocknete sich die Augen mit einem Papiertaschentuch.

»Dann trennten sich meine Eltern. Ich war 16 und fiel aus allen Wolken. Die einzige Familie, die ich hatte, brach nun auch noch auseinander. Mein Dad hatte eine Stelle in Chicago angenommen und kam nur selten nach Brooklyn, um mich zu besuchen. Aber nachdem ich zuerst fast nur am Heulen war, veränderte sich alles auf einmal und Mom und ich wuchsen noch stärker zusammen. Ich verdiente neben dem College ein bisschen Geld mit Zeitungsaustragen, aber irgendwann, als wir mal wieder klamm waren, sagte ich, ich würde das College abbrechen und richtig Geld verdienen gehen. Mom kellnerte nebenher an den Wochenenden in einem schicken Restaurant und trotzdem waren wir immer knapp bei Kasse. Aber sie sagte, ich müsse auf jeden Fall das College beenden und mit meinen Zensuren müsste ich auch auf jeden Fall studieren. Ich fragte *Wovon?* Ich meine, wir konnten uns das Leben so schon kaum leisten – woher sollten da die Studiengebühren kommen? Und dann verriet mir Mom das nächste Geheimnis. Oder soll ich sagen, die nächste Lüge? Ich war sechzehn – ich hatte ihr das damals schon nicht abgenommen. Sie erfand da einen Verwandten, der uns direkt nach der Adoption besucht und dessen Herz ich im Sturm erobert hätte. Und der hätte eine eigene Firma gehabt und meiner Mutter zugesagt, ein Konto für mich zu eröffnen, das nur für meine Ausbildung sein würde. Und da sei genug drauf, um die Studiengebühren bezahlen zu können, da solle ich mir mal keine Sorgen machen. Aber jede Frage nach dem ominösen, entfernten *Verwandten von der Westküste* blockte sie ab und sagte nur, er lebe nicht mehr. Kein Wort habe ich ihr abgekauft. Andererseits war die Geschichte wiederum so hanebüchen, so … offensichtlich gelogen, dass ich doch Zweifel hatte, dass sie nicht doch wahr war. Ich hoffte jedenfalls, dass sie wahr wäre, dass mir meine Mutter dieses eine Mal die Wahrheit erzählt hatte.«

»Hatte sie nicht?« Mein Kaffee war schon fast kalt geworden.

»Eines Tages dann kam ich von der Uni nach Hause und da saß da diese Frau in unserem Wohnzimmer und schaute mich mit großen, feuchten Augen an, als würde sie einen Geist sehen. Ich dachte, Mom hätte eine Freundin zu Gast, die ich noch nicht kannte, aber dann blickte ich zu ihr und sie weinte. Meine Mom, die, als Dad sie verlassen hatte, sich immer vor mir zusammengerissen, die in all den schweren Zeiten jede Träne heruntergeschluckt hatte, sie weinte. Sie schluchzte nicht, sie wimmerte nicht. Sie weinte. Und die fremde Frau legte ihre Hand auf ihre Schulter, um sie zu trösten.«

»Wer war sie?«

»Sie stellte sich als Marcy vor. Marcy Wood. Der Name sagte mir natürlich gar nichts. ‚Du kannst dich nicht an mich erinnern, das weiß ich' sagte sie dann und für einen Moment dachte ich, die Frau, die da meine Mom tröstete, wäre meine leibliche Mutter. Ich hatte mir immer vorgestellt, wie sie gewesen sein musste. Was hatte sie dazu gebracht, mich wegzugeben? Ein achtzehn Monate altes Kind – solange wenigstens das stimmte. Ein hilfloses Wesen, das seine Mutter mehr brauchte als jeden anderen Menschen auf der Welt? Was brachte eine Mutter dazu, so etwas zu tun? Und ich stellte mir vor, sie wäre vielleicht drogensüchtig gewesen. Oder sie hätte eine unheilbare Krankheit gehabt. Oder ich wäre das Kind eines Vergewaltigungsopfers, das nicht mehr ertragen konnte, täglich an das Unfassbare erinnert zu werden. Ich hatte immer das Gefühl gehabt, meine Mutter hätte mich gehasst und deswegen weggegeben. Und deswegen hasste ich auch meine Mutter, also meine leibliche, von der ich nicht wusste, ob sie überhaupt noch lebte. Und dann saß da diese sehr korrekt gekleidete, sehr gepflegte Frau mit ausgesprochen guten Umgangsformen und gewählter Ausdrucksweise in unserem Wohnzimmer – das passte nicht zusammen. Und dann erzählte sie das, was mein Leben für immer verändern würde. Sie erzählte mir, sie sei mein Kindermädchen gewesen. Wie konnte das sein? Niemand kannte meine leibliche Mutter, wieso fand das Kindermädchen meine Mom, wie konnte das gehen? Ich sah Mom an und erwartete eine Erklärung und die sollte dieses eine Mal, bitteschön, gut sein. Aber Mom brachte nichts heraus. Sie wusste, was auch immer sie sagen würde, wäre falsch gewesen und ich spürte fast so etwas wie Verachtung für sie. Es musste alles anders gewesen sein, als sie mir das erzählt hatte. Als ich das begriff, wollte ich gar nichts mehr hören. Ich rannte raus und meine Mom war für mich gestorben. *Wie viele Lügen kann eine Tochter verzeihen*, dachte ich. Ich ging tagelang nicht raus, verpasste eine ganze Woche von meinem Studium und rief gefühlte 100 Anrufe meiner Mom nicht zurück. Und dann stand sie eines Abends vor meiner Tür und ich knallte diese vor ihrer Nase wieder zu. Aber sie blieb draußen stehen und klopfte zaghaft und rief ›Bitte!‹. Und ich dachte daran zurück, was meine Mutter alles für mich getan hatte, wie sie mich von Anfang an immer wieder unterstützt hatte, was sie alles gemacht hatte, dass ich sie so sehr liebte, dass sie mich so sehr enttäuschen konnte, dass ich das erste Mal in meinem Leben Hass empfand. Hass, dass sie mir das angetan hatte, dass der Mensch, der mir von allen Menschen am meisten bedeutete, der einzige Mensch, den ich wirklich liebte, dass der einzige Mensch, dem ich bedingungslos vertraute, ein solches Lügengebilde aufgebaut hatte, dass ich mir vorkam, als sei mein ganzes Leben eine einzige Lüge. Aber nun stand sie vor meiner Tür und ich brachte es nicht übers Herz, sie draußen stehenzulassen.

Keine Lügen mehr, sagte sie und ich war wütend. Egal, ob sie litt, ob sie traurig war, sie war doch selber schuld. Aber nachdem sie sich wieder etwas gefangen hatte, erzählte sie mir, wer ich wirklich war. Geboren in Niagara Falls, nicht in New York, wie es in meinem Ausweis stand. Sie verriet mir, dass das Geburtsdatum, von dem sie mir mal erzählt hatte, dass es geschätzt worden wäre, weil man ja nicht genau wusste, wann ich geboren worden war, das richtige sei. Ich wurde also am 13.06.1989 in Niagara Falls geboren. Und Marcy Wood war wirklich mein Kindermädchen. Und meine Mutter, also die leibliche, hatte meine Mom auf einem Klassentreffen getroffen. Die beiden waren keine so engen Freundinnen, aber sie kannten sich eben von früher aus der Schule. Und meine Eltern hatten wohl schon solange zusammen versucht, ein Kind zu bekommen, dass meine Mom schon depressiv geworden war. Jedenfalls kannte sie nur noch das eine Thema, weswegen schon manche ihrer Freundinnen gar nicht mehr anrief, weil sie es einfach nicht mehr hören konnten. Nicht mal mein Dad konnte das Thema noch hören. Angeblich waren beide gesund, die Spermien von meinem Dad aber nicht ganz so schnell unterwegs wie der Durchschnitt, aber …«

Ich schluckte – nie würde ich einer noch fast fremden Person solche Dinge über meinen Dad erzählen. Naja, ruhe er in Frieden und möge es da, wo er nun war, immer genug Whiskey geben, dann sollte er glücklich sein.

»Und dann wurde die Idee geboren. Meine leibliche Mutter gab mich meiner Mom. Es wurde nur eine Mitarbeiterin einer

Adoptionsgesellschaft in New York eingeweiht, die eine Akte über mich anlegen musste. Und sie musste mit der Polizei reden, erklären, mich eines Tages vor der Tür gefunden zu haben mit einem Brief, man möge Eltern für mich finden, die mich in ihre Familie aufnehmen wollten. Ich war keine Sekunde irgendwo, aber offensichtlich war Geld kein Problem und dafür wurde die Akte erstellt und meine Mutter gab vor, einen Tipp von einer Adoptionsgesellschaft bekommen zu haben und plötzlich war ich Sara Maria Anderson. Meine Eltern wohnten da bereits in Brooklyn, weit weg von Niagara Falls und ich hätte vielleicht nie davon erfahren. Meine Mom musste versprechen, dass sie mir nie sagen würde, woher ich kam und wer meine wahren Eltern waren. Und wenn meine Mutter etwas versprach, dann hielt sie das auch, auch wenn es ihr das Herz brach.«

Jetzt waren Saras Tränen nicht mehr zu übersehen. So hatte ich mir diese Aussprache nicht vorgestellt. Statt eines gemeinsamen Kriegsrates offenbarte sie mir hier das Innerste ihrer Seele. Das hatte noch nie irgendjemand vor mir gemacht. Und ich fühlte Beklemmung und einen Stein im Magen, denn immer noch war mir nicht ganz klar, worauf das hinauslaufen würde. Oder doch?

»Und es wäre vielleicht auch nie herausgekommen. Aber meine Mutter hatte auch eine Mutter, Marcy Wood hatte sie viele Jahre lang gepflegt und sich um ihr Haus gekümmert.«

Sara schnaubte ihren Rotz in ein frisches Taschentuch.

»Und dann, eines Tages, als sie spürte, es ging zu Ende, da erzählte sie Marcy, sie wolle noch einmal ihre Enkelin sehen, bevor sie sterben würde. Und Marcy dachte, sie würde fantasieren und reagierte lange Zeit nicht darauf. Was sollte sie auch sagen? Dass ich lange Zeit als vermisst gegolten hatte und letztlich mein Tod offiziell festgestellt worden war? Dass in Niagara Falls ein Grabstein stand mit …«

Sie stockte und war kreidebleich.

»Du musst das nicht machen«, meinte ich besorgt.

»Doch, muss ich! Ich will, dass du es verstehst. Als Marcy nicht reagierte und meine Großmutter das Gefühl hatte, sie nähme sie nicht ernst, nahm sie sie zur Seite und erzählte ihr die ganze Geschichte. Die Geschichte meiner Mutter, die alles organisiert hatte, alles getan hatte, um mich in gute Hände zu übergeben, bevor …«

Sara heulte Rotz und Wasser und Samantha und ich trösteten sie von beiden Seiten.

»Bevor sie sich umbrachte.«

Jetzt war es raus und jetzt wusste ich ohne jeden Zweifel, wer sie war.

»Ich hatte meine Großmutter dreimal gesehen, dann starb auch sie – aber als sie starb, war ich bei ihr und sie lächelte. Verstehst du – sie starb mit einem Lächeln. Weil ich bei ihr war, so als hätte sie so lange durchgehalten, um das noch zu erleben.«

Ich hatte Gänsehaut am ganzen Körper und fing selber an zu zittern.

Sie blickte mich verheult an.

»Du sitzt gerade in ihrem Haus. Und der Name, der auf dem Grabstein in Niagara Falls steht, ist mein Name. Ich wurde geboren und starb als ...«

»… Sara Maria Hedderby«, ergänzte ich, selber Tränen unterdrückend.

Das Thema hatte die Gazetten selbst in Buffalo noch über Wochen beherrscht. Matthew Hedderby, der Chemiemogul, angeklagt und verurteilt wegen Hochverrat, starb im Gefängnis unter ungeklärten Umständen, wobei man damals von Selbstmord ausging. Seine Frau Irene wählte ebenfalls den Freitod und die kleine Sara war wie vom Erdboden verschluckt und wurde ein Jahr später offiziell für tot erklärt. Die ganze Region hatte gesucht und mit der kleinen Sara mitgefiebert und es war eine Zeremonie von unglaublichem öffentlichem Interesse gewesen.

Und hier saß sie nun, das kleine, totgeglaubte Mädchen, das keine Ahnung davon hatte, was es für einen Medienrummel verursacht hatte, als es verschwand.

»Fast«, sagte sie. »Sara Hedderby. Das Maria kam von meiner Mom, das fand sie einfach hübsch.«

Mit einem Mal wurde mir auch klar, dass dies Saras Zuhause war. Sara sagte aber, dies sei Samanthas Haus oder hatte ich das nur angenommen? Saras Freundin – das musste Samantha sein, aber das war mir schon länger klar. Und obwohl Samantha mit ihrer Galerie und den Einnahmen aus ihrem Buch sicher keine schlechte Partie war, war Sara das reiche Mädchen.

»Okay – und dann hast du nachgeforscht, wolltest alles über deine Familie wissen, verstehen, warum sie dich im Stich gelassen hatten«, mutmaßte ich und Sara nickte.

»Im Internet findet man nicht mehr so viel zu dem Fall, aber ich habe die Archive durchgestöbert, vor allem das der Niagara Post, aber auch das des Buffalo Star. Und daher kam mir der Name Rich bekannt vor. Ich hatte mich gewundert, dass unter manchen Artikeln nur ›Rich‹ stand. Aber du tauchtest nirgendwo auf als Mitinhaber bei Baker & Doyle.«

Ich winkte ab.

»Ja, gerade mal Anteile im Wert von acht Prozent und ich stieg erst ein, als der Hedderby Fall vorbei war. Naja, also die Verhaftung von Matthew Hedderby und kurz nach dem Prozess gegen die Geschäftsführung Robert Grove und Joe Benchley. Damit wurde die gesamte Führungsriege von Hedderby Chemicals Inc. dem Unternehmen entrissen. Allesamt bekamen sie lange Gefängnisstrafen. Und dein Vater bekam die längste.«

»Die Ewigkeit«, sagte Sara pathetisch. »Und er hatte bis zum Ende seine Unschuld beteuert. Immer und immer wieder.«

»Dein Vater hatte einen Spitznamen unter uns. *The Shadow*, der Schatten. Weil man ihn immer sah, immer wusste, dass er da war, aber nie greifbar. Und er trat nie alleine auf. Immer standen andere im Rampenlicht, vor allem dann, wenn es ungemütlich wurde. Was haben wir recherchiert seinerzeit, ganze Armeen von Journalisten arbeiteten Tag und Nacht daran, das zu beweisen, was alle wussten. Dabei ging es nicht um diesen Fall, es ging um 100 andere. Er hat in den 70ern ein Vermögen aufgebaut mit der illegalen Entsorgung von Chemieabfällen, die in arme afrikanische und asiatische Staaten verschifft wurden. Und auch ganz legale, gewinnbringende Geschäfte machte er, wie man heute weiß. Damals konnte sich das keiner vorstellen, dass wir chemische Waffen dem Irak zur Verfügung stellen würden. Schreckliche Waffen, die der Irak gegen den Iran einsetzte, aber auch gegen ihre eigenen Leute. Hedderby Chemicals lieferte da vor allem das Know-how, wenngleich nicht nur. Das alles war zwar streng geheim, aber nicht illegal. Im Gegensatz zu den Geschäften in den 70ern. Aber immer, wenn man ihm auf die Schliche kam und zuschlagen wollte, erwies sich alles als heiße Luft. Ja, man fand schmutzige Geschäfte, man fand Frachtbriefe, Aufträge, Korrespondenz. Aber nirgendwo auf all diesen Dokumenten stand sein Name. Immer setzte er Strohmänner ein. Ging es gut, wurden diese gut bezahlt und Hedderby sahnte den Löwenanteil ein. Ging es schief, gab es immer einen bislang unbescholtenen Bürger, den dein Vater auch im Fall des Scheiterns gut bezahlte, so dass er immer neue, aufstrebende Karrierejunkies rekrutierte, die für ihn den Kopf hinhielten, während er sauber blieb. Und wenn dann doch mal eine Sache schieflief, gab es immer wieder Zeugen, die sich kaufen ließen. Und: Von deinem Vater stammt der Spruch *Nicht nur die Zeugen schmieren, immer auch ein bisschen für den Richter aufsparen*. Auch hier konnte man ihm nie etwas nachweisen, aber einige Fälle, die gute Aussichten auf Erfolg hatten, versandeten auf einmal oder wurden sogar wegen Formfehlern eingestellt.

Und dann kam dieser Fall und alles war anders. Es gab Dokumente, die seine Unterschrift trugen, es gab Zeugen, die gegen ihn aussagten, es gab sogar eine Super 8 Aufnahme, wo er sich mit russischen Agenten traf, ihnen die Hand schüttelte, mit ihnen lachte. Hedderby behauptete, das sei ein Doppelgänger gewesen und in der Tat war die Qualität des Filmes nicht so gut, als dass man es gänzlich hätte ausschließen können, aber es war nicht nur das. Die Beweislast war erdrückend. Er hatte so viel Geld gescheffelt mit den Irakmillionen – aber bekam den Hals nicht voll und in einer Zeit, in der Russland noch ein potentieller Kriegsgegner war, verscherbelte er das Know-how für modernste chemische Waffen ausgerechnet an die Russen.«

»Was er bestritt«, warf Sara ein.

»Ja, aber wie gesagt: Die Beweislage war erdrückend.«

Samantha war die ganze Zeit über ruhig geblieben, nun drehte sie ihren Kopf zu mir und sah mich herausfordernd an.

»Sein Spitzname war *The Shadow*, richtig? Weil er stets so vorsichtig vorging, weil er nirgendwo offiziell in Erscheinung getreten war, weil er nie einen Fehler machte. Aber nun machte er nicht einen Fehler, er machte ganz viele. So viele, dass es nicht nur erstmalig Beweise gegen ihn gab, nein, die Beweislast gegen ihn war – wie sagtest du? – erdrückend! Wie habt ihr euch das erklärt?«

Ich atmete tief durch. In der Tat war es ja nicht so, dass wir, trotz aller Euphorie, nicht skeptisch gewesen waren. *Akribisch alle weniger wahrscheinlichen Möglichkeiten bis ins kleinste Detail durchleuchten!*

»Das Geschäft mit den Russen musste er persönlich machen, sonst wären die misstrauisch geworden.«

Und genau das hatte ich gemacht, war alle Zeugenaussagen durchgegangen – noch heute kannte ich jede dieser Aussagen fast auswendig. Das Meeting mit den Russen hatte in Toronto stattgefunden, also Kanada, 125 Kilometer von Niagara Falls entfernt. Im Conference Center des *Humble Bay Castle*. Es hatte später sogar Gegenüberstellungen gegeben und in jeder einzelnen war Matthew Hedderby wiedererkannt worden. Es war der Fall eines Giganten gewesen. Wie ein Marionettenspieler, dem sämtliche Seile durchgeschnitten worden waren und der nun hilflos mit ansehen musste, wie er absolut keinen Einfluss mehr auf den Fortgang der Geschichte zu haben schien. Dann wieder Ungereimtheiten: An dem Meeting, das offiziell als Konferenz zwischen kanadischen Investoren und Matthew Hedderby getarnt gewesen war, hatte nur er selbst seine Firma vertreten ... Zu jeder Konferenz solchen Ausmaßes hatte er jedoch grundsätzlich immer sein Expertenteam dabeigehabt, allen voran Grove und Benchley und seinen Rechtsverdreher. Offiziell hatte er sich ja aus dem Tagesgeschäft zurückgezogen, was natürlich Unsinn gewesen war. Da ging man nicht alleine hin, wenn man Geschäfte abschließen wollte, die das Anmieten des Konferenzsaales im *Humble Bay Castle* rechtfertigen würden. Die Tarnung hatte also zu den vielen Fehlern gehört, die er begangen hatte. Fehler, die der Hedderby, wie wir ihn gekannt hatten, nicht gemacht hätte. Aber wenn eine Beweislast so erdrückend ist und man anfängt, bei jedem Beweis Zweifel zu haben und versucht, ihn zu widerlegen, wird man irgendwann nicht mehr ernstgenommen. Verschwörungstheoretiker – das Wort war damals noch nicht so populär wie heute, aber genau so wäre man bezeichnet worden. Wobei man das Spiel in beide Richtungen unendlich hätte weiterführen können.

Und warum war ein russisch sprechender Dolmetscher anwesend?

Ja, aber warum wissen wir, dass ein russisch sprechender Dolmetscher anwesend war – wäre das nicht geheim gewesen?

Auch wenn die Aufnahmen von Hedderby nicht gestochen scharf waren – die Gesichter von Michajl Koltchakov und Fjordor Wladnik waren eindeutig zu erkennen!

Ja, aber warum war das so? Warum war Hedderby unscharf, aber Koltchakov und Wladnik gut zu erkennen? Wieso konnte überhaupt einer der Gäste angeblich »aus Spaß« in der Pause der Konferenz filmen?

Und warum wurde sein Wagen dann mit erhöhter Geschwindigkeit kurz vor der Grenze geblitzt?

Spätestens dann, wenn man dann mit Erklärungsversuchen wie *gefälschtes Nummernschild, gefälschte Papiere* und *Doppelgänger* kam, gehörte man aus Sicht der Wahrscheinlichkeitsentscheider zu den bedauernswerten Opfern amerikanischer Krimiserien.

Ich hatte eine Weile nichts gesagt und Samantha hatte sich, wenn auch widerwillig, mit meiner Antwort zufriedengegeben. Für den Moment.

»Ich will heute nur noch eines wissen«, sagte Samantha dann. »Glaubst du, dass der Stick und das, was da drauf ist, in irgendeiner Weise etwas damit zu tun haben könnte, was in den letzten Tagen vorgefallen ist?«

Ich hatte mit dem Kopfschütteln schon angefangen, als sie bei *irgendeiner* war.

»Nein, auf gar keinen Fall! Das, was da drauf ist, ist größtenteils aus Zeitungsartikeln zusammengetragen worden. Das war alles schon einmal öffentlich. Das einzige, was neu ist, ist der Ordner über NCS – ich nehme an, den hast du angelegt, weil NCS Hedderby übernommen hatte?«

Sara nickte. »Übernommen und zerschlagen. Innerhalb von drei Jahren war alles, was zur Hedderby Gruppe gehörte, eingegliedert oder geschlossen worden.«

»Mehr zu NCS?«

Sara zuckte mit den Schultern. »Geschäftsberichte, Zeitungsartikel über den General Manager Chris McCarty, Wirtschaftsreporte, Statistiken.«

»Alles öffentlich zugänglicher Kram«, fasste ich zusammen und sah Samantha an. »Niemand würde für diesen Stick töten.«

Und ich sagte das mit einer gehörigen Portion Resignation, wir waren wieder am Anfang. Dieser Stick brachte uns nicht einen Schritt weiter. Grove und Benchley hatten ihre Gefängnisstrafen abgesessen – sie konnten nicht wegen derselben Sache nochmals angeklagt werden. Und Matthew Hedderby war tot. Keiner von denen hatte irgendeinen Grund, neue Straftaten zu begehen, um eine Straftat zu vertuschen, für die sie schon eine harte Strafe abgesessen hatten. Dieser Stick hatte uns auf eine völlig falsche Fährte geführt. Aber der Hedderby Fall war die einzige Schnittstelle in Saras und meinem Leben. Hatten wir irgendetwas übersehen oder spielte uns das Schicksal einen Streich und es gab noch eine bisher unentdeckte, zweite Schnittstelle?

Nachdem wir eine Weile schweigend miteinander verbracht hatten, begann Sara abzuräumen. Sie bot mir an, das Gästezimmer im ersten Stock herzurichten. Das, welches nach hinten zum See hinaus lag. Wie viele Gästezimmer gab es? Dann schenkte sie Samantha ein halbes Glas Wein ein, brachte mir ein Glas Lager und verschwand.

»Ich setze mich noch einen Moment auf die Terrasse – solltest du auch machen, es ist ein schöner Abend.«

Ich nahm mein Glas und setzte mich an den ovalen Gartentisch auf der recht großen, schön angelegten Terrasse. Es war ein warmer Sommerabend. Ich atmete tief durch. Es roch nach frischen Fichten und anderen Bäumen, zwischen denen man einen guten Blick bis zum Yachthafen und den See hatte. Es tat wirklich gut und ich ließ meine Seele baumeln und meine Lunge von frischer Seeluft durchpusten. Bis ich dann für einen Moment daran dachte, ich wollte doch Simon & Simon noch auf den Zahn fühlen, die, wie ich später erfuhr, Douglas Boyd und Eddie Cipriani hießen. Die beiden vom privaten Personenschutz in ihrem dunklen Van. Alleine dafür hätte ich sie verprügeln können. Oder wollten sie, dass ein möglicher Angreifer gewarnt war und abgeschreckt wurde? Wenn ja, war das ein schlechter Plan.

»Sie mag dich«, sagte Samantha plötzlich, sah mich an und lenkte ihren Blick wieder zum See. »Auf ihre Weise.«

»Nettes Mädchen«, entfuhr es mir.

»Nett, ja«, lächelte Samantha. »Mädchen…?« Und ich verstand, was sie sagen wollte. Was Sara in ihren jungen Jahren alles schon mitgemacht hatte, erlebten andere in ihrem ganzen Leben nicht. Manche Kinder hatten Probleme, weil ihre Eltern sich scheiden ließen. Aber dass sie sich scheiden ließen und am Ende gar nicht ihre leiblichen Eltern waren, weil sich ihre Mutter umgebracht und ihr Vater im Gefängnis den Freitod gewählt hatte – oder dazu getrieben worden war – und es dazu Sondereditionen der Magazine von Toronto bis Cleveland gab … Das musste man erstmal verkraften. Immerhin halfen die Millionen ihr als Hedderby-Erbin darüber hinweg. Millionen, die ihr Vater gesichert hatte, indem er seiner Mutter weit weg von Niagara Falls eine Villa gekauft und ihr hohe Vermittlungsprämien gezahlt hatte, um in den goldenen Jahren Geld beiseite zu schaffen. Das Geld war legal, versteuert, da konnte ihr keiner was. Aber natürlich waren nicht alle Geschäfte legal gewesen, die die Millionen erst erwirtschaftet hatten. Auch der Gedanke daran ließ Sara nicht los, was zu diesem Zeitpunkt nur eine Vermutung war, aber sich später bestätigen sollte.

»Ich weiß noch nicht, ob ich dich mag.«

Das traf mich wie ein Schuss aus meiner Glock 17. Samantha war geradeheraus. Sie sagte das nicht schnippisch, auch gab es keinen vorwurfsvollen Unterton, es war eher ein offener Umgang mit einem unsicheren Gefühl.

»Ich hab viel Mist gebaut früher.« Ich nahm einen Schluck vom Lager – der erste Schluck war immer der beste. Ich spürte, wie das kühle Bier durch meine Kehle in meinen Körper floss. Ah!

»Ich weiß nicht, warum, aber ich habe auch das Gefühl, dass sie mich mag. Also so, wie man einen großen Bruder mag, nehme ich an.« Ich lachte.

Sie blinzelte mir zu und lächelte. »Es ist mir egal, was du früher gemacht hast. Tu ihr heute nicht weh.«

Samantha schaffte es, diesen Satz sowohl wie ein Flehen, als auch wie eine Drohung wirken zu lassen. Dazu reichten ein Lächeln und ein kurzer, musternder Blick.

»Das habe ich nicht vor. Ich will wissen, wer uns das antut. Und ich will, dass Sara wieder ruhig schlafen kann.«

»Gut«, sagte sie.

Wir saßen da und schauten hinaus, bis Sara zurückkam. Wir gingen die Treppe hoch, den langen Flur entlang bis zur Tür, die in den Anbau führte. Sara zeigte mir das Gästezimmer, das in blassem Flieder gehalten war. Es war klein, aber es lag direkt neben dem Gästebadezimmer, das aus WC, einem Waschbecken und einer Dusche bestand. Ich war hundemüde und schlief sofort ein. Es sollte eine ruhige Nacht sein, zumindest bis mich ein wohlbekannter Traum weckte. Die salzigen Tropfen auf meinen Lippen verrieten mir, dass der Traum wieder heftig gewesen sein musste und als die ersten Körperfunktionen wieder einsetzten, fühlte ich auf meiner Haut etwas, das sich wie heißer Dampf anfühlte. Ich stand auf und ging hinaus auf den Flur, der endlos schien, und betrat das Badezimmer, um mich abzukühlen und etwas zu trinken, damit sich mein Mund nicht so trocken anfühlte. Von der Seife her erfasste meine Nase einen sanften Duft von Lavendel, der tatsächlich gegen den üblen, schwefeligen Geruch in meiner Nase half.

Es war noch ganz früh am Morgen, aber Sara hatte ja auch gesagt, sie würden sehr früh aufstehen müssen, um die *Metro North* um kurz vor sieben zu kriegen. Ich hatte noch nicht auf die Uhr gesehen, hörte aber unten aus der Küche schon Geräusche.

»Du kannst ein paar Tage bleiben«, sagte Sara am Frühstückstisch zu mir. Sie war schon vor mir wach gewesen und hatte sich um den Kaffee gekümmert und den Tisch in der Frühstücksecke gedeckt. Samantha war später nachgekommen und erkundigte sich, wie ich geschlafen hätte.

Ich war ganz versessen darauf, den Rest des Hauses zu sehen, aber gestern war es schon zu spät gewesen und heute hatten wir nur wenig Zeit, denn wir mussten alle drei auch heute wieder nach New York. Samantha in ihre Galerie, Sara hatte mit Vineyard an diesem Morgen einen Termin am NYU Journalism Institute. Und ich hatte der hübschen Stupsnase versprochen, sie heute zu besuchen.

Kapitel 11

Ich hätte ihn beinahe nicht erkannt. Ohne Lederjacke und ohne Sonnenbrille sah Michael Knight mehr aus wie Bobby Ewing. Und der Hammer war: Der Typ konnte reden!

Sara hatte mir eine Kopie des Sticks mitgegeben – ich sollte die Dateien der Polizistin geben. Sie wollte auf keinen Fall etwas verheimlichen, hatte sie gesagt. *Außer das mit der SIG Sauer,* hatte ich gedacht. Die hatte Samantha an sich genommen und ich hatte keinen Zweifel daran, dass sie, wenn auch nur als absolut letzten Ausweg, im Notfall von der Waffe Gebrauch machen würde. Sara nicht. Sara war zu naiv, war zu schwach. Eine kluge Frau, die aber den Fehler hatte, in jedem Menschen etwas Gutes finden zu wollen, und das war gar nicht das Problem. Das Problem war eher, dass sie das Schlechte übersah und das konnte aktuell lebensgefährlich werden. Trotzdem gefiel mir das nicht, dass eine Waffe im Haus war, die ich nicht unter Kontrolle hatte. Wie viele waren schon von ihren eigenen Waffen getötet worden? Aber ich wusste, dass mir Samantha nicht verraten würde, wo sich die SIG befand.

Ich machte auf dem Weg zum Präsidium noch einen kurzen Stopp bei Starbucks, einige Blocks vom NYPD, 9. Bezirk entfernt und ließ mir von einer Cynthia einen Café Latte machen. Ich blätterte ein wenig den NYC Mercury durch, der dort auslag und ließ den Tag ruhig angehen. Dann öffnete ich Facebook und fand eine Nachricht von Vince, dass die Identität des Einbrechers immer noch nicht geklärt war. Im Wagen hatte man unzählige Fingerabdrücke gefunden, die meisten aber gehörten zu dem Fahrzeughalter, einige zu anderen Mitgliedern seiner Familie. Die wenigen, die nicht zugeordnet werden konnten, fanden sich dann unter den Mitarbeitern der Werkstatt, in der der Wagen gerade eine Generalüberholung durchlaufen hatte.

War mir etwas durch die Lappen gegangen? Hatte ich etwas übersehen? Ich hatte das Gefühl, auf der Stelle zu treten.

Es gab noch eine weitere Nachricht von einem Anwalt aus Cleveland, der Informationen über einen gewissen Hugh Hardy haben wollte und im Netz dazu nichts fand.

Kein Wunder, grinste ich. Aus Hugh Hardy war schon Ende der 70er Grace Heels geworden. Seit der »Erfindung« von Reality TV war Grace Heels sowas wie ein Fernsehstar und keiner wusste, was sie so prominent gemacht hatte, dass sie es sogar vor einigen Jahren in den Dschungel geschafft hatte. Aber keiner kannte ihren richtigen Namen und ich erinnerte mich auch nur aus Zufall. Hugh hatte in jungen Jahren Hockey gespielt und war Torwart in der Jugendmannschaft von den Buffalo Sabres geworden. Von ihm war mal ein Bild im Buffalo Star erschienen, auf dem er neben seinem Trainer stand und darunter konnte man sogar ihre Namen lesen. Auf seine Vergangenheit als Mann angesprochen, beantwortet er die Frage, ab wann er denn gewusst habe, dass er in einem falschen Körper geboren worden sei, immer gleich: »Ich sah bei der Geburt ein rosa Licht«, lachte er dann. »Ab da …« Im Dschungel dann aber drängten vor allem die jungen Mädchen darauf, seine Geschichte zu hören und sein Manager meinte sicher, er solle ihnen einen Happen zuwerfen. Und so erzählte er, er habe in der Jugend Hockey gespielt und wäre mal nach einem Turniersieg klein in der Zeitung gewesen und hatte sich über das langweilige Torwarttrikot beschwert. Das Foto hatte ich dann sogar mal herausgesucht im Archiv des Buffalo Star und man sah es an der Mundpartie, dass er es war. Ich wünschte, mein Fall wäre so einfach.

Ich schrieb ihm, wozu er die Information benötigte, weil ich irgendwie fand, ihn ginge der wahre Name nichts an. Grace Heels würde da schon seine – ich meine natürlich *ihre* – Gründe haben, dass sie das nicht breittrat und ich musste ihr Geheimnis nicht lüften, nur weil ich es konnte. Aber ich schrieb, ich würde gegebenenfalls sein Anliegen an Hugh weiterleiten. Ich trank aus und dachte, dass das eine gute Idee mit Starbucks gewesen war. Jetzt ging ich gestärkt zum NYPD.

Hätte ich das zweite Frühstück mal lieber nicht eingelegt, dann wäre ich Gina noch direkt in die Arme gelaufen.

»Detective Lonardoni wurde heute Morgen zu einem Einsatz gerufen.« Das war der erste vollständige Satz, den ich von Tyler Coon hörte. Er war eher so der *Hasta la vista, Schweinebacke*–Typ, hatte ich vermutet. Naja, beim letzten Mal. Er wirkte zwar irgendwie wie ein Bulle aus den 80ern, aber mit Sonnenbrille sah er einfach cooler aus als ohne. Ein Schrank mit softer Stimme und Schlafzimmerblick – man wurde müde, wenn man ihn nur ansah.

»Sie bat mich, mit Ihnen zu reden und Ihnen vor allem das Video zu zeigen, das einer der Gäste gedreht hat. Inzwischen sind auch noch ein paar weitere Handyfotos aufgetaucht.«

Ich folgte ihm in einen Raum, in dem ein Beamer stand, der das Video an die Wand schmeißen würde. Zu uns gesellte sich noch ein junger Typ mit wuscheligem Haar und dunkler Brille, der sich als Fisher vorstellte, »Marvin Fisher«.

Nerdalarm, dachte ich. Und komisch: Sowie Bobby Knight nicht mehr allein mit mir war, überließ er wieder einem anderen das Reden.

»Wir spielen Ihnen nun erstmal das Video vor. Schauen Sie es sich erst ganz in Ruhe an, es sind eh nur etwa 45 Sekunden. Danach machen wir einen zweiten Durchgang und Sie sagen *Stopp*, wenn Sie ein Standbild haben wollen, um etwas genauer zu betrachten. Die Szene mit der alten Dame, die mit Sara Anderson spricht, ist nach 23 Sekunden zu sehen und startet oben links im Bild.«

Der Typ konnte wahrscheinlich IP-Adressen lokalisieren, möglicherweise dafür sogar ein Suchprogramm schreiben und musste stattdessen nun einen Beamer bedienen, wahrscheinlich, weil Coon das nicht konnte – den fehlenden Spaß daran, der ihm auf die Stirn geschrieben stand, konnte ich durchaus nachvollziehen. Hieß er wirklich Marvin? Wie der Roboter aus meinem Lieblingsbuch *Per Anhalter durch die Galaxis*? Ich grinste, wenn auch nur innerlich.

Dann flimmerte der Film auf der Leinwand, verwackelt, unscharf, ohne Plan und Verstand, einfach mal auf Aufnahme gedrückt und in die Menge gehalten. Also das, was ich erwartet hatte. Anfangs sah man nur Jacketts und Blazer und Haaransätze, dann grinste ein älterer Herr in die Kamera und zwinkerte. Nach etwa der Hälfte sah man eine junge, hübsche Dame in einem grünen Kleid von oben ins Bild kommen. Also eigentlich sah man nur, dass sie etwas Grünes trug, aber ich wusste ja, was es war. Und daneben saß eine ältere Dame mit grauen Haaren und weißer Bluse mit viel zu großem Kragen und einem unmodernen Hut, der ihr Gesicht fast komplett verdeckte. Sie redete immerzu auf Sara ein. Aber zwischendurch machte sie immer Pausen, so als wartete sie auf eine Reaktion von Sara. Aber diese nickte nur und dann waren auch beide wieder aus dem Bildausschnitt raus. Die Qualität des Bildmaterials war schlecht. Wahrscheinlich waren die Lichtbedingungen in der Galerie ungünstig gewesen und man konnte zwar heutzutage auch an Handys Einstellungen vornehmen, die die Qualität deutlich verbesserten, aber das machte kaum einer. Wie gesagt, einfach Aufnahme an und draufhalten. Ein bisschen durch die Leute gefilmt und am Ende hielt das Handy auf dem Bild einer Künstlerin namens Juliette Nadeau an, das den pathetischen Namen *Loch der Hoffnung* trug. Die Filmerin war wohl ähnlich begeistert wie ich und stoppte die Aufnahme bei … *Ach, du Sch…*

Das war also unsere größte Hoffnung: Der unbeholfene Schwenk durch die Reihen, bei dem kaum jemand wirklich gut zu erkennen war, abgesehen von dem älteren Herrn, dessen Gesicht mir gar nichts sagte.

»Wir haben inzwischen die meisten Personen identifiziert, nur die ältere Dame und die beiden Personen am Anfang mit dem dunklen Jackett und dem dunkelroten Blazer noch nicht«, sagte Marvin. »Aber natürlich waren noch viel mehr Personen auf der Vernissage.«

Ich ließ den Film noch einmal laufen und sagte nach etwa zwanzig Sekunden »Stopp«! Marvin reagierte sofort und drehte die Aufnahme ziemlich genau um seine eigene Reaktionszeit zurück.

Kurz bevor Sara ins Bild kam, ging links jemand aus dem Bild heraus. Er war nur halb zu sehen, schien sich aber mit einer höheren Geschwindigkeit zu bewegen.

»Habt ihr den?« fragte ich.

»Nein, am Hintern können wir niemanden erkennen!«

Nerd!

»Zoom mal auf seine Karte.«

Der Typ trug ein schwarzes Schlüsselband um seinen Hals, an dem eine Plastikkarte befestigt war. Marvin vergrößerte den Ausschnitt und sah Coon an. Der zuckte mit den Schultern.

»Viel zu klein, um darauf etwas zu lesen.«

Ich hoffte inständig für das NYPD, dass seine Chefin da etwas pfiffiger war.

»Ja, aber man sieht doch eine Art Firmenlogo darauf. Einen orangenen Planeten in einem schwarzen Universum.«

»Das Zeichen des NYC Mercury«, bemerkte Marvin, der gerade in meiner Anerkennung stieg und an Tyler vorbeizog. Ja, Knight Rider ohne K.I.T.T. ist eben nur David Hasselhoff …

»Laut allen bisherigen Aussagen waren nur zwei Mitarbeiter vom NYC Mercury an diesem Tag in der Galerie. Sara sehen wir in dieser Einstellung noch nicht, wissen aber, dass sie gleich zu sehen sein wird. Der zweite war Brian O'Reilly, der sich hier mit schnellem Schritt bewegt.«

»Sehr schön«, warf Tyler ein. »Nun haben wir die Bestätigung, dass O'Reilly auf der Vernissage war. Schade nur, dass wir das schon wissen.«

Ich schüttelte den Kopf – war der Mann blind oder was?

Mein Herz raste, denn ich hatte auf dem Standbild eine Entdeckung gemacht. Ich wusste noch nicht, ob es relevant war, aber es war ein weiterer Hinweis auf die Lösung. Oder nicht? Es konnte auch Zufall sein.

Plötzlich erfasste meine Nase den rosigen Duft eines sparsam aufgetragenen, femininen, blumigen Parfüms. Mein Tipp fiel auf *Si* von Giorgio Armani. Klar, dass sie sich für einen italienischen Duft entschieden hatte.

»Richmond!« sagte Detective Lonardoni und gab mir einen festen Händedruck.

»Detective Lonardoni, wie geht …«

»Mein Gott!«, unterbrach sie mich mit weit aufgerissenen Augen, die sich auf den Bildschirm richteten. Sie hatte sicher das Video auch unzählige Male nach Details abgesucht, aber dieses war nur für den Bruchteil einer Sekunde in dem Video zu sehen, eben jetzt, wo das Bild genau an der Stelle stand, an dem das Fall war.

»Das ist O'Reilly«, sagte sie und Tyler Coon schüttelte den Kopf.

»Ja, das ist Brian O'Reilly, hat der Hobbydetektiv auch schon gesagt. Was soll uns das bringen? Wir haben diverse Zeugenaussagen, dass O'Reilly …«

Gina sah ihn böse an und Tyler Coon, der Schrank mit dem Namen eines Action-Helden, kuschte. Mit Detective Lonardoni war nicht zu spaßen. Sie schien permanent unter Strom zu stehen – hatte sie dasselbe gesehen wie ich?

»Fisher – zoomen Sie auf den Herrn mit der Umhängetasche.«

Bingo, sie hatte.

»Wer ist das?«

Das interessierte mich auch.

Marvins Finger flogen über die Tastatur seines Laptops und nur kurze Zeit später erkannte ich ihn.

Ich war hellwach. Irgendwie hatte es sich gelohnt, den Whiskey mal wegzulassen die vergangenen Tage. Eigentlich hatte ich irgendwie so etwas wie Entzugserscheinungen erwartet, aber wahrscheinlich fielen die wegen Schlafmangels aus oder der Alkohol wurde einfach durch Adrenalin ersetzt.

»Howard Townsend«, sagte Fisher schließlich und ich nickte.

Es war Howard Townsend, Chefredakteur beim Niagara Post. Die hätten mir gleich eine Namensliste geben sollen. *Merken für nächstes Mal …*

Howard Townsend, geboren 1960 in Niagara Falls, studierte an der Niagara University Journalismus und Politikwissenschaft, war dann zwei Jahre Redakteur beim Niagara Mirror, bevor er dann in New Jersey beim Jersey Courier sein Glück versucht hatte und immerhin zum Ressortleiter aufgestiegen war. Kurz bevor seine Frau ihm eine kleine Tochter schenkte, zog er mit seiner Familie zurück nach Niagara Falls und fand eine Stelle am Medaille College in Buffalo. Er unterrichtete da einige Jahre Politikwissenschaften. Dann holte ihn sein ehemaliger Ausbilder Robert Brainard vom Niagara Mirror zum Niagara Post, wo dieser inzwischen zum Chefredakteur aufgestiegen war. Brainard machte Townsend zum stellvertretenden Chefredakteur und zu seinem designierten Nachfolger. Seit drei Jahren war Brainard nun im Ruhestand und Townsend hatte seine Nachfolge angetreten.

Endlich hatte Marvin das Detail groß genug gezoomt. Es war Townsends Handy und es sah aus, als hätte er soeben ein Foto von O'Reilly gemacht.

»Fisher, überprüfen, ob Townsend uns Fotos zur Verfügung gestellt hat!«

Ein paar Klicks weiter blickte Fisher wieder auf.

»Yep. Zwei Fotos. Er gab an, vor allem die ausgestellten Bilder und Fotografien abgelichtet zu haben und weniger die Gäste. Er wollte die Bilder noch per Email nachreichen, auch wenn die … «

»Ist das von O'Reilly dabei?«, unterbracht Gina ihn.

»Nein.«

»Können wir das Video nochmal zurückdrehen und so vergrößern, dass wir nur das Handy sehen?«

Marvin blickte mich irritiert an, drehte dann den Kopf in Lonardonis Richtung.

»Können wir?«, fragte sie.

Kurz zuvor hatten sich unsere Blicke getroffen, was mir einen Stich gegeben hatte.

Rich, was ist los mit dir? dachte ich. *Die Kleine ist nichts für einen One-Night-Stand und du bist kein Beziehungsmaterial. Außerdem ist sie viel zu jung für dich. Was soll also der Quatsch? Ich mag diese Frau,* hörte ich eine innere Stimme. *Mach dich nicht lächerlich,* spottete eine zweite und die war deutlich lauter.

Marvin hatte das Handy nun auf Bildschirmgröße und tatsächlich – es blitzte. Der Blitz ging im großen Saal unter und war nicht zu sehen, solange er nur ein kleines Detail im Hintergrund des Videos war. Aber so war es eindeutig – Howard Townsend hatte ein Foto gemacht von O'Reilly.

»Er hat ein Foto gemacht«, bemerkte Coon.

Wow, ehrlich? verdrehte ich innerlich die Augen.

»Die Frage ist, warum, und warum hat er uns das verschwiegen?« Ginas Augen blitzten. »Ich will ihn in einer Stunde hier im Verhörraum haben!«

Marvin hatte im Nu Townsends Handynummer auf dem Display seines Laptops und Sekunden später hatte er ihn in der Leitung.

»Geht nicht, Lonardoni. Er sagt, er sei wieder zuhause und hätte morgen eine wichtige Besprechung mit dem Bürgermeister.«

»Ich sagte, in einer Stunde, nicht morgen!«

Marvin zuckte mit den Schultern.

»Das wird er kaum bewerkstelligen können. Er ist Chefredakteur bei der Niagara Post.«

Der Blick, mit dem Gina mich dann traf, war wie ein Schuss, der mich lähmte.

»Richmond! Wieso führen alle Wege nach … Mitkommen, ich will jetzt jemanden in meinem Verhörraum sitzen sehen. Das gibt 's doch gar nicht!«

Coon grinste.

»Was ist witzig daran? Los beweg dich!« Sie war schon längst durch die Tür und Coon und ich mussten eilen, hinterherzukommen.

Also, ich weiß ja, dass Frauen den Satz *Du bist so süß, wenn du wütend bist* so gar nicht gerne hören. Deswegen sagte ich auch nichts. Ich konnte sie ja verstehen. Immerhin hatte sie einen Mord aufzuklären, einen Mord, der in Manhattan passiert war, aber alle Wege führten an die kanadische Grenze. Entweder nach Buffalo oder nach Niagara Falls.

Wir betraten einen Raum mit einem großen Spiegel und sie gab mir zu verstehen, mich zu setzen. Lonardoni stand neben mir und musterte mich, was mir eine Gänsehaut bescherte. Sie sah heute anders aus – viel cooler als beim letzten Mal und ich verspürte tatsächlich so etwas wie Nervosität, als sie so nah neben mir stand.

Reiß dich zusammen, das hier ist ein Polizeirevier, keine Schule. Und wir sind in einem Verhörraum, nicht in einem Klassenzimmer!

Und eine andere Stimme war noch deutlicher:

Und du bist neunundvierzig und sie Anfang dreisig. Und ich sah das Grinsen deutlich vor mir … *Arschloch,* dachte ich und meinte meine innere Stimme.

Den sehr konservativ anmutenden, blassrosa Blazer trug sie heute nicht, stattdessen eine legere, beige Jacke, ein braunes Top und schwarze Jeans. Farblich war das alles immer noch diskussionswürdig, aber immerhin passte das Outfit zu ihrer Haarfarbe und sie wirkte deutlich jünger, was im Umkehrschluss bedeutete, ich fühlte mich deutlich älter und gab meiner inneren Stimme widerwillig Recht. Ich bemühte mich, sie nicht anzusehen, aber dann fiel mein Blick doch auf ihre kleinen, braunen Strähnchen, die lässig in ihre Stirn fielen. Bei Licht schimmerten ihre kurzen Haare leicht rötlich und in jedem Fall passte das Outfit zu ihren kaffeebraunen Augen.

»Kaffee?«, fragte sie mich und ich fühlte mich ertappt.

»Ja, danke. Schwarz, bitte, ohne alles.«

Sie schickte Coon mit einem Seitenblick raus.

»Richmond – Sie verschweigen mir was. Journalisten und Privatdetektive – in was für einen Sumpf bin ich hier geraten?«

»Diese Frage stelle ich mir auch seit ein paar Tagen.«

Ich kramte nach dem Stick in meiner Tasche und sie – fixierte sie mich gerade und … War ihre Hand gerade in Alarmbereitschaft? War sie überhaupt bewaffnet? Abgesehen von ihren Augen?

»Was ist das?«

»Ein Stick«, antworte ich trocken und lächelte verlegen, als ich sah, wie schmal ihre Lippen auf einmal geworden waren. Waren sie diesmal, hatte sie ...? Sie hatte und es sah ein bisschen nach Infinite Iris von Maybelline aus, ganz schwach aufgetragen, so als sollte er eine Wirkung haben, aber dabei unsichtbar bleiben. Also ganz konnte sie auf Blassrosa denn wohl doch nicht verzichten.

Mein Blick wanderte zu Marvin und Detective Lonardoni sah erst den Stick an und dann ihren Kollegen. Er durfte ein Notebook hochfahren und einen Stick in einen USB-Port stecken – na, das lässt einem Computerfreak doch das Herz höher schlagen.

Ich sagte erstmal nichts und Lonardoni blickte auf die Ordnerstruktur.

- Baker & Doyle
    - Donald Aaron Baker
    - Jonathan Doyle

- Chemische Waffenexporte USA / Irak
- Fjordor Wladnik
- Hedderby Chemicals Inc.
    - Matthew Hedderby
        - Bio
        - Zeitungsartikel
    - Robert Grove
        - Bio
        - Zeitungsartikel
    - Joe Benchley
        - Bio
        - Zeitungsartikel
- NCS Niagara Chemical Solutions

»Was, um alles in der Welt, ist das? Und was zum Henker hat das mit Brian O'Reilly zu tun?«

Ich zuckte mit den Schultern. Ich wusste es nicht, das war die Wahrheit. So sehr der ganze Fall darum kreisen mochte – ich hatte Jahre meines Lebens mit ihm verbracht, viele Jahre, bis das Bild komplett war. Und was Sara hier zusammengestellt hatte, hätte ich in einer Stunde aus dem Gedächtnis herausschreiben können, und wahrscheinlich mehr.

Nicht so detailliert sicher, auch hatte sie viele Bilder von damals katalogisiert, vor allem Bilder von dem Prozess gegen ihren Vater. Und sie hatte der Entwicklung von NCS große Aufmerksamkeit zukommen lassen. NCS hatte Hedderby Chemicals geschluckt, nachdem die einerseits handlungsunfähig geworden waren und andererseits durch hohe Strafzahlungen kurz vor der Insolvenz standen. Aber das waren in der Hauptsache Wirtschaftsberichte und Projektbeteiligungen, die für sich sicherlich wiederum spannend waren, aber uns hier wenig weiterhalfen.

»Matthew Hedderby war der Vater von Sara Maria Anderson.«

Gina sah mich an, als hätte ich gerade aus der Bibel in Latein zitiert. Oder konnte sie Latein? Immerhin hatte sie italienische Wurzeln, unverkennbar, optisch als auch vom Temperament.

»Ich verstehe, dass sie da keine Reaktion zeigen – Sie müssen da noch ein Kind gewesen sein, zudem in New York.«

War sie New Yorkerin? Doch, bestimmt war sie das.

»In Niagara Falls oder Buffalo ist das so, als würden sie sagen, Harry Potter ist Professor Snapes Sohn.«

Ich hoffte, wenigstens dieser Vergleich sagte ihr was, aber ich sah keine Reaktion in ihrem hübschen Gesicht.

»Matthew Hedderby, Chemiemogul, Inhaber von Hedderby Chemicals Inc., verdiente sich in den 70ern eine goldene Nase im Chemiemüllgeschäft und belieferte die amerikanische Armee mit chemischen Waffen, die dann in den Irak exportiert wurden. Ganz legal, also das mit den Waffen, nicht das mit dem Müll. Waffen, die wir dem Irak zur Verfügung stellten im Kampf gegen den Iran. Und leider wurden die auch gegen eigene Aufständische eingesetzt. Ich sag immer, es war geheim, aber legal. Aber dann – auch wenn die Zeiten des NATO-Doppelbeschlusses gerade vorüber waren und wir mit Glasnost ein neues Wort kennenlernten, die Zeit der Aufrüstung vorbei war – verdichteten sich die Beweise, dass Hedderby mit russischen Agenten verhandelte. Wenn das die russische Regierung mitbekommen hätte, wäre der Frieden in Europa in ernsthafter Gefahr gewesen. Und Fjordor Wladnik war da durchaus kein Unbekannter, vermittelte oft Geschäfte mit russischen Firmen. Die Annäherung an den Westen öffnete ganz neue Türen. Das Geschäft kam am Ende nicht zustande, aber es gab genug Unterlagen, die bewiesen, dass man sich einig geworden war, Knowhow und auch Materialien zur Herstellung von chemischen Waffen in die UdSSR zu verkaufen. Das war Hochverrat und dafür kam er ins Gefängnis. Der zweite Prozess richtete sich gegen die Geschäftsleitung, gegen Grove und Benchley. Gegenseitig schoben sie sich die Verantwortung zu – Hedderby der Geschäftsleitung und die Geschäftsleitung Hedderby. Letztlich brach das Lügengebilde, das Grove und Benchley aufgebaut hatten, zusammen. Einmal eingebrochen, meldeten sich von überall her Zeugen, die Aussagen machten, die beide stark belasteten. Selbst sichere Alibis brachen auf einmal zusammen wie Kartenhäuser. Es war unstrittig und am Ende hatte der Richter das Geständnis der beiden. Vor allem für Grove war das eine Tragödie. Er hatte einen Sohn, Weston Grove, der ebenfalls bei Hedderby Chemicals arbeitete und auch mit entlassen wurde, obwohl er gar nichts mit der ganzen Geschichte zu tun hatte. Aber er war wohl nicht haltbar, weil seine Loyalität sicher in Frage gestellt worden wäre, nachdem sie sich von seinem Vater trennen mussten, dessen Schuld unstrittig war. Hedderby dagegen beteuerte bis zum Schluss seine Unschuld. Er soll sich im Gefängnis umgebracht haben – es gibt viele merkwürdige Ereignisse, die das zumindest in Frage stellen. Aber Sie kennen das ja vielleicht: Wenn man so etwas tut, wird man schnell dem Heer der Verschwörungstheoretiker zugeordnet. Und tatsächlich wurde an den Stammtischen seinerzeit oft darüber geredet, dass die Regierung ihn wohl zum Schweigen gebracht hätte. Völliger Blödsinn, wenn Sie mich fragen.«

Ich blickte in die Runde und alle drei starrten mich gebannt an.

»NATO-Doppelbeschluss, Glasnost, das war Anfang der 80er«, warf Gina ein. »Oder? Selbst 1985 kann Sara Anderson höchstens ...«

»Naja, eher Mitte der 80er«, korrigierte ich. »Erst 1989 fiel dann die Berliner Mauer. Im selben Jahr begannen angeblich die Verhandlungen zwischen Hedderby Chemicals und den Russen. Aber bevor es Lieferungen oder Zahlungen gab, flog der Verrat auf.«

»85, 89.« Coon pustete. »Funktioniert der Fluxkompensator doch?«

Ich grinste. »1980/81 – The River Tour. Mein erstes Ziel.«

»Der Boss ist der Boss«, sagte Coon anerkennend und es war das Beste, was er bis dahin gesagt hatte. Coon und Springsteen – er wuchs in meiner Anerkennung.

Ein lauter Schlag von Lonardoni auf den Tisch mit ihrer flachen Hand und ein böser Blick ließen uns wieder ernst werden.

»Richmond, ernsthaft, was hat das alles mit dem Mord an O'Reilly zu tun? Ich bin nicht so gut in Geschichte, aber wenn ich es richtig verstehe, haben die Verbrecher dafür bereits bezahlt.«

Sie wandte sich ab und setzte sich mir gegenüber auf einen Stuhl mit dem gleichen fragwürdigen Bequemlichkeitsfaktor wie der, auf dem ich Platz genommen hatte.

»Hedderby – das war wirklich der Vater von Sara Anderson?« Sie wirkte traurig, als sie das fragte. Ich nickte.

»Ja, aber das weiß sie noch nicht so lange.«

Zum Glück hatte Sara mir zuvor mit auf den Weg gegeben, der NYPD-Ermittlerin gegenüber offen zu sein, um von ihr die größtmögliche Unterstützung zu erhalten.

»Hören Sie, Sie wollten wissen, was ich weiß und ich weiß nur, dass es zwischen Sara Anderson und mir keinerlei Verbindungen gab, bis sie eines Tages in meinem Büro auftauchte. Bis dahin wusste ich nicht mal, dass sie noch lebte.«

Lonardoni sah mich verwundert an.

»Die kleine Sara. Die ganze Region kennt die Geschichte. Vater ein Wirtschaftsverbrecher, der sich im Gefängnis umbrachte, ihre Mutter, die man tot am Niagara River fand, und die kleine Sara, die verschwunden war, wahrscheinlich irgendwann irgendwo an irgendeinem Ufer angespült werden würde. Alle dachten, sie wäre tot, aber ihre Mutter hatte sie vor ihrem Freitod einer Bekannten in New York übergeben. Sara wurde als Sara Hedderby geboren, ich arbeitete seinerzeit beim Buffalo Star und gehörte zu den ersten Totengräbern ihres Vaters durch einige gut recherchierte Artikel, die auch seine früheren Machenschaften in einem anderen Licht darstellten. Und ich arbeitete danach für die Detektei Baker & Doyle, die von einem Privatmann beauftragt worden war, Beweise dafür zu finden, dass nicht nur die Geschäftsführung, sondern auch Matthew Hedderby selbst von dem Deal mit den Russen gewusst hatte. Das ist die Verbindung. Als der Prozess begann, war Sara noch ein ungeborenes Kind im Bauch ihrer Mutter. Und als die teuersten Anwälte, die man für Geld kaufen konnte, das Handtuch warfen und Hedderby in letzter Instanz schuldig gesprochen wurde, nahm das Drama seinen Lauf. Ja, ich bin mir im Klaren darüber, dass das alles jetzt über zwanzig Jahre her ist, dass alle, die in die Affäre damals verwickelt waren, tot sind oder ihre Strafe abgesessen haben. Ich habe keine Ahnung, was hier vorgeht und ich habe erst recht keine Ahnung, was ein Journalist aus New York mit dem Fall zu tun haben könnte.«

Ich holte Luft und Gina vergrub ihren Kopf in ihre Hände. »Verflucht«, sagte sie. »Mir schwirrt der Kopf. Sie kommen hier mit Verbindungen zu einem der Opfer – sind selbst ein Opfer, auch wenn Sie überlebt haben – und erzählen einen Fall aus den Geschichtsbüchern und ich denke *Wow, wir haben einen Ansatz* und warte auf die Pointe – und dann sagen sie, dass dieser Fall vor einer halben Ewigkeit abgeschlossen wurde und Sie keine Ahnung haben, was er mit der Gegenwart zu tun hat. Geschweige denn mit Manhattan.«

»Keine Ahnung«, sagte ich. »Wohl aber eine Theorie!«

Detective Lonardoni wirkte genervt. »Verschonen Sie uns, bitte. Journalisten und Privatdetektive und ihre Theorien – und Sie sind das eine und waren das andere …«

Aber ich fuhr unbeirrt fort.

»Brian O'Reilly war ein Journalist im Lokalteil einer New Yorker Zeitung. Er galt als unbequem, was ihn zuletzt eine Beförderung kostete – wer weiß, die wievielte. Er hatte eine große Klappe, aber ich habe von ihm auf Facebook einige sehr gute politische Texte gelesen.«

Bei *Facebook* verzog sich Ginas Gesicht und ich wettete, sie hatte keinen Account. Okay, ich *wusste*, sie hatte keinen.

»Aber hat er je etwas über chemische Waffen geschrieben, irgendetwas, das mit dem Fall zu tun haben könnte?«, fragte sie.

»Nein, das hat er nicht. Aber er war Saras Kollege und Sara verriet mir, sie habe ihn schon mal beim Durchforsten ihres Kalenders erwischt. Was, wenn er noch mehr durchforstet hat, in den Besitz ihres Sticks gekommen ist und eigene Nachforschungen angestellt hat? Was, wenn der Typ vom Niagara Post …«

»Townsend,« triumphierte Coon – als müsse man mich an einen Namen erinnern.

»Was, wenn Townsend sich mit O'Reilly treffen wollte?«

Ich hätte zu gerne gewusst, was hinter ihren braunen Augen vorging. Alle Drähte schienen jedenfalls zu glühen und – war das ein Lächeln?

»Es ist ein Ansatz«, sagte sie dann nüchtern. »Vielleicht weiß Townsend etwas, vielleicht auch nicht. Marvin, organisier das! Und ich will alles in unserer Datenbank haben, was auf dem Stick ist. Und mehr. Und halten Sie Coon und mich immer auf dem Laufenden! Coon, ich will, dass Sie sich in O'Reilly reinversetzen, schlüpfen Sie in seine Rolle, denken Sie wie er, wo würden Sie anfangen, wenn Sie den Stick hätten und Sie eine Story witterten? Welche Fragen brennen Ihnen im Gehirn? Bei wem würden Sie beginnen?«

Ehrlich? Coon? *Versetzen Sie sich in O'Reilly*. Ich konnte mir ein Schmunzeln nicht verkneifen. Wenn hier im Raum einer anwesend war, der dieser Aufgabe gewachsen sein könnte, dann war ich das.

»Was ist mit diesem Wladnik. Wer ist das?«, fragte Gina.

«Der vermittelte vor allem später in den nuller Jahren viele Geschäfte zwischen amerikanischen Firmen und russischen Chemiefabriken. Und umgekehrt. Man hat im Prozess ziemlich genau aufklären können, was auf amerikanischer Seite gelaufen war – die russische dagegen blieb erwartungsgemäß ziemlich im Dunkeln. Es gab nur einen weiteren Namen eines Exil-Russen, der als Verbindungsmann fungiert haben soll.«

»Haben wir da auch einen Namen?«

Und was für einen!

»Ja, haben wir: Yury Sergeyevitch Tschernjawaskii. Floh zu Zeiten des kalten Krieges während einer Geschäftsreise nach Berlin, ließ seine ganze Familie zurück und beantragte in der amerikanischen Botschaft Asyl. Tschernjawaskii war einer der führenden russischen Köpfe in der Organischen Chemie und wurde einerseits mit Kusshand aufgenommen.«

»Und anderseits?«

»Anderseits war es die Zeit der Doppelagenten und es war schon fast merkwürdig, dass es keine Versuche seitens der Russen gab, ihn zu stoppen, bevor er sein Wissen an uns weitergeben konnte, wenn Sie verstehen, was ich meine.«

Detective Lonardoni sah mich herausfordernd an.

»Ich arbeite bei der Major Case Squad – ich bin Spezialistin für Kapitalverbrechen! Natürlich verstehe ich, was Sie meinen! Was könnte er heute machen – wie alt war er damals?«

»Mitte vierzig muss er gewesen sein, aber er ist vor ein paar Jahren an Herzversagen gestorben.«

»Richmond!« *Was war jetzt wieder?* »Sie müssen damit aufhören, mir Brotkrumen hinzuwerfen, die immer nur in eine Sackgasse führen! Mann …!«

Schon stand sie wieder und ging im Raum auf und ab wie ein Tiger im Käfig.

»Howard Townsend, warum haben wir den erst jetzt auf dem Schirm?« Die kleine Raubkatze runzelte die Stirn. *Mach das nicht, das gibt unschöne Falten,* sagte eine innere Stimme. *Ja,* lachte eine andere, *da sprichst du wohl aus Erfahrung.*

Marvin Fisher grummelte.

»Es waren 97 Leute insgesamt auf der Vernissage – und das waren nur die, die Mrs. Woolf uns nennen konnte. Das dauert, die alle durchzugehen. Und Wakeford ist immer noch krank.«

»Ich habe nochmal eine ganz andere Frage«, begann ich und hoffte auf neugierige Blicke. Okay, ich konnte es auch so sagen.

»Hat die Presse den Tod von O'Reilly schon veröffentlicht?«

Gina schüttelte den Kopf.

»Es ist eine Pressekonferenz für heute Nachmittag angesetzt. Ich muss gleich zur Berichterstattung zu Captain Warren.«

»Es wäre eine Möglichkeit zu veröffentlichen, dass er den Überfall überlebt hat, dass der Notarzt rechtzeitig zur Stelle war und er wie durch ein Wunder …«

»Was soll das, Richmond?« Detective Lonardoni wirkte irritiert.

Ich zuckte mit den Achseln.

»Derzeit suchen *die* – wer immer *die* sind – sehr verstreut und eine Menge Leute sind in Gefahr. Wenn man aber jetzt veröffentlicht, dass O'Reilly noch lebt, dann …«

»Das kommt nicht in Frage!«, unterbrach sie mich barsch. »Ich bringe niemanden meiner Leute in Gefahr!«

»Das wäre auch gar nicht mein Vorschlag gewesen. Ich dachte an …«

Sie musterte mich scharf und sagte trocken: »Mal ganz davon abgesehen, dass ich das nie zulassen würde: O'Reilly ist einen Kopf größer, wirkt athletischer und« – sie sah mich fast entschuldigend an – »war gute zehn Jahre jünger, wer sollte darauf reinfallen?«

Autsch! Ihr härtester Punch in meine Magengrube hätte nicht mehr Schmerzen verursachen können. Mir war klar, dass ein O'Reilly mit mir im Ring keine dreissig Sekunden auf den Beinen gestanden hätte, aber woher sollte sie das wissen?

»Wir haben sowas mal gemacht«, sagte sie dann ruhig. »Das Problem sind die Angehörigen. Man kann sie nicht einweihen, wenn der Plan aufgehen soll, aber natürlich wollen sie ihn dann sehen. Und wenn sie irgendwann die Wahrheit erfahren, stirbt er für sie das zweite Mal.«

Das hatte ich nicht bedacht. Bei meinen bisherigen Undercover-Einsätzen waren es fiktive oder noch lebende Personen gewesen, in deren Rollen ich geschlüpft war. Und ja, das war alles eine Weile her.

»Fisher, Sie kümmern sich um Townsend! Arrangieren Sie eine Telefonkonferenz so schnell es geht!«

Sie wollte gerade Coon eine Anweisung geben, als ihr Handy klingelte.

»Lonardoni? ... Was?... Wie? ... Wieso erfahre ich das erst jetzt? Bin auf dem Weg!« Sie steckte ihr Handy hastig weg und ich vermisste das laute Knallen eines Telefonhörers auf eine Gabel. »Saftladen!«

Sie sah mich an und ich wusste, irgendetwas war passiert.

»NCY Mercury, Einbruch in dieser Nacht. Coon, mitkommen!«

Ich blickte auf mein Handy, um zu sehen, ob ich einen Anruf verpasst hatte, aber das Display verneinte das. Ich folgte den beiden, bis Lonardoni stehenblieb mit einem *Was-haben-Sie-denn-für-einen-Auftrag*-Blick, um dann durchzupusten und mir zu bedeuten, ich solle mitkommen.

»Ich weiß, Sie fahren eh hin, dann können wir Sie auch mitnehmen.«

Cool – ich hatte es auf die Rückbank eines New Yorker Polizeiautos geschafft!

»Vineyard und Anderson halten heute einen Vortrag an der Columbia University, die Buchhalterin war als Erste da und hat die Polizei angerufen. Und beim Notruf verwies man sie auf das Einbruchsdezernat. Die Kollegen waren erst eben da und meinten, das könnte uns auch interessieren. Nein, wie kommen die nur darauf?«

»Die suchen den Stick«, meinte Coon. Gut, vielleicht war das ja wirklich so. So dumm war das gar nicht, vielleicht würden die ja gar nicht suchen, wenn sie wüssten, was für harmloses Zeug darauf gespeichert war. Aber warum suchten die dann bei O'Reilly?

»Unwahrscheinlich«, sagte Lonardoni nur.

Ich nutzte die Zeit, um mich mal wieder bei Facebook einzuloggen. Der Buffalo Star hatte das Foto meines Angreifers veröffentlich.

Die Polizei von Buffalo bittet Sie um Ihre Mithilfe. Wer kennt diesen Mann? Er wurde in der Nacht von Montag auf Dienstag wegen Einbruchs und bewaffneten Überfalls festgenommen. Es gibt bislang noch keine Hinweise auf seine Identität. Der Mann ist 1,92 cm groß, sportliche Figur, schwarze, kurze Haare.

Darunter befanden sich 398 Kommentare – und der Tenor war immer derselbe. Ein Pool voller Ideen, wie man ihn zum Reden bringen könnte. Facebook war eigentlich finsterstes Mittelalter. Alle unsere angeborenen Hemmschwellen galten da nicht. Einer schrieb, er würde ihn erst zum Reden und dann zum Schweigen bringen. 151 Leuten gefiel das.

Ich teilte das Bild und schrieb *möglicherweise Anfänger-Jiu-Jitsu* dazu. Ein paar seiner Abwehrtechniken erinnerten mich daran.

Inzwischen hatte auch die Niagara Post ein Bild von dem Mann gebracht und darunter waren fast dieselben Kommentare. Und wenn ich ehrlich war – zu gerne hätte ich ihn selber ausgequetscht und wenn mich Vince nicht zurückgehalten und darauf bestanden hätte, die Polizei zu rufen, hätte ich möglicherweise genau das getan, was die vielen Facebook-Nutzer aus ihren warmen Stuben nur in ihren Vorstellungen taten. Nur wäre ich in der Lage gewesen, nicht nur darüber zu schreiben.

»Und, Richmond, gibt es was Neues auf ihrem Facebook?« fragte Detective Lonardoni und ich gab ihr eine kurze Zusammenfassung.

»Meinen Sie, der hat Sie erwartet? Ich meine, hatte er die gezogene Waffe dabei, weil er wusste, dass Sie zuhause sind oder weil er es befürchtete?«

Diese Frage hatte ich mir auch immer wieder gestellt.

»Ich denke eher, es war in erster Linie ein Überfall. Was hätte es sonst für einen Sinn gemacht – sie waren schon einmal eingebrochen und haben nichts gefunden. Warum sollten sie ein zweites Mal kommen? Nein, ich denke, er wollte erst die Lage checken und hat nicht unbedingt damit gerechnet, dass ich in der Küche auf ihn gewartet habe.«

Wahrscheinlich hatte er erwartet, dass ich irgendetwas bei mir trug, was für ihn interessant wäre. Oder für sie, denn obwohl er unter Arrest stand, war im NCY Mercury eingebrochen worden, also mussten mehrere Personen beteiligt gewesen sein. Natürlich mussten die Überfälle nicht zwangsläufig zusammenhängen, aber an solche Zufälle glaubte ich nicht. Meine Formel war Wahrscheinlichkeit mal Bauchgefühl – und daher hatte ich keinen Zweifel.

Der NYC Mercury war im Laufe der Jahre schon mehrfach innerhalb Manhattans umgezogen – zuletzt von der Upper East Side zurück nach Lower Manhattan, nicht weit von dem kleinen Büro, in dem er vor nicht mal zwölf Jahren gegründet worden war. Wir mussten direkt nach Vineyard und Sara eingetroffen sein, denn die beiden standen noch an der Rezeption, zusammen mit einem Herrn in feinem Zwirn und zwei Kolleginnen. Das mussten Victoria Dimon und Kelly Mitchell sein von den Beschreibungen, die Sara mir auf unserer ersten Autofahrt nach New York gegeben hatte. Der Herr im feinen Zwirn war wahrscheinlich der Geschäftsführer und Gründungsmitglied Steven Kresby. Der Mann hatte mehrfach zu den begehrtesten Singles in New York gehört. Als Journalist ohnehin mit einem mehr als gesunden Misstrauen ausgestattet, potenzierte sich das sicher noch durch sein prallgefülltes Bankkonto. Das war nicht mehr als eine Vermutung, vielleicht wollte er sich auch nicht festlegen, vielleicht stand er gar nicht auf Frauen – aber man sollte keine Gerüchte in die Welt setzen.

Als wir die kleine Gruppe erreichten, drehte sich Sara um und kam mir entgegen. Für einen Moment war es so, als kannten wir uns eine Ewigkeit, so als wollte sie mir um den Hals fallen und in meinen Armen versinken. Und ich glaubte, für einen Moment hatte sie das auch vor, bis sie kurz vor mir stehenblieb, sich mit der Hand durch das Haar fuhr und mehrfach ansetzte zu erzählen, was passiert war. Aber es kamen nur Bruchstücke aus ihrem Mund. Sie wirkte fahrig, so als stünde sie neben sich. Gerne hätte ich sie an mich gedrückt und ihr gesagt, dass alles gut wäre, dass ich ja da sei und dass sich alles aufklären würde. Aber ich konnte sie nicht belügen. Keiner von uns war in Sicherheit.

Wenn man von jemandem gejagt wird, läuft man immer als potentielle Zielscheibe durch die Welt. Als ich Sara da so sah, so nervlich am Ende, nicht wissend, was auf sie zukam, fast den Tränen nahe, fing es in mir an zu brodeln. Ihr mögt die Jagd? Fein, ihr kriegt die Jagd. Ihr habt euer Pulver doch schon verschossen, denn schon ein paar Brocken reichten aus, um zu erfahren, dass hier zwar eingebrochen, aber nichts gestohlen worden war. Am Archiv schienen sie nicht interessiert gewesen zu sein. Aber spätestens mit der Verbindung zum NYC Mercury mussten *die* auch auf Sara kommen. Apropos …

»Douglas steht draußen«, beruhigte mich Sara auf die Frage, wo denn ihre Bodyguards wären. Eddie hatte sich in der Galerie von Samantha eingerichtet und ein weiterer war in dem Apartment in Manhattan untergebracht. Dass wir alle so verstreut waren, machte es für *die* vielleicht leichter. Andererseits hatten wir alle ein Leben zu leben und konnten es uns nicht leisten, einfach nur den nächsten Angriff abzuwarten. Dafür wurde ich auch nicht bezahlt.

»Ich kann dir nichts versprechen, aber ich kann dir sagen: Und wenn es das letzte ist, das ich tu, aber ich werde alles daran setzen, diese Kerle zu schnappen – das ist etwas Persönliches!«

Ich weiß nicht, woher diese Verantwortung kam, die ich Sara gegenüber spürte, aber sie wuchs in mir mit jedem neuen Schlag, den *die* gegen uns ausführten.

Plötzlich drückte sie sich doch an mich und ich musste mich zurückhalten, nicht doch so etwas Dummes wie *Alles wird gut* zu faseln.

Detective Lonardoni kam dann mit Coon zusammen von dem Gespräch mit Kresby zurück und unsere Blicke trafen sich kurz, als Sara und ich wieder einen Schritt auseinandergingen. War das Interesse, dachte sie ernsthaft darüber nach, ob da etwas zwischen Sara und mir … Aber der Gedanke kam mir nur für einen kleinen Bruchteil einer Sekunde, da sie von dem Gespräch mit Kresby erzählte. Man vermisse nichts, aber offenbar war O'Reillys Schreibtisch durchwühlt worden und auch der aller anderen, die in diesem Büro arbeiteten. Dabei war man ziemlich grob vorgegangen und hinterließ einen Teppich aus Papieren, aber auch Büromaterial aller Art lag auf dem Boden herum. Husten- und Fruchtbonbons, einige Geburtstags- und Ansichtskarten, Stofftiere und andere Glücksbringer, aber die Kasse an der Rezeption, die nur sehr amateurhaft gesichert war, war unbeachtet geblieben.

»Das sind *die* gewesen«, sagte ich zu Detective Lonardoni. »Nur, wer sind *die*?«

Die Polizistin sah mich herausfordernd an.

»Ich weiß es nicht, sagen Sie es mir«, sagte sie dann trocken.

»Das werde ich!«, sagte ich und als ich ihre großen Augen sah, schob ich nach: »Sowie ich es selber weiß.«

Kapitel 12

Den Weg zurück nach Buffalo fuhr mich mein GTX fast von alleine. Detective Lonardoni hatte mich zwar gebeten, New York nicht zu verlassen, aber so sehr ich verstand, dass sie mich in ihrer Nähe wissen wollte: Ich hatte einen Auftrag und ich wollte keine Zeit verlieren. Zeit war kostbar – wenn man so einen Satz von seinem Chef hörte, während das Fließband gnadenlos weiterlief und einen zwang nicht nachzulassen, nicht langsamer zu werden, war das eine Sache. Wenn aber da draußen Leute herumliefen, denen ein Menschenleben offensichtlich nicht viel wert war, dann war die Zeit wirklich kostbar. Zeit, die man noch hatte, *die* zu kriegen, bevor *die* einen kriegten. Der beste Weg, nicht vor die Flinte eines Jägers zu gelangen, war, selbst mit einer Flinte dazustehen, und zwar am besten direkt hinter dem Jäger. Es waren mehrere, aber sie operierten bislang alleine oder bestenfalls vielleicht in kleinen Gruppen.

Ich lenkte meinen GTX von der 62 Richtung Wheatfield rechts ab in die Ward Road. Ich war kurz vor meinem Ziel, aber bevor ich gleich über meinen Magen stolperte, füllte ich ihn bei Suzanne's Fine Dining mit einem saftigen Steak Gorgonzola und Pasta. Bei einem Kaffee ging ich nochmal alles durch, was ich wusste und legte mir eine Eröffnung parat – und eine Hintertür. Dann zahlte ich, ging wieder raus und sah mich um. Die ganze Zeit über war ich wachsam, dass mir niemand folgte, fuhr Schleifen, fuhr rechts ran, aber nichts Auffälliges passierte.

Es war eine kleine Straße, in die ich links einbog und in eine Siedlung gelangte mit Häusern, in denen keine Millionäre lebten, aber die man sich als normaler Schreiberling nicht würde leisten können. Dafür lag der nächste Bäcker einen ordentlichen Fußmarsch von hier entfernt. Die Häuser waren angelegt wie eine Wagenburg – man war hier unter sich. Ganz der richtige Platz für einen Chefredakteur, um sich nach einem stressigen Arbeitstag im Kreis der Familie ausruhen zu können. Und es war spät genug, um sicher zu sein, dass er bereits zuhause war, aber nicht so spät, als dass ein gut erzogener Mensch wie ich nicht mehr klingeln durfte.

Aber natürlich war es spät genug, dass er als Mann zur Tür ging. Hier wollte sicher um diese Zeit – es mochte gegen neun Uhr abends sein – niemand mehr irgendetwas von irgendwem. Aber egal – ich hatte keine Zeit zu verlieren! An seinen Augen merkte ich sofort, dass er mich erkannt hatte. Wir waren alle eine kleine Familie, auch wenn wir für andere Zeitungen schrieben. Ab und an hatte ich dem Buffalo Star meine Dienste als freier Mitarbeiter angeboten und dabei auch den einen oder anderen Artikel verkauft. Eigentlich gar nicht mal so wenige. Und auch wenn ich lange schon nicht mehr regelmäßig im Geschäft war, einen Mann wie Townsend kannte man. Einen wie mich sowieso.

»Niclas Richmond. Was in alles in der Welt bringt dich hierher?«

Er machte keinerlei Anstalten, mich hereinzubitten.

»Fragen.«

»Haben wir die nicht alle? Aber wir sind nicht im selben Team!«

Ich verzog das Gesicht.

»Team – um so etwas geht es hier nicht.«

»Um so etwas geht es dir nie! Wenn einer wie du sich abends auf den langen Weg hier raus macht, dann kann das nur eines bedeuten: Du willst etwas.«

»Ist das nicht immer so, wenn jemand bei jemandem klingelt? Dass man was will?«

»Abonnier die Niagara Post, darin stehen mehr Antworten, als du Fragen hast.«

Er machte schon Anzeichen, die Tür schließen zu wollen, aber ich schob meinen Fuß dazwischen.

»Ein Scheiß steht da drin«, knurrte ich.

»Auf Wiedersehen, Richmond!«

Er knallte die Tür zu, aber diese wurde durch meinen Fuß gestoppt.

»Verdammt, Richmond!«

»Was ist denn los?«, fragte eine Frauenstimme aus dem Hintergrund und dann sah ich auch das dazugehörige Gesicht in der Tür. »Sie sollten ein besseres Gespür entwickeln zu merken, wann Sie nicht willkommen sind.«

»Ich bitte nur einen alten Freund um Hilfe, nicht mal um Hilfe für mich.«

Townsend lachte.

»Alten Freund? Wann soll das gewesen sein? Mann, was auch immer du für ein Zeug zu dir nimmst, das tut dir nicht gut!«

Mrs. Townsend schob ihren Fuß gegen den meinen und sagte freundlich, aber bestimmt: »Das Gespräch ist jetzt beendet. Ich wünsche Ihnen eine gute Heimfahrt.«

»Okay«, sagte ich leise. »Es geht nicht um mich, es geht um Sara.«

»Welche Sara? Und was sollte mich eine Freundin – die wievielte eigentlich? – interessieren?«

»Die kleine Sara Hedderby …«

Townsend sah mich mit großen Augen an.

»Ich darf dir das alles gar nicht sagen. Ich vertraue darauf, dass das alles hier zwischen uns bleibt, obwohl ich weiß, dass es Jahre gab, in denen ich im umgekehrten Fall Stein und Bein geschworen hätte, es niemandem zu verraten, um dann nach Hause zu fahren, die ganze Nacht durchzuarbeiten, um es dann morgen als Leitartikel zu bringen. Ich weiß, du denkst so von mir und ich kann es dir nicht verübeln.«

»Die kleine Sara … lebt?«

Mann, hatte der Mann auf einmal große Augen.

»Ja.« Und wieder schoss mir eine Träne ins Auge.

»Komm rein.«

Townsend tauschte mit seiner Frau ratlose Blicke aus und ging dann voraus. Er bat mir einen Stuhl an einem Esstisch an und setzte sich ebenfalls.

»Einen Drink?«, fragte mich Mrs. Townsend nach einem weiteren Blickaustausch mit ihrem offensichtlich irritierten Mann.

»Nein, danke, ich muss noch fahren«, erwiderte ich.

»Das war doch früher auch kein Grund.«

Townsend musterte mich und seine Frau nahm neben ihm Platz.

»Ich habe noch nichts davon gelesen, dass die kleine Sara gefunden wurde. Und wenn das stimmt und du an der Story dran bist – und wir beide wissen, du hast zuletzt an deinen armseligen Schmierereien beim Star mehr verdient als mit deiner Detektivspielerei ...«

Manchmal musste man etwas herunterschlucken, wenn man weiterkommen wollte. Das galt ganz besonders im Informationsgeschäft, egal, ob man als Journalist, Privatdetektiv oder Polizist darin tätig war. Da fühlte ich mich ein bisschen wie im Dschungelcamp. Und ich schluckte. Townsend fuhr fort:

»Wenn das stimmt, wäre das *DIE STORY*. Dein Käseblatt würde dafür die ganze Frontseite reservieren und eine Serie starten. Und im Weekly Magazine wäre eine Sonderausgabe drin. Ich würde annehmen, du versäufst gerade im Mulligan's deine Tantieme oder sitzt in deiner Bruchbude und tippst die Story ein. Stattdessen bist du hier und hast feuchte Augen und bist – nüchtern?«

»Ja«, sagte ich kleinlaut. Was hatte der Mann für ein Bild von mir? »Hast du die Einladung vom NYPD schon erhalten?«

Townsend ließ sich zurückfallen und stieß einen Pfiff aus.

»Wow, hast du jetzt schon eine Freundin beim NYPD?«, fragte er spitz.

Leider nicht ...

»Die hast du mir zu verdanken.« Mir war nicht zum Grinsen zumute, obwohl es hier gepasst hätte, vor allem nach dem Gesicht, das Townsend bei dem Satz machte.

»Ich höre …«

»Mir ist aufgefallen, dass du in New York ein Foto gemacht hast von einem Journalisten.«

»Ja, und?«

»Man hat alle Beteiligten der Vernissage gebeten, Fotos und Videos dem NYPD weiterzuleiten – hat man nicht gesagt, warum?«

»Nein, *im Rahmen einer Ermittlung* hieß es. Ich dachte, es seien vielleicht Kunstwerke gestohlen worden.«

»Der Mann, den du mit dem Handy fotografiert hast, war Brian O'Reilly.«

»War ...?«

»Ja, er ist kurz nach der Vernissage ermordet worden.«

Mrs. Townsend schimmerte eisblau neben ihrem Mann.

»Ermordet? Warum …«

»Warum, weiß ich nicht. Noch nicht. Aber es muss irgendwas mit dem Hedderby-Fall zu tun haben. Er muss irgendwie zu tief gegraben haben.«

»Das macht keinen Sinn«, erwiderte Townsend und kratzte sich am Kinn. »Matthew Hedderby ist tot und Grove und Benchley haben ihre Strafe abgesessen.«

»Weiß ich selber. Und doch …«

»Und was hat das alles mit Sara Hedderby zu tun?«

»Es gab auch auf sie einen Anschlag und auf mich auch.«

»Auf dich auch?«, fragte er und ich erinnerte mich, dass ich namentlich nicht genannt worden war. Neuerdings selektierte die Polizei wohl wieder mehr, was an die Presse gehen durfte und was nicht.

»*Die* suchen etwas, ich weiß nicht, was, und ich weiß nicht, wer *die* sind, aber *die* suchen etwas. Ihr habt übrigens selber die Täterbeschreibung gedruckt.«

»Der Überfall des Unbekannten, der festgenommen wurde und dessen Personalien nicht festgestellt werden konnten – du warst das Opfer?«

Townsend schien angestrengt nachzudenken.

»Die sind hinter dir her? Und dann parkst du deinen orangenen Schrotthaufen vor dem Haus meiner Familie?«

»Beruhige dich, wenn mir jemand gefolgt ist, habe ich ihn abgewimmelt. Ich war vorsichtig.«

»Ach so, ja, dann mach ich mir keine Sorgen mehr«, sagte er spöttisch und dann wieder ernster: »Hör zu, der Typ war bei Jordan, das ist mein neuer Stellvertreter, und stellte ihm Fragen, Fragen über den Hedderby-Fall. Und Fragen über NCS.«

Niagara Chemical Solutions ...

»Der Typ war wohl wie eine jüngere Kopie von dir.«

Nett. Von jedem, der O'Reilly gekannt hatte, hörte ich, er sei ein Arschloch gewesen, und nun war ich das Vorgängermodell?

»Jedenfalls stellte er viele Fragen, er war der großen Story auf der Spur, faselte irgendwas davon, ob sich die Geschichte ändern würde, wenn die Volksabstimmung der Krim ergäbe, dass sie wieder zu Russland gehörten. Volksabstimmung, das ich nicht lache!«

»Russland? Krim? Das Geschäft wurde damals verhindert.«

»Hat Jordan ihm auch gesagt. Er wollte, dass unsere Zeitungen da zusammenarbeiten und alles, was wir wüssten, sollten wir an ihn weiterleiten. Im Gegenzug bot er uns Exklusivrechte bei bestimmten Neuigkeiten in New York an, auch Teilnahme an Exklusiv-Interviews mit A-Prominenz.«

»Du lehntest ab und bist nach New York, um was? Ihm nachzuspionieren?«

»Ich hab das Foto gemacht und Jordan geschickt, um ihn zu fragen, ob das O'Reilly wäre, weil es von der Beschreibung her passte. Nur, dann ist der Typ so schnell raus, dass es auffällig gewesen wäre hinterherzurennen. Ich dachte, ich hänge mich später an ihn ran.«

Ich schüttelte den Kopf. »Um seine Story zu klauen – du bist doch nicht besser.«

»Es ging um *unsere* Story. Die Stadt ist nie mehr dieselbe gewesen nach den Vorfällen von damals. Und da kommt so ein Yuppie aus Big Apple und macht da einen Wind und will daraus Profit schlagen?«

Verächtlich schnaubte Townsend durch die Nase.

Und dann stutzte ich. »Woher wusstet ihr überhaupt, dass er auf dem Weg dorthin war?«

Townsend blickte etwas verlegen zur Seite.

»Nein!« entfuhr es mir. »Lass mich raten: O'Reilly hinterließ bei Jordan seine Karte mit seiner Handynummer. Ihr habt nicht … – das ist krank!«

»Er hätte sein Handy besser sichern können. Für unsere Experten war das ein Kinderspiel. Wir haben ihm einen Trojaner untergejubelt. Mein Gott, Richmond, du weißt doch, wie das heutzutage läuft!« Etwas beschämt streifte sein Blick seine Frau, der offensichtlich nicht ganz klar gewesen war, wie *das heutzutage läuft*.

»Okay«, fing ich mich wieder. »NCS. Einer der größten Chemiekonzerne landesweit. Waren nie auf dem Schirm, weil das Schlucken von Hedderby Chemicals ein nur logischer Prozess war. Hedderby Chemicals musste hohe Strafen zahlen, die komplette Führungsriege war verurteilt und der nächstgrößere Konzern kaufte Hedderby Chemicals auf. Ich will mehr über die Leute wissen – du sitzt da näher dran. Und du kommst mit einem Presseausweis wesentlich weiter als ich.«

»Was ist mit Sara?«

»Sara geht es gut, niemand wollte sie damals umbringen, aber heute schon. Und ich will das verhindern.«

Townsend kratzte sich am Hinterkopf.

»Wir sind seinerzeit selbst losgezogen, den Niagara River entlang, und haben sie gesucht. Noch wochenlang bis teilweise spät in die Nacht.«

Ich nickte. »Das haben wir auch gemacht. Die ganze Region war auf den Beinen. Die hatten sogar Taucher eingesetzt und als die Polizei die Aktionen nach vielen Wochen einstellte, sind da private Taucher selbst noch runter.«

»Ich weiß nicht, mit was für Leuten wir uns da anlegen«, stöhnte Townsend.

Bei dem *wir* grinste ich.

Er blickte mich lange an, bis er schließlich sagte:

»Phil Harber – ist dir der Name schon mal untergekommen?«

Ich schaute Townsend etwas ratlos an – wer zum Teufel war Phil Harber?

»Harber war bei Hedderby angestellt, hat dort von der Pike auf gelernt, war aber nie mehr als einer seiner Laborratten. Aber es gab das Gerücht, dass ein kleines Genie in ihm steckte, dass er vielen gestandenen Kollegen weit überlegen war. Noch vor dem Aus von Hedderby wechselte er in die Abteilung Forschung und Entwicklung von NCS. Es dauerte nicht lange, bis er diese Abteilung leitete. Inzwischen gehört er dort sogar zur Geschäftsführung. Auf diesen Namen war O'Reilly gestoßen bei seinen Ermittlungen und wollte von Jordan mehr über ihn erfahren. Aber es ging ihm wie dir – und wie mir auch. Der Name Harber sagte uns gar nichts und wir fanden auch nichts in den Archiven. War nie Mitglied eines Sportvereines, keine Demonstrationen, noch nicht einmal eine Facebook-Seite – als wäre er im Labor gezüchtet worden und hätte es nie verlassen.«

»Aber ist so ein Mann in der Lage, einen Mord durchzuführen?« Das konnte ich mir nicht vorstellen.

»Nein, aber Harber hatte Förderer bei NCS. Leute, die ihn bei Hedderby entdeckt hatten und die scharf darauf waren, ihn zu NCS zu holen. Ich schätze, es ging Harber gar nicht einmal um das Geld – die haben ihm einfach die beste Ausrüstung gegeben und ein Team zur Seite gestellt und ihn das machen lassen, was er am besten konnte. Aber das ist nur eine Vermutung – wir hatten keine Story, von daher haben wir noch nicht versucht, mit Harber einen Interviewtermin zu bekommen.«

»Danke«, sagte ich. »Hör zu, die Story ist mir egal. Ich will nur, dass wir alle wieder in Ruhe schlafen können. Du kannst alles verwenden, was wir zusammen herausfinden – nur Sara musst du rauslassen, das ist meine Bedingung.«

»Was ist mit dir passiert? Die Story ist dir egal? Da läuft aber nichts zwischen …«

»Um Himmels Willen, Townsend – sie könnte meine Tochter sein.«

»Ja, auch das hat dich noch nie gestört. Gut, du hast mir vertraut und du hast mein Wort. Aber wenn ich irgendetwas von der Geschichte in der Zeitung lese, ob im *Star* oder sonst wo, war es das.«

»Klar! Aber es muss dir klar sein, dass ein Mordfall mit der Geschichte in Verbindung stehen könnte – mit der Polizei werde ich mein Wissen also teilen müssen.«

»Alles, was ich sagte, war: Verkaufe die Geschichte nicht selber – ich kenne eine Menge Leute, auch in Buffalo, die dir das Leben schwer machen könnten. Ich mein es ernst, Rich!«

»Ich auch. Danke für deine Hilfe!«

Ich verabschiedete mich, stieg in meinen GTX und obwohl ich einen Schritt weiter war, fühlte ich mich hundsmiserabel. Lag vielleicht daran, dass ich nun nach Hause fahren würde. Das Zuhause, in das einer eingebrochen war und ich fragte mich, ob ich da ein Auge zumachen konnte.

Ich startete den Motor und der V8 schnurrte wie eine Katze. Ich legte den ersten Gang ein und machte den CD-Player an. Es lief Latin Lover von Gianna Nannini und ich wusste, wen ich vermisste.

Kapitel 13

Ich lag noch lange wach und fühlte mich seltsam fremd in meinem kleinen Haus in der Cornelia Street. Ich war immer alleine hier nachts, aber heute war es anders. Vince hatte ich schon tagsüber angerufen, aber er hatte wieder Dienst und ich sagte ihm, meine Glock würde schon auf mich aufpassen. Dann loggte ich mich als Neil Gardener in Facebook ein, schrieb einiges belangloses Zeug, damit der Account echt wirkte und danach Jennifer Vander alias Samantha Woolf eine kurze Nachricht mit den aktuellsten Informationen. Schon nach zwei Minuten hatte sie die Nachricht gelesen und schrieb zurück:

»Pass auf dich auf!«

Ich musste diesen Satz immer und immer wieder lesen. *Pass auf dich auf.* Das hatte seit meiner Kindheit keiner mehr zu mir gesagt. Es mochte nur eine Floskel gewesen sein, aber egal – ich sog das in mich auf. Es tat einfach gut. Irgendetwas sagte mir, dass Samantha für mich unerreichbar war. Und ich konnte auch gar nicht genau sagen, auf welchem Level ich sie erreichen wollte. Sie sah gut aus, keine Frage, und sie hatte vor allem eine Aura, die unglaublich intensiv war, die einem den Atem rauben konnte, wenn sie es wollte, da war ich mir sicher. Ebenso wie ich mir sicher war, dass sie mir meinen Atem nicht würde rauben wollen. Ich glaubte, sie hatte mich anfangs nicht besonders gemocht, aber aus irgendeinem Grund schien Sara mich zu mögen und das respektierte sie offensichtlich. Je weiter ich von Sara und ihr weg war, desto mehr hatte ich so die Vermutung, dass die beiden mehr waren als Freundinnen.

Phil Harber gab ich in meine Suchmaschine ein und es gab in der Tat einige Treffer. Aber keiner davon schien zu einem Leiter der Abteilung Forschung und Entwicklung eines Chemie-Giganten in Niagara Falls zu gehören.

Philip Harber ergab ähnlich viele Treffer mit der gleichen Ausbeute – wie konnte man heutzutage noch ohne Fingerabdruck im Internet sein?

Meine letzten Gedanken vor dem Einschlafen galten Brian O'Reilly. Was hatte Sara gesagt? Einer, der schon manchmal Stories verkauft hatte, die andere recherchiert hatten? Ein Blender, so hatte es geklungen, aber was ich über ihn lernte, war eher, dass seine unorthodoxe Arbeitsweise und seine mangelnde soziale Kompetenz es waren, die verhindert hatten, dass er Teamleiter geworden war. Stattdessen hatte man ihm eine junge, ehrgeizige Journalistin vor die Nase gesetzt, die bestimmt gut war in ihrem Job, aber nicht so gut wie O'Reilly. Wenn er Harber gefunden hatte, was hatte er noch gewusst? Obwohl er einen zeitlichen Rückstand gehabt hatte gegenüber Sara, hatte er sie weit überholt und sich reingebissen in den Fall. So sehr, dass es anderen wehgetan hatte und sie reagieren mussten. *Was hast du herausgefunden, O'Reilly?!*

Es war fünf Uhr morgens, als ich händchenhaltend mit meiner Glock aufwachte. Ich spürte einen leichten Schwindel und in meinem Mund den Geschmack von Erbrochenem und ich hatte nur einen Gedanken: *Raus, einfach nur raus.* Aber als ich mich aufgerichtet hatte und mich im Zimmer umsah, war alles ruhig. Keine hysterische Frauenstimme war zu hören, kein Rauch zu sehen, keine Hitze zu spüren, die vom brennenden Stuhl ausging, keine Panik zu fühlen, das Feuer könnte sich weiter ausbreiten und das Bett erreichen. Ich war erleichtert.

Ich griff zu meinem Blackberry, checkte Facebook und fand eine Nachricht von dem Wahrsagertypen aus Santa Barbara, der als *Magic C. R8thruU* unterwegs war.

Die haben den Typen identifizieren können. Das Bild ist sooft geteilt worden, das ist wohl flächendeckend angekommen – ich hab das selber viermal erhalten. Steht morgen wohl in allen Zeitungen. Der Typ heißt Nathan Weiner und stammt aus San Francisco. Zum SFPD hab ich keine Connections, sorry, aber er scheint noch nie auffällig geworden zu sein. Hoffe, das hilft dir erstmal!

Mir stockte der Atem. San Francisco? Keine Spur verlief bisher auch nur ansatzweise in diese Richtung, was wiederum nur eines heißen konnte: Nathan Weiner war beauftragt worden. Ein Auftragskiller. Damit hatte ich noch nie zu tun gehabt. Das Problem bei Auftragskillern ist, wenn du einen von ihnen erwischst, reduzierst du die Anzahl deiner Feinde nicht. Und sie bringen dich auch auf keine Spur. Diese Typen waren meist vorsichtig, kassierten die Kohle cash und benutzen Wegwerfhandys, wenn überhaupt. War ich zu leichtsinnig, mich hier alleine aufzuhalten?

Ich ging unter die Dusche – und selbst da hatte ich meine Glock griffbereit. Sah ich schon Gespenster? Ich hatte Phil Harber ganz normal im Telefonbuch von Niagara Falls gefunden. Er wohnte gar nicht weit von hier und er wohnte in der Nähe eines 24-Stunden-Fast-Food-Restaurants. Praktisch. Ich schwang mich in meinen GTX und fuhr erstmal frühstücken. Ich wollte einfach nicht länger in meinem Haus sein als eben notwendig.

Nathan Weiner – den Namen brachten nun auch der Buffalo Star und die Niagara Post in ihren ersten Facebook Postings. Ein unbescholtener Bankangestellter aus Folsom. Der kleine Ort, dessen Gefängnis dank Johnny Cash so bekannt geworden war. Und Nathan Weiner hatte es nun geschafft, einer der Insassen zu werden. Ich mochte Cash, stand aber dieser Gefängnisromantik immer etwas skeptisch gegenüber. O'Reilly konnte dem Ganzen sicher nichts Romantisches mehr abgewinnen.

Der Star hatte sogar schon ein Interview mit einem ehemaligen Schulkameraden gebracht. Eigenbrötler, latent aggressiv, die

Klassenkameraden ließen ihn wohl in Ruhe. Eher gelangweilt las ich den aufgebauschten Artikel, dessen Hauptquelle seit Jahrzehnten keinen Kontakt mehr zu dem unfreiwillig prominent gewordenen Weiner hatte und ich fragte mich, wen die wohl bei mir ausgegraben hätten in so einem Fall. Die kleine Catrice vielleicht? Den ersten Kuss vergisst man ja nie, zumal er sehr feucht gewesen war. Oder den *zahnlosen Ken*, der seinen Namen nach einer Schlägerei mit mir bekommen hatte, nachdem er mich bei unserer Klassenlehrerin verpfiffen hatte wegen … Weiß ich gar nicht mehr, war aber damals Grund genug, ihm eine zu verpassen. Und da er meinte, sich wehren zu müssen, waren es dann ein paar Schläge mehr, die er einstecken musste. *Eigenbrötlerisch, latent aggressiv* – naja, auf latent wäre bei mir keiner gekommen … Schlimmer wäre vielleicht Catrice, weil die behaupten könnte, ich sei ein schlechter Küsser, auch wenn hunderte von Frauen nach ihr sicher das Gegenteil behaupten würden.

Es war zwanzig vor sieben, als ich meinen GTX in die Portage Street steuerte, etwas außerhalb, nördlich von Niagara Falls. Ich parkte vor einer Pizzeria, die direkt neben dem Haus lag, in dem Phil Harber wohnte, der sicher innerhalb der nächsten zwei Stunden zur Arbeit gehen würde. Ich hatte noch keinen Plan, was ich machen würde. Einfach klingeln? Ihn beim Herausgehen ansprechen? Ihm folgen? Was sollte das bringen? Ich wusste, wohin er fuhr. Aber lange Zeit zum Nachdenken blieb mir nicht, denn plötzlich stand jemand neben meinem Wagen und mein Griff zur Waffe wäre zu spät gekommen.

»Du kannst hier nicht stehen!«

Die Schnalle duzt mich, frech! Aber dann drehte ich mich um und sah ein bekanntes Gesicht.

»Lanahan, das ist interessant.«

Maureen Lanahan, CIA. Lange war es her, dass sich unsere Wege gekreuzt hatten, aber doch erkannte ich sie sofort.

»Die Pizzeria macht um elf erst auf, ich muss dich bitten, deine Mandarine hier wegzufahren.«

Mooooment! Mein GTX war feuerrot. Meinetwegen konnte man es noch als Blutorange bezeichnet, aber Mandarine? Suchte sie Streit?

»Das ist ein freies Land, oder? Ist der Pizzeria-Parkplatz jetzt CIA-Übungsgelände? Und seit wann darf die CIA im Inland ermitteln?«

»Halt die Klappe!« Lanahan blickte sich unruhig um. »Sehr lustig, Rich, sehr lustig. Aber du gefährdest hier unseren Einsatz.«

»Ihr beschattet Phil Harber?«

»Wenn du es sowieso schon weißt: ja, routinemäßig. Aber wirkungslos, wenn er weiß, dass er beschattet wird. Und sind wir mal ehrlich, deine Mandarine ist nicht gerade unauffällig. *Orange Press* nannte mein Chef früher deine Berichte im *Star*, falls du dich erinnerst.«

»Auch sehr witzig, obwohl das ernsthafter Journalismus war und keine Yellow Press, worauf er sicher anspielen wollte. Und ich bin seit Jahrzehnten nicht mehr bei der Zeitung.«

»Ich weiß, aber du musst hier jetzt wirklich weg. Ich würde dich gerne später nochmal treffen, ich hab da ein paar Fragen an dich.«

»Okay, wo?«

»Prospect Point um halb zehn?«

»Ich werde da sein.«

Hunderte Male war ich schon da gewesen und immer wieder faszinierten mich die Niagarafälle. Es war ein fast magischer Platz. Eine Zeit lang war ich sogar ziemlich regelmäßig dort, vor allem in meinen wilden 20ern. Und für die Mädels war es immer etwas ganz besonderes gewesen, wenn man ihnen erzählte *Du bist das erste Mädchen, mit dem ich hier oben stehe und ich frage mich, warum die ganzen Menschen hierherkommen wegen dem bisschen Wasser, wo die eigentliche Attraktion direkt neben mir steht und mich anlächelt …*

Und so war ich das erste Mal in meinem Leben an den Fällen mit Mandy gewesen. Aber natürlich auch mit Angela, mit Kathleen und Ivy, selbst mit über dreissig hatte mir Jolie Niles die Story noch geglaubt. Jolie Niles – die erste Frau, die mir das Gefühl gegeben hatte, erwachsen zu sein. Sie war ein Augenschmaus gewesen, keine Frage, aber ihr andauerndes Gekicher war mir schon auf der Fahrt dorthin auf den Zeiger gegangen. Jolie war Kassiererin im Pocketeer Billards gewesen, wo Vince und ich seinerzeit viele unserer Freitag Abende verbracht hatten, vor allem, wenn Vince vorgegeben hatte, länger arbeiten zu müssen, um mal ein paar Stunden für sich haben zu können. Damals, als Stuart und Val noch nicht einmal in den Kindergarten gegangen waren. Ellen sollte mir dankbar sein, denn das hatte ihn davon abgehalten, weitaus Dümmeres zu tun. Und leider hatte Vince meist gewonnen, so dass der Blumenstrauß am Samstag immer ein bisschen größer ausfallen konnte.

Sie war pünktlich. Und sie war elegant, wie sie es eh und je gewesen war. Auch wenn sie heute eher praktisch gekleidet war, sah man unter ihrer dunkelblauen Stoffhose schwarze Nylons und bei den Schuhen konnte sie auf ein bisschen Absatz nicht verzichten. Wie alt mochte sie sein? Ich hatte Maureen im Ruhestand erwartet, aber auch wenn die Jahre nicht spurlos an ihr vorbeigegangen waren, so war sie doch immer noch eine attraktive Lady, die trotz ihres harten Jobs immer penibel auf ihr Äußeres achtete und leider auch immer noch viel zu großzügig mit dem Parfum umging. Sie mochte fruchtige Düfte und sie umgab solch eine Giorgio Armani-Wolke aus Himbeere und Lychee, dass ich froh war, dass sie einen Platz im Freien ausgesucht hatte.

»Hi«, hauchte sie mir zu.

Eine Weile standen wir nur da und blickten beide auf die Niagarafälle und ich fragte mich, ob irgendwann eines Tages hier oben Gina neben mir stehen würde. Komisch, dass ich in diesem Moment an sie dachte. Ich stand gerne hier, eigentlich war ich richtig vernarrt in diesen Platz, aber ich hatte nie etwas Romantisches darin gesehen. Mit Allyssa war ich nie hier gewesen. Hier draußen konnte ich es wagen, an die Frau zu denken, die mir so viele schlaflose Nächte beschert hatte. Ob die einstweilige Verfügung noch galt? Fünfzig Yards – näher durfte sie sich mir nicht nähern – und ich hoffte, das blieb für immer so.

»Hi«, sagte ich.

»Okay, Rich – warum warst du heute Morgen bei Phil Harber?«

Maureen kam sofort zur Sache. Sie kannte kein Antasten, egal, ob es um Sex oder um Verhöre ging. Sie mochte keinen Small Talk und das war einer der Gründe, warum ich sie mochte.

»Du weißt doch, Maureen, wir haben alle unsere Quellen. Ihr gebt eure doch auch nicht preis, das gilt für BaD genauso.«

BaD – irgendwann um 1990 herum nannte ich meinen Plymouth BaDmobil. BaD nach Baker and Doyle. Mit gut fünfunddreissig fing ich an, das albern zu finden, aber neben Maureen Lanahan kamen mir gerade die alten Zeiten wieder in den Sinn.

Sie lächelte und es musste in ihren Augen wahnwitzig klingen, wenn ich die CIA und BaD in einem Atemzug nannte, aber ich hielt ihrem herausfordernden Blick stand.

»Vielleicht sollten wir nochmal auf meine guten, alten Verhörmethoden zurückkommen«, sagte sie mit einem gefährlichen Mix aus honigsüßer Schmeichelei und einem leichten Unterton einer Gefängniswärterin und ich schluckte. »Wobei der Spaß ja beim letzten Mal auf der Strecke blieb – so schnell, wie du mir alles erzählt hast, damit ich dich gehen ließ«, spottete sie.

Sie hatte eine Peitsche in der Hand gehabt. Eine *Peitsche*! Ich weiß nicht, wie sie darauf gekommen war, dass ich da mitspielen würde. Ich hatte mich noch nie so schnell angezogen und war in die Nacht gerannt und war irgendwas zwischen fassungslos und fasziniert gewesen. Ich hatte auch noch oft daran gedacht. Manchmal sogar gedacht, es wär feige gewesen. Warum nicht einmal was ausprobieren? Um mir im nächsten Moment den Vogel zu zeigen. Aber sie konnte Parfum auflegen, so viel wie sie wollte, der Duft, der sich immer über alle anderen Düften legen würde, war der Duft der Macht. Und der war immer noch anziehend. Die Art, wie sie mich ansah, irritierte mich.

»Was ist los, Rich?«, fragte sie mich, als sie meinen nachdenklichen Blick sah. »Kein Interesse mehr an den wilden Zeiten? Oder gibt es da jemanden?«

Ich wollte sie empört ansehen, brachte aber nur ein Achselzucken zustande.

»Ist es die Kleine?«

»Welche Kleine?«

»Sara Anderson. Wir haben alle im Umfeld von O'Reilly durchleuchtet und ihr GPS sagt, sie war in deinem Büro und sie war bei dir zuhause. Ich verstehe dich schon, das sind vierzig Jahre Unterschied zwischen ihr und mir. Vierzig Jahre, die ich nicht leugnen kann.«

Ich sah sie an und schüttelte den Kopf.

»Da läuft nichts zwischen uns. Also, da ist etwas zwischen uns, aber nicht das, was du denkst.«

Dann stockte ich – was genau wusste sie über Sara? Und ich fragte sie direkt, aber Maureen winkte nur ab.

»Vorgesetzte von O'Reilly, aber nach allem, was wir bisher wissen, nahm er sie nicht besonders ernst. Das einzige, was sie ins Rampenlicht bringt, ist, dass sie bei dir war. Und wenn du sagst, da war nichts, frage ich mich, warum war sie dann bei dir?«

»Als gute Freundin – tut mir Leid, aber das muss dir genügen.«

»Sie ist also eine Klientin«, schloss sie sofort. »Aber womit hat sie dich beauftragt?«

»Sie ist eine gute Freundin, sonst nichts – du fischt im Trüben.«

Sie lächelte. »Das wissen wir beide besser, oder? Gut, Phil Harber – was kannst du mir darüber sagen?«

Auch nicht viel, dachte ich.

»Ein Vögelchen hat mir gezwitschert, dass er der einzige war, der bei Hedderby Chemicals angestellt war und noch vor der Übernahme zu NCS wechselte. Ich hatte versucht, Daten über ihn zu sammeln, aber er hinterließ keine digitale Spur. Kein Zeitungsbericht, im Internet ein Geist, er ist unsichtbar. Daher wollte ich ihn mir ansehen.«

Maureen nickte und schmunzelte ob der Widersprüchlichkeit meines letzten Satzes, die mir auch auffiel, nachdem er gesagt war.

»Harber war ein kleines Licht bei Hedderby Chemicals«, fuhr ich fort. »Aber offenbar hatte er einen guten Riecher, hat rechtzeitig den Absprung geschafft, arbeitete sich hoch zum Laborleiter und ohne dass er je irgendetwas publiziert hätte oder sonst irgendwo in Erscheinung getreten wäre, wird der Mann auf einmal Mitglied der Geschäftsführung einer der bedeutendsten Chemiegiganten im Osten der USA.«

Maureen nickt wieder.

»Aber bei Hedderby war er ein Niemand. Er war auch noch sehr jung, es kann tausend Gründe gegeben haben, warum er gewechselt hat. Und doch ist er der einzige, der von Hedderby zu NCS wechselte – da fragt man sich schon, wie passt das zusammen? Wie seid ihr überhaupt auf ihn gekommen?«

Maureen lachte.

»Weißt du, nicht nur *BaD* hat seine Quellen, die HSI auch.« Und sie fügte augenzwinkernd hinzu: »Und die sind fast so geheim wie die von BaD.«

Prima. Sie machte sich also lustig über mich. Und sie hatte den Verein gewechselt. Homeland Security Investigation – jetzt verstand ich auch den Grund ihrer Zuständigkeit.

»Nur weiter so«, drohte ich grinsend. Dabei war mir längst klar, wie sie auf Harber gekommen war.

»Ich beneide euch oft um eure Möglichkeiten. O'Reilly hat Harber kontaktiert, richtig? Was habt ihr gemacht? O'Reillys

Emails gelesen? Handy ausspioniert? Facebook-Account geknackt?«

»Ja«, grinst Maureen.

»GPS verfolgt?«

»Auch.« Und nun sah sie mich wieder forschend an: »Nervös?«

»Nein, wieso?«

»Wo warst du am letzten Mittwoch gegen 16 Uhr nachmittags?«

»Gegen?«

»15:55 bis 16:23.«

Ich grinste. *Gegen ...*

»Wieso?«

»Weiß nicht, erzähl du es mir? Weil O'Reilly da bei dir im Büro war vielleicht? Oder war er es nicht und stand eine halbe Stunde davor und fuhr wieder weg und du weißt von nichts? Ist es das, was du mir sagen willst?«

Ich schnaufte. O'Reilly war vor meinem Büro gewesen? *Deswegen hatte er meine Adresse gekannt und deswegen hatte er die Adresse dem Taxifahrer gegeben, der Sara zu mir fahren sollte.* Nicht, dass das alles jetzt mehr Sinn machte, aber ich hatte es im Gefühl, dass das ein wichtiges Puzzlestück sein könnte.

»Mittwochnachmittag? War ich bei Jeff im *Star*. Ruf ihn an.« Ich sah nachdenklich in Richtung Niagarafälle. »Oder kontrollier meine GPS-Daten.«

»Nun werd´ nicht gleich zickig«, schmollte sie. »Ich versuch´ auch nur, die Puzzleteile, die ich habe, zusammenzufügen.«

»Wie seid ihr eigentlich auf O'Reilly gekommen?«

»Rich« – und das klang fast mitleidig – »Du weiß doch, wie das läuft. Du gibst ein paar Mal die falschen Suchbegriffe ein bei Google, besuchst die falschen Internetseiten oder hältst dich sogar in zwielichtigen Foren auf. O'Reilly war immer auf unserem Schirm, ein kleines Licht nur, aber war immer politisch aktiv. Vor allem Außenpolitik schien ihn zu interessieren, aber nicht nur. Ich las von ihm eine Abhandlung auf Facebook über die Love Canal Affäre – die war außergewöhnlich gut.«

»Hab ich auch gelesen«, stimmte ich zu und Maureen schien das nicht zu überraschen.

»Sehr politisches Zeug für einen Journalisten, den der *Mercury* über die zweifelhafte Verkehrstauglichkeit der New Yorker Taxiflotte schreiben ließ oder über die Preisexplosion von Bacon.«

Ich schmunzelte, da mir einige eigene Beispiele in den Sinn kamen.

»Was ich von ihm gehört und was ich von ihm gelesen habe, passt nicht zusammen. Er war alles andere als ein Blender, seine Beiträge im Mercury waren reißerisch, aber seine privaten Postings über Themen, die ihn wirklich interessierten, waren extrem auf den Punkt.«

Maureen machte eine entschuldigende Geste.

»Was sollten wir machen, wir können nicht jeden überprüfen. Wir haben so viele Daten von so vielen Menschen, dass wir ein Problem haben, die wichtigen herauszufischen. Früher hatten wir zu wenige, heute sehen wir manchmal den Wald vor lauter Bäumen nicht. Natürlich gab es Anzeichen, aber O'Reilly war Journalist – der war permanent auf irgendwelchen Seiten, die ihn bei uns auf den Radarschirm brachten. Aber wir gingen davon aus, dass es Recherchen waren. Politik- und Wirtschaftsskandale der jüngeren amerikanischen Geschichte oder so. Love Canal, die Grundwasserkontaminierung in Woburn, der Enron-Skandal – das wären durchaus Themen gewesen für ihn.«

»Wieso, war O'Reilly ein Baumknutscher oder was?«, fragte ich irritiert – das passte nun auch wieder nicht zu meinem Bild von ihm. Aber was passte da schon.

»Werd´ nicht albern, Rich. O'Reilly hatte nur das Ohr an der Zeit – und das ziemlich nah. Wie gesagt, er war Journalist. Dieser Chemie- und Physiklehrer, den wir neulich in der Mangel hatten, das war ganz was anderes. War immer ein weißer Punkt, auf einmal gibt der Typ Suchbegriffe zur Anleitung vom Bau von

Sprengsätzen in Google ein, macht sich in sehr zweifelhaften Foren schlau über alles, was man zum Bau einer schmutzigen Bombe benötigt und dann erzählte er uns, er schriebe ein Buch. Einen Weltuntergangsthriller und schwärmte von einer Verfilmung mit Denzel Washington und Scarlett Johansson.«

Maureen schüttelte den Kopf.

»Und wie kam er vom Haken?«

»Wir haben das Buch gelesen. Ich weiß, was du sagen willst«, sagte sie genervt und wich meinem Blick aus. »Wäre er Mitglied einer terroristischen Gruppe gewesen, hätte es wohl ein Tarnbuch gegeben, das man in solchen Fällen vorzeigen kann. Aber das Buch war gut – zu gut, man hätte es selbst fast als Bausatz für eine Atombombe nehmen können – natürlich wurde die Veröffentlichung verboten. Und er wird bis zum Ende seines Lebens ein offenes Buch für uns sein.«

Langsam füllte sich der Platz mit mehr Menschen – die Begegnung mit Maureen Lanahan war nun bald wieder beendet. Ich fand es das erste Mal nicht deshalb schade, weil wir heute keinen Sex haben würden, sondern es ein richtig gutes Gespräch gewesen war. Ich hatte keine Ahnung, warum sie mir so viele Dinge anvertraut hatte, aber auch damals hätte ich nichts von dem Gehörten für meine Zwecke ausgenutzt. Auch wenn Maureen etwas anders war, oder vielleicht *weil* sie etwas anders war, hatte ich sie immer schon respektiert.

»Tja, Rich. Wenn es die Kleine nicht ist …«

»Ist sie nicht, wie gesagt.«

»Ich hoffe, wer es auch immer ist, sie ist es wert. Und Rich …«

»Was?«

»Wenn diese Frau, wer immer sie sein mag, dir das Herz bricht – ich werde wissen, wo ihr Auto steht.«

Das war ihr ganz besonderer Humor. Nachdem sie mich auf die Wange geküsst hatte, ging sie, ohne sich noch einmal umzudrehen, und ich fragte mich, als sie aus meinem Sichtfeld verschwand, ob das hier ein dienstliches Treffen gewesen war oder ein persönliches. Hatte sie mich wirklich auf dem Schirm? War das ein Treffen mit mir wert oder ging es um etwas anderes? War sie einsam? Oder hatte sie einen Verdacht, weil O'Reilly vor meiner Tür gestanden hatte?

Bevor ich den GTX startete, rief ich Sara an und gab ihr mit ein paar Informationen das Gefühl, dass ihre 200 Dollar pro Tag gut angelegt waren. Wobei mir dabei einfiel, dass ich noch nichts davon gesehen hatte. Wir hatten nicht einmal irgendetwas Schriftliches festgehalten. Ich war mir ziemlich sicher, ich konnte ihr vertrauen. Ich war hin- und hergerissen, ob ich noch eine weitere Nacht in Buffalo verbringen sollte und überlegte mir eine Möglichkeit, irgendwie an Harber heranzukommen, um ihm doch mal auf den Zahn zu fühlen. Nur, wie sollte das möglich sein, wenn Homeland Security wie eine Klette an ihm hing? Und ich befürchtete, wenn mich Maureen nochmal dabei erwischen würde, mit Harber reden zu wollen, würde sie ihre Handschellen nicht für Spielchen herausholen und zudem mächtig angesäuert sein. Das wollte ich mir nicht verderben. Letztlich konnte man nie wissen, wozu so ein Kontakt mal wichtig sein würde. Also sagte ich Sara, ich würde mich direkt wieder auf den Weg nach New York machen. Spontan bot sie mir wieder das Gästezimmer in ihrer Villa in Rye an und ich wusste, wenn ich die lange Fahrt in den Knochen hätte, würde ich nirgendwo lieber schlafen wollen. Zumal ja immer noch zwei Leute vom privaten Personenschutz über uns wachen würden.

Mein GTX schluckte Benzin wie ich früher Bier. Nur, dass er sich vollgetankt geschmeidiger bewegte als ich im gleichen Zustand. Auf dem Weg nach Buffalo steuerte ich einen Starbucks an und las in meinem Blackberry die neusten Nachrichten. Der NYC Mercury hatte inzwischen den Mord an einem seiner Mitarbeiter gepostet und die Bevölkerung um Mithilfe gebeten. Einer der Gäste der Vernissage hatte ein Phantombild von der älteren Dame zeichnen lassen, allerdings war das Gesicht darauf kaum zu erkennen. Dafür konnte sich der Zeuge wohl sehr gut an den auffälligen Hut erinnern, der fast ihr ganzes Gesicht bedeckt hatte. *Diese Zeugin wird gesucht,* titelte das Blatt recht unreißerisch, zumal sie nicht als Verdächtige, sondern als Zeugin betitelt wurde. Ich fand *Wer kennt diesen Hut?* wäre der passendere Titel gewesen.

Der Buffalo Star brachte die Festnahme von Nathan Weiner noch einmal im Rahmen der routinemäßigen Veröffentlichung der Namen aller, die mit dem Gesetz in Konflikt geraten waren. Die Ausnahmen bildeten nur minderjährige Straftäter, weil man denen nicht ihre Zukunft verbauen wollte, und Straftäter, die aufgrund von häuslicher Gewalt festgenommen worden waren. Ihre Namen wurden aus Rücksicht auf die Opfer nicht veröffentlicht. Aber der Text war kurz und brachte nichts Neues. Zeit, sich wieder zum BaDmobil zu bewegen.

Kapitel 14

Sara sah wieder sehr elegant aus, als sie mir die Tür öffnete. Ich dachte erst, ich käme ungelegen, aber sie war alleine. Welche Frau trug eine weiße Bluse und einen schwarzen Rock, der ihr über die Knie ging, und dazu schlichte, schwarze Pumps mit einem kleinen Absatz, wenn sie alleine zuhause war? Für einen Moment kam mir in den Sinn, ob sie sich für mich so schick gemacht hatte, aber den Gedanken konnte ich gar nicht so schnell in meinem Kopf entwickeln, wie ich ihn schon wieder verworfen hatte.

»Kaffee?« *Den* hatte sie für mich gemacht. Ich merkte das daran, dass er sehr stark war und sie wusste, dass ich ihn so trank.

Ich fragte sie, was es Neuigkeiten gäbe, aber natürlich hatte auch sie keine NYPD-App, die mal eben die neusten Erkenntnisse im Mordfall O'Reilly auf das Handy zauberte. Vielleicht würde ich morgen mehr erfahren. Gleich morgen früh wollte ich Gina anrufen und ich hoffte, dass sie im Büro sein würde. Hatten Detectives nicht auch mal sowas wie freie Tage?

Ich hätte gelogen, wenn ich behauptet hätte, Sara nicht immer mal wieder einen Blick zugeworfen zu haben. Aber auch, wenn es mir keiner geglaubt hätte – also zumindest keiner, der mich ein bisschen besser kannte – kam es mir in keiner Sekunde in den Sinn, dass mit Sara und mir an dem Abend etwas passieren sollte. Dabei wäre sie wirklich nicht die erste Frau in dem Alter gewesen, da hatte es schon einige in den 20ern gegeben, die interessant genug für einen kurzen Spaß zu zweit gewesen und die meinem unverwechselbaren Charme erlegen waren. Aber Sara war eine zarte Blume, die ich beschützen und nicht brechen wollte. Und so waren meine Blicke auch zu deuten, so wie man eine schöne Blume anschaut. Man nimmt sie sich nicht, reißt sie nicht aus dem Boden heraus, sondern man genießt nur ihren Anblick, macht ein inneres Foto für die Ewigkeit. Es war ein Abend, den ich nie in meinem Leben vergessen würde, auch wenn wir nur geredet hatten. Oder vielleicht genau weil wir nur geredet hatten.

Wir begannen bei Boyd und Cipriani, den beiden Bodyguards vom privaten Personenschutz, die ich vermisste. Stattdessen waren irgendwo da draußen Hull und Luiz-Sempere. Und ein Typ war bei Samantha, an seinen Namen konnte sich Sara nicht erinnern. Samantha war offensichtlich nur an den Wochenenden und am Dienstag hier in Rye. Die anderen drei Nächte verbrachte sie in ihrem Apartment in Manhattan, das also, wie ich vermutet hatte, nicht Sara gehörte.

»Samantha braucht Manhattan. So, wie ich gerne nach hier draußen komme, um mal richtig durchatmen zu können, so braucht Samantha die New Yorker Luft, die Lichter der Nacht, das gesellige Treiben in den Restaurants und Clubs von Manhattan. Sie kennt hunderte von Menschen und hat sie gerne um sich. Ich liebe es, mal alleine zu sein. Auch wenn ich es noch mehr liebe, mit Samantha alleine zu sein – du hast sicher schon gemerkt, dass …«

Ich nickte. Es war bis dahin nur eine Vermutung gewesen.

»Ich hab ein bisschen Salat vorbereitet mit Putenstreifen – wenn du also Hunger hast?«

Und wie ich Hunger hatte! Auch wenn Salat nicht gerade meine erste Wahl gewesen wäre.

»Willst du deine Sachen schon mal nach oben bringen, dann geh ich eben in die Küche und dann decke ich im Esszimmer, okay?«

Ich nahm meine Tasche, in der nun wirklich fast alles drin war, was mir noch etwas bedeutete – abgesehen von meiner Schallplatten- und CD-Sammlung – und ging die Treppe hinauf in das Gästezimmer im Anbau. Also in das, das nach hinten hinaus lag. Ich setzte mich auf das Bett, das ein bisschen nachgab, aber auf dem eine recht harte Matratze lag, die meinem Rücken sicherlich guttun würde. Ich hörte, dass Sara die Treppe auch hochkam, aber direkt hier die Treppe im Anbau benutze.

»Alles gut bei dir?«, fragte sie.

»Ja, das Zimmer liegt toll! Ich meine, man kann direkt zum See sehen von hier aus – das ist so schön. Aber was ist hier oben alles?«

Sara zögerte einen Moment, dann sagte sie: »Was soll 's. Hausführung gefällig?« Ich nickte. Ehrlich gesagt war ich froh, mal einen Moment nicht an den Fall zu denken und ein bisschen Luft zu holen. Und das Haus war atemberaubend schön und ich freute mich, es etwas genauer kennenzulernen.

»Also, wir befinden uns gerade im Anbau. Der ist, wie der Name schon sagt, erst später dazugebaut worden. Allerdings ist er nicht annähernd so luxuriös wie der Rest des Hauses. So, wie mir Marcy, die Pflegerin meiner Großmutter, erzählt hat, waren hier im ersten Stock des Anbaus wohl immer schon die Gästezimmer. Das hatten auch die Vorbesitzer so gehalten. Gegenüber ist ein Duschbad. Es ist klein, aber mit allem ausgestattet, was man so braucht. Das Zimmer neben dir ist etwas kleiner und ebenfalls für Gäste gedacht. Die Tür zum ersten Stock ist normalerweise geschlossen. Ich habe sie nur aufgemacht, damit du den Weg leichter findest, aber nachher werde ich sie wieder schließen.«

Wir gingen durch die Durchgangstür ins Haupthaus zurück und sie schloss sie dann ab.

»Der erste Stock ist Samanthas Bereich.«

Der ganze erste Stock?

Samanthas Schlafzimmer zeigte sie mir nicht, aber so viel Flur, wie daran entlangführte, musste es sehr groß sein. Wir gingen an der Frontseite entlang, bis uns der Gang nach links führte.

»Wir sind jetzt an Samanthas Schlafzimmer vorbeigegangen und an dem begehbaren Kleiderschrank, zu dem man nur von ihrem Schlafzimmer aus einen Zugang hat.«

»Und was liegt geradeaus? Der Raum geht ja jetzt direkt an die Wand, also hat einen Blick hinaus.«

»Das ist Samanthas Galerie. Sie malt selber auch sehr gerne, zur Entspannung. Das Cover von ihrem Buch zum Beispiel hat sie selbst gezeichnet. Das war wirklich der Blick von ihrem Haus auf den See. Und das Bild hat sie mit vierzehn gemalt.«

Sara erzählte das mit einer Spur Hochachtung. Und das zu Recht, denn wenn es eine Zeichnung auf ein Cover eines Bestsellers schaffte, dann war sie gut. Sehr gut sogar. Dennoch reichte es wohl nicht, um von der eigenen Kunst leben zu können. Aber es half ihr offenbar, ein Gefühl dafür zu entwickeln, welche Kunst etwas taugte und welche nicht.

»Gegenüber ist ihr Badezimmer – es hat zwei Eingänge: einen von ihrem Schlafzimmer aus und einen hier gegenüber.«

Sie knipste das Licht an und ich dachte nur, dass ich so etwas noch nie gesehen hatte. Eine Dusche, in die man mit einem Rollstuhl hineinfahren konnte, so groß war sie. Daneben waren ein Whirlpool und dahinter zwei Waschbecken und ein Schminktisch mit beleuchtetem Spiegel. Und hinter der Milchglastür am Ende lagen dann die Toiletten. Das waren zwei Kegelbahnen hintereinander – es sah ein wenig dekadent aus. Und dieses Stockwerk bewohnte sie quasi alleine, obwohl das Saras Haus war?

»Bitte nicht reingehen, das wäre Samantha sicher nicht recht.« Sara flüsterte fast und so als befürchtete sie, ihre Mitbewohnerin könnte jeden Moment nach Hause kommen, knipste sie das Licht nach wenigen Sekunden schon wieder aus.

Weiter geradeaus ging es dann in ein riesiges Wohnzimmer mit einer breiten Fensterfront zur Seeseite, zwei großen Fenstern nach vorne heraus und geradeaus ging es auf eine Terrasse, die fast so groß war wie die Grundfläche von meinem Haus. Irgendwo in der Ecke gab es noch ein kleines Kaminzimmer – Querstrich kleine Bibliothek – mit einem Regal, in dem nur Krimis standen.

»Da sitzen wir oft im Winter zusammen, das ist schön kuschelig durch den Kamin«, sagte Sara.

»Und das Wohnzimmer? Ihr habt doch unten eines …?«

»Naja, das hier ist Samanthas Wohnzimmer – unten ist unser gemeinsames Wohnzimmer, aber trotzdem sind wir meistens hier, wenn wir zusammen fernsehen oder lesen. Aber wir brauchen beide mal unsere Freiheiten«, meinte sie und ich meinte herauszuhören, dass vor allem Samantha ihren Rückzugsraum brauchte.

Das Erdgeschoss kannte ich ja schon, also gingen wir hinunter in den Keller und wenn ich je Bauklötze gestaunt hatte, einen Ausdruck, den ich irgendwie nie verstanden hatte übrigens, dann hier. Direkt von der Treppe gelangte man in ein hauseigenes Kino mit einer Leinwand, die vielleicht mit den modernen Kinos nicht mehr mithalten konnte, wohl aber mit den kleinen Leinwänden der Kinos, die wir als Jugendliche aufgesucht hatten, in denen wir unsere ersten Küsse erlebt und in denen ich zum ersten Mal meine Hand in der Bluse eines Mädchen gesteckt hatte. Sie war straßenköterblond gewesen und hieß Joana. Hier standen einige Reihen echten Kinomobiliars in violettem Samt, aber auch zwei Liegesessel.

»Es gibt einen modernen Beamer – wir haben Video on Demand, also so zweimal im Monat etwa schauen wir uns hier die neusten Filme an.«

Hänsel und Gretels Knusperhäuschen war ein Fliegenschiss dagegen – hier wurden Jungenträume wahr. Ein eigenes Kino! Wie geil war das denn, bitte? Wir drehten dann um und gingen den Keller weiter entlang. Rechts und links waren kleine Räume, Heizungskeller oder sowas. Dann gab es auf der rechten Seite eine Waschstraße mit zwei Waschmaschinen, einen Wäschetrockner und daneben ein Bügelbrett.

»Und hier ist einer meiner Lieblingsräume«, zeigte sie mir dann stolz einen voll ausgestatteten Fitnessraum mit zwei Laufbändern, einem Indoorcycle und einem Crosstrainer.

Am Ende gab es dann noch einen kleinen Raum, an den ein kleines Badezimmer angeschlossen war. Hier hätte des Öfteren Maurice Woods Tochter übernachtet, wenn sie zu Gast gewesen war, verriet mir Sara. Der Raum war von Tapeten über Teppiche, Bettwäsche, Vorhänge bis hin zu den Nachttischlampen in Rosa und Pink gehalten. Den Gang weiter kam man dann in die Garage, in der normalerweise der Challenger stand.

»Da hinten ist noch ein kleiner Raum, für den wir bislang noch gar keine Verwendung haben«, sagte sie und zog mich weiter.

Dann gingen wir von dort die Treppe hinauf und gelangten in Saras Bereich. Sara bewohnte in ihrer eigenen Riesenvilla gerade mal ein Schlafzimmer, das nur unwesentlich größer war als das Gästezimmer, in dem ich untergebracht war! Auch das führte zu einem kleinen, begehbaren Kleiderschrank. Der Nachbarraum war ein kleines Arbeitszimmer, in dem ein unspektakulärer, weißer Schreibtisch und weiße Regale standen mit allerlei Fachliteratur aus ihrem Journalistik-Studium. Ihr Badezimmer war genauso groß wie das Gästebad. Insgesamt war der ganze Bereich, den Sara bewohnte, kleiner, als alleine das Schlafzimmer von Samantha groß war. Ich musste mir immer wieder ins Gedächtnis rufen, dass dies eigentlich das Haus von Sara war.

»Wein zum Essen?«, fragte sie mich und ich sagte nicht Nein.

Wir gingen zurück zum Esszimmer und ich genoss das erste Mal ihre Kochkünste – die Putenstreifen waren zart und richtig lecker. Da verstand jemand etwas von der Zubereitung.

Ich erzählte ihr dann von dem, was ich in Buffalo und Niagara Falls Neues gehört hatte. Also fast alles.

»O'Reilly war in Niagara Falls?«, fragte sie erstaunt. »Was, zum Teufel, hat er da gemacht? Was hatte er vor?«

»Naja, ich weiß nicht genau. Er hat sich nach NCS erkundigt.«

»Und was haben die Russen damit zu tun?«

Tja …

»Das ist die Frage aller Fragen. Die Vermutung läge nahe, dass O'Reilly vermutete, NCS hätte das Russlandgeschäft gemacht.«

»Nachdem Hedderby Chemicals gerade durch diese Sache in den Konkurs getrieben worden ist?«

Mir war klar, dass das Wahnsinn war.

Sara blinzelte mich an und trank einen Schluck vom roten, kalifornischen Wein. »Du hattest damals was zu tun mit dieser Geschichte, oder? Du hast viele Artikel darüber geschrieben im Buffalo Star. Warum warst du so interessiert?«

Ich atmete tief durch. »Ich war jung«, sagte ich fast entschuldigend. »Voller Illusionen. Und dein Vater war kein Heiliger. Wir haben alles gegen ihn zusammengetragen und es ergab ein Bild nach dem anderen, aber wir konnten ihm nie etwas beweisen.«

Ich nahm auch einen Schluck von dem kalifornischen und stellte fest, dass er mir zu süß war. »Und dann rief mich dieser Typ an.«

»Welcher Typ?«

»Tom.« Hilflos wedelte ich mit den Händen. »Tom.«

»Naja, den Nachnamen kann man schon mal vergessen nach so vielen Jahren«, sagte sie. »Passiert mir andauernd.«

Ich vergesse keine Namen!

»Nein, er stellte sich nur als Tom vor und ich war mir ziemlich sicher, dass selbst das nicht stimmte.«

»Ein anonymer Tipp also?«

»Er gab vor, ein Verwandter von ihm würde bei Hedderby Chemicals in der Buchhaltung arbeiten. Und dieser erinnerte sich daran, einen Beleg gesehen zu haben, eine Rechnung von einem Hotel.«

»Genau – wie war noch …«

»Humble Bay Castle.«

Sara nickte.

»Richtig, das Treffen in Toronto.«

»Die Rechnung war sehr hoch, aber sie wurde nie über die Firma gebucht oder bezahlt.«

Ungläubig sah Sara mich an.

»Aber wieso erzählt man sowas?«

»Angeblich aus Patriotismus. Sowohl dieser Tom als auch sein Onkel oder seine Tante oder wer auch immer in der Buchhaltung von Hedderby Chemicals saß, verfolgten das Verfahren gegen den Konzern und hatten den Beweis, dass die Geschäftsführung mit den Russen Geschäfte machte. Schlechtes Gewissen hier, Angst um den eigenen Job da – daher der anonyme Tipp.«

»Aber dann bringt es ja nichts. Ohne den Beleg hatte man ja keinen Beweis, außer die Aussage eines Buchhalters. Was war die wert?«

»Nichts – man hätte Personalakten gefälscht und glaubhaft versichert, dass diese Person kurz vor der Entlassung stünde und das nun eine Retourkutsche sei.«

»Hm ... Und dann?«

»Ich war Journalist«, grinste ich, allerdings nur ganz kurz. »Ich habe dann zwei Zimmer im Humble Bay Castle gebucht.«

»Wieso zwei?«

Ich druckste etwas herum, weil … so ganz stolz war ich auf die Sache nicht. Aber das Haus zahlte sich nicht von alleine ab.

»Ich bin dann hingefahren nach Toronto, habe eingecheckt und auf harten Typ gemacht. Gleichzeitig auf Familie, weil das andere Zimmer für meine Schwester war.«

»Du hast also eine Schwester – ich hätte auf Einzelkind getippt.«

Ich war etwas erstaunt.

»Womit du Recht hast. Ich habe keine Schwester. Am Abend, nachdem ich schon zweimal nachgefragt hatte, ob sie sich gemeldet hätte, ging ich mit einer Träne in den Augen zur Rezeption und bestellte ihr Zimmer ab. Erzählte etwas von einem Autounfall und Krankenhaus und einem gebrochenen Bein.«

»Bein – okay ...«

»Ja, ich sagte, sie hätte mir erzählt, sie würde nun eh schlafen und ich sollte morgen früh dann herkommen.«

»Wozu das alles??«

Ich sah Sara unschuldig an.

»Ich zeigte meine melancholische Seite und die Rezeptionistin hatte das dringende Bedürfnis, mich zu trösten.«

»Ach, komm!« Fast entrüstet lachte sie.

»Was sollte ich machen? Ich fragte, wann sie Feierabend hätte und traf mich mit ihr an der Bar. Ich erzählte ihr eine herzergreifende Geschichte von unserem Stiefvater, der meine Schwester verprügelt hatte und er aber davongekommen sei, weil seine neue Geliebte ihm ein falsches Alibi gegeben hätte. Dabei wüssten wir ganz genau, dass er hier in Toronto wäre, in diesem Hotel, auch wenn wir das nicht beweisen könnten ...«

»Wie naiv war die Frau? Das hat die alles geglaubt?«

»Sie war skeptisch, aber meine Überzeugungskraft war stärker. Es passierte auch erst nichts, wir tauschten Gedanken aus, lachten und ...«

»Du hast mir ihr geschlafen?«

Ich hob die Augenbrauen und schnaufte.

»Wegen einer Story?«, fragte sie entrüstet. »Weißt du, wie die Leute mich nennen würden, wenn ich so etwas machen würde?«

Klar wusste ich die Antwort, sprach sie aber nicht aus.

»Ich bin nicht stolz drauf, aber am nächsten Morgen durfte ich ihren Bildschirm fotografieren mit den Einzelheiten. Dein Vater hatte sich nicht einmal die Mühe gemacht, unter einem anderen Namen einzuchecken.«

Sara schüttelte den Kopf.

»So vorsichtig, wie er immer war?«

Ich zuckte mit den Schultern.

»Vielleicht war er größenwahnsinnig geworden. Wenn man immer alle an der Nase herumführt, wird man vielleicht irgendwann unvorsichtig.«

Sara lehnte sich kopfschüttelnd zurück.

»War sie hübsch?«

»Oh Gott, was spielt das für eine Rolle?«

»Das spielte keine Rolle?«, fragte sie ungläubig. Ich fand, das Moralische passte gar nicht zu ihr. Aber vielleicht wunderte sie sich eher, warum das Unmoralische so sehr zu mir passte.

»Es saßen zwei an der Rezeption – und ich nahm die, die nach leichterer Beute aussah. Und behielt Recht.«

»Also bist du im Grunde genommen …, also haben deine Recherchen ...«

»Ich bin verantwortlich für den Selbstmord deines Vaters – willst du das sagen?«, fragte ich direkt.

Sara nahm einen großen Schluck und füllte nochmal nach.

»Mein Vater war Gerichtmediziner und starb, als ich siebzehn war. Der Mann, von dem wir hier reden, hat nur Sperma geliefert – nach allem, was ich von ihm weiß, schäme ich mich, mit ihm verwandt zu sein.«

Sie schüttelte wieder den Kopf – oder immer noch?

»Was für eine Räuberpistole – die arme Frau von der Rezeption – du hast sie benutzt.«

»Was sollte ich machen? Ich hatte keine Polizeimarke, mit der ich wedeln konnte. Klar, mit so einem Ding erzählen einem die Leute alles. Also, die Bösen nicht, aber die Guten. Aber wenn man mit einem Presseausweis wedelt, gehen die Leute auf Abwehr. Niemand will etwas sagen, was dann hinterher in der Zeitung steht. Außer bei Wichtigtuern vielleicht, bei denen es dann aber meistens um die Glaubwürdigkeit nicht gut bestellt ist. Unser Ruf ist nicht der Beste. Schmierfink hat mich Baker immer genannt und Doyle auch, wobei Doyle manchmal noch ganz andere Ausdrücke dafür fand. Also muss man kreativ sein, wenn man will, das die Leute einem etwas sagen, auch wenn sie es gar nicht wollen.«

»Heftig«, meinte Sara.

»Und als ich das Foto hatte, hatte ich eine Story und konnte das Beweisstück an andere weiterleiten, die mit Marken wedeln konnten.«

Maureen Lanahan zum Beispiel.

»Aber ihm verdanke ich das hier alles.« Saras Hände machten einen riesengroßen Halbkreis über ihren Kopf. »Und ein gut gefülltes Konto.«

Dreckiges Geld, dachte ich, sagte aber nichts.

»Sag mal, mal was anderes: Wenn du so froh bist über das hier alles – warum ...«

Sara sah mich prüfend an.

»Warum hab ich nur zwei kleine Zimmer und Samantha fast den ganzen Rest? Das ist kompliziert ...«

Sagte sie und lachte. Der Wein schien bei ihr schon zu wirken. Deswegen nippte sie nur daran, wenn sie zum Beispiel auf einer Vernissage ein Glas angeboten bekam – Alkohol wirkte schnell bei ihr. Nicht, dass sie einen betrunkenen Eindruck machte, aber sie wirkte lockerer. Und ich hatte ihr Lachen kennengelernt.

»Du hast schon mitgekriegt, dass Samantha und ich, dass wir zusammen sind?«, fragte sie nochmal.

»Hatte so eine Ahnung«, meinte ich.

Sara lächelte.

»Samantha ist etwas ganz Besonderes. Wir sind die besten Freundinnen, sie kann sehr zärtlich sein und auch anders.«

»Anders?

»Ja, sie ist einfach das Beste, was mir passieren konnte.«

»Wie anders?«

»Sie hat immer einen guten Ratschlag oder nimmt mich einfach mal in den Arm, wenn ich es brauche.«

»Aber sie kann auch anders?«, bohrte ich.

»Sie kann ein Miststück sein«, lachte Sara. »Aber pssst.«

Ich wollte dann nicht weiter drängen und lehnte mich entspannt zurück. Mein Blick fiel wieder auf Sara und ich fragte mich immer noch ...

»Dass du so schick herumläufst zuhause ... Hattest du Besuch, als ich kam oder warst du auf dem Sprung?«

Konnte beides eigentlich nicht sein, da ich mich ja angekündigt hatte.

War das ein leichtes Erröten da auf ihrer Wange?

»Samantha mag es so.«

Verwundert runzelte ich die Stirn.

»Aber sie ist doch gar nicht da?«

»Gerade deswegen. So ist sie immer irgendwie bei mir. Ich lief früher nie so rum und auf keinen Fall wäre ich auf den Gedanken gekommen, zuhause so rumzulaufen oder gar bei der Hausarbeit einen Rock anzuziehen.«

»Und das alles machst du wegen Samantha?«

Ich sah sie an und schüttelte leicht den Kopf.

»Und deswegen wohnt sie hier wie eine Gutsherrin und du wie ein Dienstmädchen? Hast du nicht manchmal das Gefühl, sie nutzt dich aus?«

Sara wurde etwas sauer, beim Wort *ausnutzen* richtete sie sich auf.

»Jetzt pass mal auf! Ich sag dir mal was über Samantha: Samantha ist in New York angekommen, sie ist glücklich, es dorthin geschafft zu haben, sie liebt ihr Geschäft und sie liebt ihr kleines Apartment. Sie liebt es, abends nach einem langen Tag im Little Owl noch italienisch essen zu gehen, vielleicht einen trockenen Roten zu trinken. Oder in einem der Clubs Jazzmusik live zu hören, sich mit Freundinnen zu treffen oder mit Geschäftspartnern. Deswegen kommt sie auch nicht jeden Tag hier raus. Naja, deswegen und weil sie an manchen Abenden noch sehr lange im Geschäft sitzt.

Als ich dann damals dieses Haus geerbt habe, war sie zunächst ziemlich traurig. Traurig, weil ich nun so weit weg wohnte, weil ich nicht mehr jeden Abend in New York sein konnte. Samantha und ich – wir kommen aus verschiedenen Richtungen. Ich bin in Brooklyn aufgewachsen – an Niagara Falls habe ich keinerlei Erinnerungen. Ich kenne nur die Stadt. Hier draußen ist Luft zum Atmen – hier im Haus ist Platz, es ist wunderschön, der Garten ist ein Traum – ich bin vom ersten Tag an in dieses Haus verliebt gewesen. Aber es ist leer ohne Samantha. Und sie wuchs bei Rockland auf mit dem Seeblick auf den Chickawaukie Pond, weit weg von einer großen Metropole. New York war ihr Lebenstraum, dafür hat sie hart gearbeitet. Sie sagte einmal, als sie das erste Mal in New York ankam, hätte sie die Glücksgefühle in ihren Adern spüren können. Natürlich liebt sie das Haus auch, aber wenn sie hätte wählen müssen, wäre sie in Manhattan geblieben. Und das erste, was sie fragte, war, wer denn das Haus sauber halten sollte. Das Haus mit all den vielen Zimmern, der Riesenküche und dem großen Garten. Und da sagte sie ganz klar, dass ihr dafür die Zeit und auch die Lust fehle. Und eine Hausangestellte kam für sie nicht in Frage. Eine fremde Person, die alleine im Haus war, während wir arbeiteten? Undenkbar! Und wenn wir zuhause waren, wollten wir nicht, dass jemand dann unsere wenige Freizeit störte mit Staubsaugergeräuschen oder was weiß ich. Und der Gedanke an eine Fremde, die ihr Bett macht oder ihre Wäsche in den Fingern hat, und sei es nur, um sie in die Waschmaschine zu stecken, war ihr auch äußerst zuwider. So fing das überhaupt an damals. Ich bot an, dass sie sich um nichts kümmern müsse und sie bei mir zu Gast sei. Nur den Garten, darauf konnten wir uns einigen, dafür nehmen wir eine Gärtnerin.«

Sara hatte nun den größten Teil ihres Dampfes abgelassen, nahm noch einen Schluck Wein und lehnte sich wieder zurück.

»Sie behielt ihr Apartment in New York und ich bot ihr an, sie könne kommen, so oft sie wolle. Das hat sich nun auf meisten vier Nächte eingependelt. Freitag bis Sonntag und Dienstag. Wobei sie ab und an freitags gesellschaftliche Verpflichtungen hat. Im Laufe der Zeit hat es sich dann entwickelt. Ich fing an, es zu genießen, wenn ich sie bediente und sie fing an zu genießen, sich bedienen zu lassen, sich mal fallen zu lassen, sich mal nicht um alles kümmern zu müssen. Auch da sind wir ja ganz verschieden. Auch ich bin beruflich erfolgreich, aber ich bin gut in meinem kleinen Bereich. Ich muss mir keine Gedanken machen um Verträge mit Dienstleistern und so weiter – ich bin nur angestellt. Sie trägt die Verantwortung für das ganze Geschäft inklusive ihrer Angestellten. Ja, sie hat eine leicht dominante Ader und es macht ihr inzwischen ein bisschen Spaß, diese an mir auszuleben. Immerhin haben wir uns so ...« Sara hielt inne und lachte verlegen.

»Naja, jedenfalls ist das Tragen von Röcken und Kleidern eben ein Punkt, der ihr wichtig ist. Ob sie da ist oder nicht, spielt dabei keine Rolle. Natürlich war das für mich erstmal der Hammer. Röcke, das war was für ein Vorstellungsgespräch oder wenn Interviews mit ganz wichtigen Leuten angesagt waren, und selbst dann trug ich meistens Hosenanzüge. Aber ich tue es nun für sie und ich habe mich daran gewöhnt. Und was das Haus betrifft: Ich brauche kein eigenes Büro, keine eigene Bibliothek. In Brooklyn war das auch alles nur ein einziger Raum. Ich habe meine Bücher in meinem Zimmer und ich arbeite im Sommer gerne im Garten auf der Terrasse. Und ich liebe die Küche, koche gerne und schaue hinaus in den Garten, sehe den grünen Rasen und denke: *wow!* Und auch wenn Samantha manchmal die arrogante Gutsherrin spielt oder die gemeine Chefin – sie ist die beste Freundin, die ich je hatte. Es gab noch nie einen Menschen – außer meiner Mutter – dem ich so vertrauen konnte. Ich kann ihr alles sagen, es gibt keine Geheimnisse, keine unausgesprochenen Wünsche zwischen uns. Wenn ich ihre Hilfe brauche, ist sie da. Auf sie ist zu hundert Prozent Verlass. Die großen Entscheidungen, die treffen wir gemeinsam. Die wichtigen Dinge, da sind wir ein Team, ohne dass einer da eine führende Rolle beansprucht. Das andere ist ein Spiel. Ein Spiel, in dem sie vermeintlich die Regeln vorgibt – aber die gelten nur bei der Kleidung, im Haushalt und im Bett.«

Beim letzten Wort verschluckte ich mich.

»Aber sie tut alles, um mich glücklich zu machen, auch wenn es für dich anders aussehen mag. «

Ich nickte und war völlig fasziniert – fast beneidete ich sie. Sie hatte offensichtlich ein mehr als ausgefülltes Leben. Und sie war glücklich. Und sie hatte jemanden, um ihr Glück zu teilen.

»Und«, schloss sie, »die meisten Beziehungen gehen wegen Geld oder Haushalt in die Brüche. Geld ist bei uns kein Problem. Auch wenn mir dieses Vermögen in den Schoß gefallen ist: Wir hätten ja auch ohne das Erbe gut leben können. Wir betreiben beide einen hohen Aufwand, um unsere Jobs so ausfüllen zu können wie andere, aber auch und vor allem, wie wir es von uns selbst erwarten. Da hat man Respekt vor dem Geld. Gut, wir haben uns den Challenger geleistet. Wir fliegen ab und an nach San Francisco, waren auch schon in London und planen dieses Jahr, mal nach Paris zu fliegen. Wir gönnen uns hier und da mal etwas, okay. Aber wir schmeißen beide das Geld nicht zum Fenster raus. Also spätestens seit der Erbschaft ist Geld überhaupt kein Thema mehr. Und Haushalt eben auch nicht – da bin ich für zuständig und Punkt. Und das hat mit Ausnutzen nichts zu tun.«

Das musste ich erstmal alles verarbeiten. Das kleine Mädchen, das meine Tochter hätte sein können, erzählte mir da so offen von ihrer doch recht bizarren Beziehung, dass ich nicht wusste, ob ich sie lieber stoppen sollte. Was würde Samantha sagen, wenn sie es wüsste?

»Aber warum rechtfertige ich mich eigentlich?«, polterte sie weiter. »In jeder Beziehung gibt es ein Nehmen und ein Geben. Und ich frage mich, warum wir darüber überhaupt diskutieren. Es gibt unzählige Beziehungen, in denen Menschen etwas aufgeben, vielleicht aufgeben müssen. Die Frau, die Kinder kriegt und erstmal zuhause bleibt, die ihre Karriere aufgibt oder zulässt, dass sie um Jahre zurückgeworfen wird, oder wenn sich zwei ineinander verlieben, die in verschiedenen Städten wohnen und dann einer von beiden – oder sogar beide – ihre Heimat der Liebe wegen aufgeben müssen, Freunde, den Verein, die Familie zurücklassen. Träume können nicht verwirklicht werden, weil vielleicht gerne einer Haustiere haben möchte, der andere nicht. Oder einer träumt von einem Oldtimer, einer langen Reise, aber der Partner will lieber einen neuen Wintergarten – einer verliert.«

Sie redete ohne Punkt und Komma …

»Hast du noch nie irgendwelche Phantasien gehabt? Warst du noch nie in einer Beziehung und hättest dich gerne getraut, deinen Wünschen, deinem Verlangen nach Erfüllung erregender Träume nachzugeben und das alles mit der Person zu teilen, die du liebst? Der du bedingungslos vertraust? Und hast es dann gelassen, weil du Angst hattest, sie würde das nicht verstehen, sie würde dich mit anderen Augen sehen, sie würde aufhören, dich zu lieben?«

Ich und Beziehung – ja, ein auch sehr spannendes Thema. Für Psychologen.

»Und dann stell dir vor, all das Versteckspielen ist vorbei – egal, worum es geht, deine Partnerin steht dir bei und liebt dich so, wie du bist. Sie liebt *dich,* nicht irgendetwas, was du vorgibst zu sein. Etwas Besseres kann dir nicht passieren. Du fühlst dich frei, du fühlst dich wahrgenommen, du weißt, die andere liebt dich, obwohl sie deine dunkelsten Geheimnisse kennt. Vielleicht auch, weil … Glaub mir, es ist das pure Glück.«

Ich glaubte ihr aufs Wort.

»Was ist mit dir?«, fragte sie mich dann und ihre Augen schienen mich zu fixieren.

»Was soll mit mir sein?«, fragte ich vorsichtig.

»Was hast du für Träume? Mit einem Oldtimer herumheizen, Probleme anderer Leute lösen – ich meine, füllt das einen aus? Reicht einem das?«

»Lass uns nicht von mir reden – mir geht es gut«, erwiderte ich.

»Mir auch«, sagte sie mit einem Lächeln. »Nur bei mir stimmt es. Ich meine, abgesehen von dem, was in den letzten Tagen passiert ist, natürlich. Aber ...«, sie füllte die Pause mit einem Schluck, «... so generell. Bist du glücklich?«

Was passierte hier eigentlich? Wir kannten uns kaum und sie wurde so persönlich wie ... Mir fiel da nicht einmal jemand ein, der je so offen mit mir gesprochen hatte.

»Dein Schweigen sagt doch alles ...« sagte sie und presste die Lippen zusammen.

Ich holte tief Luft.

»Was soll ich sagen? Ich war sicher kein Kind von Traurigkeit, hab alles mitgenommen, was sich mitnehmen ließ – und das war so billig wie es klingt. Und ja, für einige Stunden war ich glücklich. Immer mal wieder.«

»Gab es je eine Misses Richmond?«

Ich lachte. »Oh Gott, nein! Nein, im Ernst, gab es nicht.«

Fast traurig schaute sie mich an. Und ich überlegte, was ich ihr erzählen könnte. Warum erfand ich nicht eine Geschichte wie sonst immer. Lag das an der Ostküstenluft, reichte Manhattans Flair bis hierher? Ich war immer gut im Erfinden von Geschichten gewesen, vor allem, wenn man den Wahrheitsgehalt nicht bestimmen konnte. Und Sara hätte ich alles Mögliche erzählen können. Sie kannte mich nicht, kannte meine Vergangenheit nicht und kannte niemanden, der es besser gewusst hätte. Aber ich konnte nicht.

»Warum?«, fragte sie dann.

»Hat sich nicht ergeben. Ich bin kein Beziehungsmaterial.«

Sara winkte heftig ab.

»Was ist das denn für ein Quatsch? Wie kommst du auf sowas? Oder ist das *fishing for compliments*?« Sie schüttelte den Kopf. »Mich brauchst du nicht zu beeindrucken«, meinte sie dann. »Ich verliebe mich nicht in Männer und selbst wenn – ich bin vergeben. Wir können also ganz locker miteinander reden.«

»Das können wir, aber das hab ich nie gelernt. Es gibt bestimmte Dinge, die ich ungern mit Männern bespreche, so gute Freunde sie auch sein mögen.«

Sara schaute an sich herunter.

»Du hast Glück – ich bin kein Mann.« Sie lächelte.

»Vince zum Beispiel – er ist mein bester Freund und klar haben wir auch schon beim Bier über Frauen gesprochen – aber intime Sachen mit ihm zu besprechen, auf die Idee käme ich nicht. Und er noch viel weniger.«

»Wie muss *sie* denn sein? Ich stell mir dich in deinem Auto vor und überlege, wer da auf dem Beifahrersitz sitzen könnte. Blond, lange Haare, lange Beine, Lederjacke, Jeans, steht auf Guns 'n Roses vielleicht oder Nirvana. Oder Elvis?«

»Ganz falsch – naja, gut, musikmäßig ist das schon okay«, grinste ich. »Aber eher kurze Haare und nicht so lange Beine...«

»Hey, hey, hey«, lachte sie. »Du beschreibst mich gerade – und du weißt, draußen hab ich zwei Bodyguards!«

Jetzt lachte sie richtig und ich konnte auch nicht anders, als mitzulachen.

»Nein, tut mir leid, aber du wärst mir zu jung.«

Und zu lesbisch …

»Und – gibt es da gerade jemanden?«

Herausfordernd sah sie mich an wie eine Pokerspielerin, die mich fragt, wie mein Blatt sei. Nur, dass in einem echten Pokerspiel mein Gesicht nichts verriet.

»Da ist jemand, stimmt 's?«

Ich schüttelte den Kopf.

»Nein, da ist niemand. Wenn da jemand wäre, dann wüsste sie es nicht und …«

»Du musst es ihr sagen!«

»Was denn? Das zum ersten Mal, seit ich denken kann, eine Frau es geschafft hat, in meinen Gedanken zu bleiben, auch wenn wir uns seit einigen Tagen nicht mehr gesehen haben? Dass ich sie vermisse, obwohl wir noch nicht einmal miteinander geredet haben, privat, meine ich? Das ist doch … Sie wird mich für oberflächlich halten. Sie wird denken, ich stünde auf den

Typ, auf ihr Aussehen, auf ihr Temperament und sie hat recht – ich weiß ja nichts von ihr.«

»Was ist anders als sonst?«

»Ich denke an sie, obwohl sie nicht da ist. Das ist komplett neu für mich. Jemanden zu vermissen. Wenn ich jemanden brauchte, bin ich früher einfach in eine Bar gegangen, auf eine Party oder in einen Musikklub. Ich bin fast nie alleine nach Hause gegangen, wenn ich es so wollte. Wenn mich eine nicht wollte, war ich ganz pragmatisch und hab mir eine andere gesucht. Ist alles ein bisschen her, aber manchmal klappt das noch heute. Aber meistens …«

Meistens war ich zu betrunken.

»Etwas anderes ist anders. Ich weiß nicht, warum, aber ich habe kaum noch etwas getrunken, seit … seit du aufgetaucht bist.«

Sie sah mich ernst an.

»Nein, versteh mich nicht falsch«, schob ich schnell nach. »Die ganzen Ereignisse der letzten Tage – wenn wir das alles überleben, will ich irgendetwas ändern in meinem Leben.«

»Sie könnte die Änderung sein …«

Ich winkte ab.

»Sie ist auch viel jünger als ich, hat viel mehr Temperament als ich, sie ist eine absolute Traumfrau und kann wahrscheinlich jeden Mann haben. Einen, der viel mehr noch aus seinem Leben machen kann als ich …«

»Kenne ich sie?«

Pokergesicht. Mein Blatt gehört mir. Verlegen lächelte ich und wollte gerade *nein* sagen, als sie mich angrinste.

»Ist sie Detective beim NYPD? Diese Frau mit dem italienischen Namen, ich kann mir das nicht merken. Der war schwierig, oder?«

»Lonardoni. Gina Lonardoni.«

Und: Nein, der Name ist nicht schwierig.

»Du hast ihn dir gemerkt …«

Er ist nicht schwierig.

Sara lächelte.

»Ich hab sie ja nur kurz kennengelernt, aber was soll das, was du sagst? Keine Frau kann jeden Mann haben. Und keine Frau *will* jeden Mann haben. Und außerdem kannst du aus deinem Leben noch machen, was du willst. Wenn du etwas ändern willst, ist das doch ein guter Anfang. Und wer weiß ...«

Ich wusste es – Bella impossible …

»Mag sein – morgen wird sie jedenfalls ziemlich sauer sein auf mich.«

Sara nickte.

»Einen Zeugen in einem Mordfall zu verhören, bevor sie mit ihm gesprochen hat – ja, das kommt nicht so gut.«

»Wobei …« Ich machte eine entschuldigende Geste. »Ohne mich hätte sie gar nicht gewusst, dass er ein Zeuge ist!«

»Sag ihr das bitte bloß nicht!« Ihre Stimme wurde lauter und sie sagte das mit einer Deutlichkeit, die ungewöhnlich war für sie. »Nein, wirklich, Rich, das käme nicht gut.«

In dem Moment rief Samantha an und Sara ging raus. Ich packte das Geschirr zusammen und brachte es in die Küche. Es war ein verdammt gutes Gespräch gewesen. Ich konnte mich nicht entsinnen, dass mir mal jemand so zugehört hatte und schon gar nicht daran, dass mir gegenüber jemand je so offen über Gefühle, Gedanken und Träume gesprochen hatte wie sie. Meine Geheimnisse – ich konnte mir schon vorstellen, was sie meinte, wenn man ohne Geheimnisse leben konnte, wenn man ganz offen sein konnte, sich einfach fallen lassen konnte. Genau das konnte ich nicht, niemandem gegenüber, Gina gegenüber am allerwenigsten. So gern ich heute Abend hier war: Der Fall verlagerte sich immer mehr nach Erie County – dort würde er sich lösen, irgendwann. Wenn er sich lösen ließ. Also, von uns lösen ließ. Und wenn wir dann noch leben sollten. Ich dachte an die beiden Bodyguards, die sich irgendwo auf dem Grundstück aufhielten. Einer wahrscheinlich im Van und der andere hatte sich in Saras Arbeitszimmer niedergelassen. Ich überlegte, ob das ein

Job für mich wäre, mich um die Sicherheit anderer zu kümmern. Ich war ein guter Schütze, Nächte wach zu bleiben war ein Leichtes für mich und ich war kampfsporterprobt. Aber schon im sogenannten Wilden Westen hatte es Leute gegeben, die sich für unschlagbar gehalten hatten, für die schnellsten Schützen jenseits von Santa Fe, und dann hinterrücks von einem Feigling erschossen worden waren. Nein, das war nichts für mich. Das hier, das war persönlich und das ging mich etwas an. Es war meine Vergangenheit, die sich durch mein Leben schlängelte wie ein roter Faden, wie ein Faden bei einem Buch, den man in jede Seite legen konnte.

»Das war Samantha.«

Ach was ...

»Sie sagt, du sollst dich morgen beim NYPD melden. Dicke Luft ...« Sie verzog das Gesicht sehr übertrieben.

»War klar.«

»Ich hab noch eine Frage – wer weiß, wann wir das hier ...« Sie deutet erst auf mich, dann auf sich und dann auf den Wein, den sie leer machte, nachdem ich dankend abgelehnt hatte, obwohl ich noch beim ersten Glas war. »... wiederholen.«

»Okay.«

»Was war deine längste Beziehung? Wie lange war das? Was passte nicht?«

»Hah – eine Frage, jaja ...«

»Komm schon!«

Da brauchte ich nicht lange zu überlegen.

»Die Beziehung mit Allyssa. Acht Monate. Nichts passte.«

Sara schüttelte den Kopf. »Das kann nicht sein. Acht Monate – und nichts passte?«

»Naja, das stimmt so nicht, da hast du Recht.«

»Wie habt ihr euch kennengelernt?«

Allyssa LeBrake. Über sie redete ich nicht gerne. Eigentlich redete ich nie über sie. Aber dann tat ich es doch.

Kapitel 15

Allyssa war alles, was alle vor ihr nicht gewesen waren. Sie war nicht einmal mein Typ, als wir uns kennenlernten. Das war auf einem Presseball, den der Bufallo Star jährlich gab. Ich hatte schon damals immer mal wieder Berichte für den Star geschrieben als freier Mitarbeiter. Baker war das immer ein bisschen ein Dorn im Auge gewesen, aber ich hatte mir das vertraglich zusichern lassen, insofern war alles in Ordnung.

Allyssa gehörte zum Catering-Team, hatte aber eigentlich andere Ambitionen. Sie managte eine lokale Rockband mit einer ziemlich talentierten Sängerin, die sich Luzy Jennifer nannte – und der Band ihren Namen gegeben hatte: LuCFer – Allyssas Idee. Dark Rock mit sehr düsteren Texten, die fast ausschließlich von Allyssa geschrieben wurden. Songs über verlorene Seelen, über Phantasien, sich selbst Schmerzen zuzufügen, über das Ende der Welt, über das Von-niemandem-geliebt-werden, über den Tod, über das Sich-freiwillig-unterwerfen. Gute Texte, kein Schund. Ich ärgere mich heute, dass ich die eine Scheibe damals nicht habe retten können. Oder auch nicht, denn die Band und ihre Musik standen schon ganz klar mit ihr in Verbindung und Erinnerungen an Allyssa brauchte ich nicht. Wollte ich nicht. No souvenirs! Und egal, wie die Band klang, es war immer noch Depri-Mucke und man musste eine gewisse Immunität dagegen mitbringen, um nicht selbst auf dumme Gedanken zu kommen. Ich hätte darauf kommen können – es war alles da gewesen. *Mission Sub* hieß die Scheibe und ich kannte die Texte ja. Jedenfalls kamen wir über die Musik ins Gespräch und irgendwie hatte sie es geschafft, mir einen Prospekt zuzustecken, wo die Band als nächstes auftreten würde. Und ich war wirklich mehr an der Musik interessiert als an ihr. Wie gesagt, sie war nicht wirklich mein Typ. Lange, wellige, dunkelbraune Haare, die sie später pechschwarz färbte, lange Beine, sehr lange Beine, die sie meist in Blue Jeans steckte. Und waren die Jeans schon eng, wurde das von ihren schwarzen Lederjacken noch übertroffen, die sie über ihre figurbetonten, meist schwarzen T-Shirts trug. Ich meine, gut, die Beschreibung passte auf viele Frauen, die ich in den Bars von Erie County abgeschleppt hatte, aber das meine ich damit: Sie sah sicher gut aus, aber ihr fehlte eben das Besondere. Und ich fuhr immer schon auf Frauen ab, die sich elegant kleiden konnten. Allyssa trug immer nur Jeans, Shirt und Lederjacke. Und Boots. Selbst im Sommer. Naja, am Anfang zumindest.

Jedenfalls hab ich die Band in einer Diskothek in Allentown spielen hören und es war – ambitioniert. Die Sängerin war top von der Stimme her, der Rest war mir zu aufgesetzt und die Band klang live wie eine Schülerband, abgesehen vielleicht vom Drummer, der immer ziemlich auf dem Punkt war, aber die anderen nicht mitnahm. Und dann stand sie auf einmal neben mir und fragte mich, wie ich die Band fände und ich war nur halbherzig ehrlich. Wir haben uns an dem Abend unterhalten, nur unterhalten. Das war interessant. Diese ganzen Gespräche in Bars und so waren für mich immer nur so etwas wie ein Vorspiel, so wie man ein Feuerzeug sucht, um eine Bierflasche aufzumachen. Oder eben man unterhielt sich und das war es dann, das war auch okay. Aber hier entwickelte sich etwas, was am Anfang mit dem gemeinsamen Interesse an der Musik startete, aber dann irgendwie mehr wurde. Ich habe mir die Band dann noch ein paar Mal angehört und ihr gesagt, dass das mit dem Gitarristen nichts wird. Ständig war er zu laut, brazzte wirklich alles zu, da war keine Dynamik in irgendeinem der Songs. Jeder Song fing laut an, blieb laut und endete dann noch lauter. Und die Stimme von dieser Luzi, die das ganze Ding tragen sollte, das einzige, was überhaupt nach Musik klang und sowas wie Gefühl hatte, wurde permanent zugemüllt mit aggressiven Riffs. Dabei waren es ja auch gerade die Texte, die anders waren, die aber völlig zu kurz kamen. Also schmiss sie den Gitarristen raus und holte einen, der musikalisch wesentlich besser passte. War gut für die Musik, aber schlecht für die Stimmung, weil der Basser mit dem ausgeschiedenen Gitarristen befreundet gewesen war und nun seine schlechte Laune permanent in die Gruppe trug. Obwohl die jetzt besser klangen, kamen sie dann nirgendwo mehr an, weil sich ihre Differenzen auf das Publikum übertrugen und dann lösten die sich auf und Allyssa war sehr traurig. Naja, und ich war da zum Trösten, so kamen wir zusammen. Und dann hatte sie eines Tages Karten für Bon Jovi in dem kanadischen Niagara Falls. Vorgruppe war Van Halen – allein die waren den Eintritt wert, aber da hörte ich Bon Jovi das erste Mal live und war auch recht angetan, auch wenn das eher ihre Band war. Von da an waren wir immer, wenn es die Zeit erlaubte, musikmäßig unterwegs. R.E.M. hatten wir noch in Buffalo gesehen, Green Day in Niagara Falls, NY, das war ihre Idee gewesen; Ramones in Cincinnati meine. Und wir haben Van Halen nochmal als Haupt-Act in Memphis gesehen und in Nashville waren wir auch in vielen kleinen Clubs. Steve Earle war dann da das Highlight. Es war irgendwie eine geile Zeit. Ganze Tage im GTX auf dem Highway, laute CD-Mucke, die uns beiden gefiel, Konzerte über Konzerte und danach in Motels übernachtet oder im GTX. Mit keiner Frau hatte ich auch nur annähernd so oft Sex wie mit Allyssa, das war nicht mal auf täglicher Basis, das war … Sie war da noch unersättlicher als ich.

Ja, und dann fing das an mit den Träumen und Wünschen, die man für sich behält, weil man denkt, der andere könne damit nicht umgehen und das konnte ich auch nicht. Und es fing harmlos an, dass so Plüschhandschellen einbezogen wurden. Dann sagte ich mal so aus Scherz, sie solle zum nächsten Date einen Rock anziehen, was sie dann auch tat. Für mich war das am Anfang alles gewissermaßen eine Spielerei. Aber so ging es dann weiter – sie wollte permanent dominiert werden und hat dabei völlig außer Acht gelassen, dass ich das gar nicht wollte. Auch gar nicht konnte. Ich hätte mir da ein Bespaßungsprogramm erstellen müssen. Heute würde man sagen, ich hätte ein fleischgewordenes Tamagochi gehabt. Tat zwar alles, was ich wollte, verlangte aber auch immer, dass ich etwas wollte und Zeit opferte. Viel Zeit. Unendlich viele Nerven.

Und dann eröffnete sie mir, sie sei nicht nur devot, sondern auch leicht masochistisch. Jaja, leicht. So ganz klar war mir der Unterschied damals gar nicht. Bis sie mir dann erklärte, dass es hier um körperlichen Schmerz ging und da war ich raus. Das war so gar nicht mein Ding. Dieses sich-bedienen-lassen und sie dazu bringen, sich sexy anzuziehen – das nahm ich gerne mit, aber sie zu schlagen und zu quälen, das ging dann weit über meine Grenzen hinaus.

Und dann wollte sie eines Tages unbedingt zu Iggy Pop, der im Dezember 1995 in Hollywood spielte. Und einerseits hatte ich schon abgeschlossen mit der ganzen Beziehung, aber noch nicht den Ausgang gefunden, andererseits konnte ich da nicht, weil ich da beruflich an einem Fall dran war, der ziemlich viel Zeit in Anspruch nahm. Außerdem hätten wir fliegen müssen und das hätte doch ein ziemliches Loch auf dem Konto hinterlassen. Riesenstreit und wir warfen uns die schlimmsten Worte an die Köpfe und ich dachte *Das war es dann*. Aber dann rief sie am nächsten Tag an, so als sei nichts gewesen. Ich kam gar nicht damit klar – aber so ging das immer weiter. Bis sie irgendwann verstand, dass es aus war.

Und dann war da dieser Tag – kurz vor Weihnachten 1995. Es war mitten in der Nacht und ich schlief fest und sie hatte sich irgendwie ins Haus geschlichen, hatte wohl doch noch einen Schlüssel. Sie nahm meine Arme und ich, schlaftrunken wie ich war, registrierte gar nicht, wie mir geschah. Da hatte sie mich schon ans Bett gefesselt, machte überall Kerzen an und faselte was von Rollen vertauschen und ich hätte es ja so gewollt, und ich weiß bis heute nicht, ob das ein letzter, verzweifelter Versuch war, wieder zusammenzukommen oder was die Frau sonst für einen Plan hatte. Jedenfalls schrie ich sie an, sie solle mich losmachen und dass es aus sei und sie das endlich so hinnehmen solle. Da fing sie dann an, mich zu schlagen mit so einer Gerte oder was das war. Jedenfalls tat es höllisch weh, aber sie lachte nur und schlug noch härter zu und ich schrie noch lauter. Als sie dann endlich begriff, dass ich wirklich sauer war und sie in Schwierigkeiten kommen würde, wenn sie mich losmachte, setzte es bei ihr völlig aus und sie schlug noch ein paar Mal richtig heftig zu, dass ich fast ohnmächtig wurde. Und beim letzten Schlag erwischte sie eine Kerze, die dann auf einen der Stühle flog und die Kleidung darauf in Brand setzte. Der war zum Glück ein gutes Stück vom Bett entfernt, sonst wäre ich heute gar nicht mehr hier. Aber die Rauchentwicklung war mörderisch. Schon nach wenigen Sekunden war er überall, meine Augen tränten und brannten und ich bekam kaum Luft. Und was machte sie? Statt mich loszumachen, rannte sie schreiend raus. Zum Glück hatte die Nachbarin schon meine Schreie vorher gehört, als Allyssa mich geschlagen hatte und war hellwach. Sie rannte ins Haus, machte mich los und musste danach genauso wie ich ins Krankenhaus.

Das war damals in Kenmore. Alles, was in dem Raum gewesen war, war am Ende verbrannt. Oder mindestens angekokelt und damit auch unbrauchbar.

Ich hab mir dann das Haus in der Cornelia Street gekauft, sollte auch nur vorübergehend sein, aber ich brauchte eine schnelle Bleibe. Und das war schon ein bisschen eingerichtet von dem Vorbesitzer, der gestorben war. Ich hab letztlich nichts mitgenommen aus Kenmore. Nichts, was im Haus gewesen war. No souvenirs.

Das meiste von diesen Dingen erzählte ich Sara an jenem Abend und sie hörte mir fast die ganze Zeit schweigend zu. Ihr Lachen war weg und ihr Gesicht wurde immer ernster.

Als wir dann fanden, es wäre Zeit, schlafen zu gehen, legte sie ihre Hand auf meine und nahm mich dann in den Arm. Und dann sagte sie etwas, das eigentlich ich zu ihr hätte sagen müssen:

»In unserem Haus bist du sicher.«

Ich weiß nicht einmal, warum sie das sagte. Aber von dem Abend an waren die Albträume in den Nächten, die ich in diesem Haus verbrachte, Geschichte.

Kapitel 16

»Verdammte Scheiße, Coon! Wieso krieg ich das erst jetzt?«, schrie Detective Gina Lonardoni den armen Kerl an. »Und wo bleibt Richmond?«

Dann war sie um die Ecke verschwunden, ohne mich gesehen zu haben. Coon schaute etwas bedröppelt drein, grinste dann aber künstlich breit, als er mich sah.

»Richmond, guten Morgen! Kommen Sie, ich soll Sie schon mal in den Verhörraum bringen.«

Dann wurde das Grinsen noch breiter.

»Und Detective Lonardoni ist gar nicht gut gelaunt.«

Ja, wegen dir, du Pfeife …

Dann sah ich durch das Fenster und der halboffenen Jalousie, wie sie sich mit einem Kollegen unterhielt, den ich noch nie gesehen hatte. Sie war aufgebracht und schien so gar nicht zu wissen, wohin sie mit ihren Händen sollte, die sie immer wieder wild herumwirbelte. Sie war voller Energie und ich hätte einiges darum gegeben zu erfahren, um was es da ging. Aber ich hatte keine Chance zu hören, was sie sprachen, also sah ich sie nur an, verfolgte ihre Bewegungen, ihre Gesten und …

»Machen Sie sich keine Hoffnungen«, grinste Coon. »Sie ist vergeben. Ihr Verlobter ist beim FBI.«

Spürte ich beim ersten Satz noch jeden Muskel in meiner Faust und braute sich ob des unverschämten Grinsens eine tiefe Abneigung in mir zusammen, so entglitt mir jede Reaktion aus dem Gesicht, nachdem er den zweiten Satz gesagt hatte. Sie war vergeben! Wie dumm war ich? Eine Frau wie sie? Die hübscheste

Frau, die ich je gesehen hatte, und sollte noch Single sein? *Werd' erwachsen*!

Eine Viertelstunde später saß sie mir gegenüber und ich hatte das Gefühl, sie hatte sich etwas ganz anderes vorgenommen. Sie war sauer, das war auch jetzt nicht zu übersehen. Aber sie war sicher im Kopf vorher durchgegangen, was sie sagen würde, und das mit einer gewissen Lautstärke, einem stechenden Blick, der mich in die Defensive zwingen würde. Aber nichts von dem geschah und ich war sicher, das ärgerte sie. Aber irgendetwas musste passiert sein. Das änderte aber nichts an der Tatsache, dass sie mein Verhalten nicht duldete.

»Ich hatte Sie gebeten, in New York erreichbar zu bleiben, aber Sie sind nach Buffalo gefahren, bin ich da richtig informiert?«, sagte sie in einen gruselig ruhigen Ton.

Ich nickte und wollte *ja* sagen, hatte aber einen Frosch im Hals. *Verlobter beim FBI.*

»Wie war das?«

»Ja, sorry. Ja, Sie sind richtig informiert.«

Sie hob die Augenbrauen und die Lippen wurden schmal. Sie nickte mit dem Kopf, so langsam, dass es aussah wie in Zeitlupe.

»Sie haben dann Howard Townsend aufgesucht, den Journalisten, der seit dem Studium der Handyvideos einer unserer Hauptzeugen ist.«

Das war keine Frage …

»Und dann haben Sie mit ihm den Fall ausdiskutiert. Mit dem« – ihre flache Hand knallte mit voller Wucht auf den Tisch – »CHEFREDAKTEUR DER NIAGARA POST! Sind Sie noch bei Trost?«

Okay, jetzt war es wohl so, wie sie das im Kopf vorher durchgegangen war.

»Wir halten hier Informationen zurück und füttern die Presse nur mit Brotkrumen, halten den Ball flach, um weiter in Ruhe ermitteln zu können und nicht irgendwelche politischen Lauffeuer zu entfachen, die zu wer-weiß-was führen könnten, und Sie ...«

Detective Lonardoni ließ sich zurückfallen und stieß einen Seufzer aus, der ihrer Fassungslosigkeit Ausdruck verlieh.

»... weihen mal so eben den Chefredakteur der größten Zeitschrift in Erie County ein. Was zum Teufel haben Sie sich dabei gedacht, Richmond?«

Wir hatten keinen guten Start gehabt und mein Optimismus hielt sich in Grenzen, dass sich das Blatt so schnell wenden würde. Mir war ja vorher klar gewesen, dass ich da Grenzen überschreiten würde und dass sie das kaum gutheißen konnte.

»Okay. Darf ich?«, fragte ich nach einer Pause.

Lonardoni nickte.

»Ich bitte darum!«

»Also auch, wenn Sie es nicht hören wollen, ich habe einen Auftrag zu erfüllen. Und wenn ich das alles richtig deute, ist meine Auftraggeberin in Gefahr. Und je länger wir im Dunkeln tappen, desto eher müssen wir wieder ganz von vorne anfangen. Ich weiß nicht, ob Sara noch auf deren Zettel steht. Ich weiß nur, dass ich das herausfinden muss. Herausfinden muss, wer hinter all dem steckt. Solange wir den Fall nicht abgeschlossen und den Mörder von der Straße haben, lauert die Gefahr da irgendwo draußen.«

Ich hatte spätestens nach ... *wir den Fall* mit einer Unterbrechung oder einem Kommentar gerechnet, aber sie saß nur da, fast ein bisschen apathisch, also fuhr ich fort.

»Aber nicht ich war es, der die Niagara Post auf diesen Fall gebracht hat, sondern O'Reilly. O'Reilly hat den stellvertretenden Chefredakteur Jordan aufgesucht und ihm jede Menge Fragen gestellt. Und er schien immens viel zu wissen über den Hedderby-Fall und auch über NCS offensichtlich. Und er hat einen Namen herausgefunden: Phil Harber.«

»Wir haben das alles bereits von Townsend erfahren«, sagte sie mit einer kühlen, betont ruhigen Stimme. »Gestern gab es eine

Videokonferenz mit ihm, vom Police Departement in Niagara Falls aus. Richmond, ich sag es Ihnen nur noch einmal!« Sie stand auf, stützte sich auf ihre Fingerkuppen, beugte sich nach vorne und sagte gut hörbar und deutlich:

»Halten Sie sich raus aus dem Fall!«

Sie blickte zu Coon, nickte und sagte: »Verhör Richmond beendet um 10 Uhr 13.«

Waaaaas?? Das war 's???

Ich konnte es nicht glauben.

»Ich bringe ihn persönlich raus!«, zischte sie Coon zu.

»Hören Sie, da ist viel mehr, wir müssen reden!«

»HALT – die Klappe!«, sagte sie mit einer sehr theatralischen Pause. Trotzdem passte der Satz nicht, er klang fast vertraulich. Irgendetwas war faul hier.

Ich wollte noch einmal ansetzen, aber sie schaute mich nur streng an, so dass ich es ließ. Sie öffnete die Tür, sah mich an und sagte: »Wo bist du heute Mittag um halb eins?«

Wo immer du willst …

»Sag du es mir.«

»La Riva, Lexington Ave, beim Gramercy Park. Sei pünktlich!«

Dann war sie weg. Eben noch wollte sie mir an die Gurgel, so hatte es den Anschein, dann schmiss sie mich raus und nun hatte ich ein Date mit dem hübschesten NYPD Detective von New York. Der hübschesten Frau überhaupt. Warum?

Ich suchte in der Zwischenzeit ein Internetcafé auf und googlete erstmal das La Riva: ein italienisches Restaurant, wie passend. Dann loggte ich mich bei Facebook ein. Ich hatte am Morgen den Namen Phil Harber mal in den Raum geworfen, aber niemand hatte darauf reagiert. Der Mann blieb unsichtbar. Also machte ich mich weiter schlau über NCS. Die Firma hatte in den 70ern und 80ern Skandale angezogen wie faules Obst Fruchtfliegen. Aber nach der Jahrtausendwende schien es ein Umdenken gegeben zu haben. Man war offensichtlich bemüht, den eigenen Sicherheitsstandard weit höher zu halten als bei allen anderen amerikanischen Konkurrenten. Sie konnten es sich leisten als Marktführer, aber dennoch war die Frage, ob sie es nötig hatten. NCS hatte die besten Anwälte des Landes auf der Lohnliste und selbst bei nachgewiesenen Umweltschäden hatte es lächerliche Vergleiche gegeben, die NCS aus der Portokasse bezahlen konnte. Trotzdem waren sie inzwischen so etwas wie ein Vorreiter für umweltbewussteres Denken.

Zu Nathan Weiner gab es auch Neuigkeiten: Durch die Probe seiner DNA und Vergleiche mit Spuren aus ungeklärten Mordfällen aus den letzten drei Jahren hatten einige von ihnen aufgeklärt werden können: Ein Zeuge in einem Mordfall in Marseille, eine reiche Lady aus Houston mit einem für sie zu vorteilhaftem Ehevertrag, eine Leiche in Manchester, bei der das Motiv noch unklar war. Das machte das alles nicht einfacher, war es doch die Bestätigung, dass wir es hier mit einem professionellen Auftragskiller zu tun hatten. Der hatte auch keine Chance auf einen Deal, aus dem würde man nichts herausbekommen. Warum sollte er dann seine Auftraggeber verraten? Die Spur war definitiv zur Sackgasse verkommen.

Phil Harber … Wer bist du? Wo ist deine Spur? Was hast du herausgefunden, Maureen? Ich dachte daran, wie praktisch es wäre, Maureen als Facebook-Freundin zu haben. Oder gleich die ganze Homeland Security. Ich würde dann einen kritischen Beitrag auf deren Seite schreiben, dass die mich einfach weggeschickt hatten, als ich Harber auf den Zahn fühlen wollte. Darunter stünde dann der Satz »1 Kommentar von HSI« und dieser würde lauten:

Hallo GTX1969, schau doch mal in diesen Stream www.hsi-videostream.com\Phil_Harber, vielleicht ist der etwas für dich.

Man darf ja mal träumen … Vielleicht konnte ja Gina auch das FBI anzapfen. Diese Vorstellung vermieste mir die Vorfreude auf das Treffen mit ihr.

Pünktlich wie verabredet betrat ich das La Riva und wurde von einer netten, jungen Dame in langer, weißer Bluse und kurzem, grünem Rock mit einer Speisekarte in der Hand empfangen. Ich konnte so nicht erkennen, ob Gina schon da war und bat die Dame, erstmal schauen zu dürfen, ob mein Lunch-Date schon Platz genommen hätte. Aber bislang war sie noch nicht eingetroffen. Die junge Dame führte mich dann an einen kleinen Tisch direkt am Fenster, neben dem ein älterer Herr gerade einer älteren Dame in den Mantel half. Offenbar hatten sie zuvor an dem Tisch gesessen. Ich wählte den Stuhl mit Blick ins Restaurant. Es war recht rustikal, aber auch sehr hell durch die vielen Fenster. Kein Lokal, das ich gewählt hätte, aber es wirkte schon recht gemütlich. Ein Blick auf die Speisekarte bestätigte meinen Verdacht, dass dies nicht gerade die preisgünstigste Variante war, in Manhattan italienisch zu speisen.

Die Bedienung brachte gerade meine bestellte Flasche San Pellegrino Limonata, als Gina um die Ecke kam und sich in den Stuhl mir gegenüber fallen ließ.

»Hi!« Sie war ziemlich aus der Puste.

»Hi«, sagte ich vorsichtig. Ich glaubte immer noch nicht, dass wir hier jetzt zu zweit an einem Tisch saßen. Vielleicht …

»Ich muss mich erstmal entschuldigen«, begann sie.

»Ach was, für eben – nee, alles gut«, sagte ich mit einer großen Geste.

Gina sah mich recht verständnislos an, sagte dann aber:

»Äh, ja, dafür auch. Ich meinte für die Lokalwahl. Ist nicht gerade die preisgünstigste Variante, in Manhattan italienisch zu speisen.«

Da hatte sie Recht.

»Aber genau deswegen trifft man hier auch selten Kollegen.«

Auch das verstand ich.

Ich bestellte ein Lunch-Menü bestehend aus einem Salat, Fettuccine Bolognese und hausgemachten Biscotti und sie entschied sich für Spaghetti Carbonara statt der Fettuccine und auch für eine Flasche Pellegrino. Die freundliche Bedienung nahm alles auf und ging. Eine Weile war es ruhig, als hätten wir uns die

Eröffnung in einem Schachspiel überlegt, obwohl noch keiner wusste, wer Weiß haben würde.

»Was ist passiert? Warum sind wir hier?«, fragte ich schließlich.

»Hör mal, Richmond, ich bin immer noch nicht überzeugt, dass das hier eine gute Idee ist.«

Und doch bist du hier …

»Aber es ist etwas Merkwürdiges passiert heute und ich kann das noch nicht einordnen. Ich musste heute zum Captain und der sagte mir, wir ermitteln auf zwei Ebenen. Eigentlich sei für den Fall nun eine andere Behörde zuständig.«

Homeland Security.

»Bislang dachte ich immer«, fuhr sie fort, »für einen Major Case ist die Major Case Squad zuständig. Da habe ich mich wohl getäuscht.«

Ungläubig sah ich sie an.

»Sie haben dich von dem Fall abgezogen?«

»Nein, wie gesagt, wir ermitteln auf zwei Ebenen. Die anderen gehen der politischen Spur nach und mein Team ermittelt ganz normal weiter, um einen Mord aus konventionellen Gründen auszuschließen.«

Ich schüttelte den Kopf.

»Das könnt ihr so schon ausschließen. Das ist dasselbe, als hätte man euch von dem Fall abgezogen.«

Gina wirkte resigniert.

»Das dachte ich mir.«

Dann musterte sie mich scharf.

»Mir sind viele Journalisten über den Weg gelaufen und auch ein paar Privatdetektive und das verhieß nie Gutes. Aber wir haben mit Townsend gesprochen – er sagte, er hält dich für ein Arschloch.«

Ihre Wangen färbten sich leicht rötlich.

»Waren seine Worte«, sagte sie entschuldigend. »Aber er sagte dann auch, dass dieser Fall anders sei und dass du nicht wiederzuerkennen warst und dass du ihm sogar versprachst, dass er die ganze Story exklusiv hätte – dir liegt wirklich etwas an diesem Fall.«

Ich nickte.

»Was ist so anders? Ist es die Kleine?«

Oh Gott, jetzt bloß glaubhaft verneinen!

»Nein, ganz sicher nicht.«

»Geht mich auch überhaupt nichts an. Ich will es nur verstehen, weil: Wir wollen, glaube ich, dasselbe, nämlich, dass der Mörder gefasst wird. Und da muss ich dir vertrauen können.«

»Verstehe.« Ich holte tief Luft. «Gut, es hat mit ihr zu tun, aber nicht so, wie deine Frage gemeint war! Sie ist in Gefahr und es ist ein alter Fall hochgekommen, bei dem ich eine Rolle spielte«, sagte ich. »Ein Fall, der vor Jahrzehnten ad acta gelegt wurde und ich will wissen, warum Sara Anderson deswegen in Gefahr ist. Außerdem wurde ich persönlich angegriffen, was auch anders hätte ausgehen können. Deswegen ist das kein gewöhnlicher Auftrag, es geht nicht um Geld – es ist etwas Persönliches und ich will die feige ...« *Sau* wollte ich sagen, erinnerte mich aber rechtzeitig an meine Kinderstube. »... *Person* finden, die hinter diesen Hinterhalten steckt.«

»Okay, du verzichtest da auf eine Menge Geld möglicherweise und deine Motive sind – nachvollziehbar. Ich kann nicht einschätzen, wie der Buffalo Star seine freien Mitarbeiter bezahlt, aber kann man davon leben? So eine Story könntest du schon mehr als gut gebrauchen, oder nicht?«

Ich war ein bisschen empört, sagte aber nichts.

»Ich nehme an, du hast die eine oder andere Rechnung nur verbal ausgestellt und dich schwarz bezahlen lassen. Aber gut, ich bin nicht von der Finanzbehörde.«

Das lief irgendwie gerade alles nicht so, wie es sollte.

»Jedenfalls hat mich das überzeugt. Townsend hält offenbar große Stücke auf dich. Scheint so ähnlich zu sein wie bei

O'Reilly. Man hört viel Negatives, aber alle hatten Respekt vor seinen Fähigkeiten.«

O'Reilly ... Schon wieder dieser blöde Vergleich!

»Hat sich in New York denn etwas ergeben?«

Gina schüttelte den Kopf.

»Nicht wirklich. Wir wissen, wann die ältere Dame die Galerie betreten hat und wann sie ging. Das war kurz nachdem das Taxi weggefahren ist. Wir haben die Überwachungskameras überprüfen lassen, aber sie ist offensichtlich mit der U-Bahn gekommen und auch auf gleichem Wege wieder verschwunden. Die Gesichtserkennung hat auch noch nichts ergeben. Immerhin haben wir jetzt Fotos von ihr, aber immer noch verdecken der Hut und die Brille das Gesicht zu sehr. Das beste Foto wird seine Runde machen durch die Zeitungen und die sozialen Netzwerke. Je nachdem, was die Identifizierung ergibt, dürfen wir uns dann darum kümmern oder aber eben nicht.«

Gina Lonardoni war offensichtlich richtig angefressen. Ich konnte das alles noch nicht erfassen, aber wir mussten diesen verdammten Fall klären – da hing einfach eine Menge mehr noch dran.

»Was wäre dein nächster Schritt?«

Das war wieder jenseits aller Erwartungen, die ich an dieses Treffen gehabt hatte. *Sie* bat *mich* um Rat. Das war doch etwas Positives, oder?

»Wenn diese Geschichte einen politischen Anstrich hat – und davon gehe ich aus – werden wir den Fall nicht in Manhattan lösen können, sondern in Erie County. Sehr wahrscheinlich in Niagara Falls bei aktuellen oder ehemaligen Mitarbeitern von NCS. Das Problem ist, dass Phil Harber schon vom Homeland Security beobachtet wird, vielleicht auch schon verhört wurde. Ich würde versuchen, Kontakt aufzunehmen zu ehemaligen Mitarbeitern von Hedderby Chemicals, am besten zu Joe Benchley. Grove lebt inzwischen in einer Seniorensiedlung in Williamsville und ist geistig nicht mehr so gut zu Fuß.«

»Ist das alles?«

»Alles, was moralisch …« Ich stockte.

»Wenn es um Mord geht, gehe ich über Leichen«, lächelte Gina. »Im Ernst: Konventionelle Wege können wir Detectives auch gehen – welche anderen hast du noch auf Lager?«

»Noch keine – benötigt einige Recherchen. Aber gute Informationsquellen sind oft Ex-Ehepartner, gefeuerte Mitarbeiter, verschmähte Geliebte. Da müsste man sich mal umhören.«

Gina schüttelte den Kopf und ihr Gesichtsausdruck hatte etwas von *angewidert sein*. Sie dachte wohl, bei Mord seien solche Maßnahmen legale Mittel, aber für eine Story oder einen Auftrag für einen Privatdetektiv eine eher billige Vorgehensweise.

»Es geht um die Wahrheit«, meinte ich entschuldigend.

»Sicher. Ich nehme an, du fährst dann morgen wieder nach Buffalo?«

Ich nickte.

»Ja, nur da kommen wir voran.«

Das Essen kam und sah sehr lecker aus. Ich hätte sie so gerne so viel gefragt, aber ich musste gar nicht. Sie redete. Und sie war nach Sara die zweite, der ich sehr aufmerksam zuhörte. Ich war sehr irritiert, weil: Eigentlich war ich mir ziemlich sicher gewesen, wenn ich ihr noch einmal gegenübersitzen würde, wäre der Zauber verflogen. Gut, das kannte ich auch von früheren Bekanntschaften, bei denen es mal länger gedauert hatte, bis wir im Bett gelandet waren. Danach erst verlor ich generell das Interesse, spätestens nach dem dritten oder vierten Mal gingen meine Überlegungen in Richtung Ausgang. Selbiges, wenn ich mit einer Frau nach drei oder vier Dates mal nicht im Bett landete. Solche Frauen waren mir zu kompliziert. Und von einer Frau wie Gina hätte ich mir abgeraten. Sie hatte definitiv das Potential, mir das Herz zu brechen, und ich war mir sicher, sie würde es auch tun. Es würde ihr selber wehtun, aber es wäre das unvermeidliche. Eben eher Bella Impossibile als Latin Lover … Dennoch saß ich da und sog jede Information auf, die ich von ihr kriegen konnte.

Ich hing förmlich an ihren Lippen, also an dem, was sie sagte. Ich konnte kaum den Blick von ihr wenden, aber, was neu war, auch nicht das Ohr.

Dabei war es vordergründig gar nicht mal so persönlich, erst genauer betrachtet, aber dann war es sehr persönlich. Denn sie redete über ihren Job. So, wie man mit einem Kollegen über den Job redete in der Mittagspause, über die anderen Kollegen vielleicht, den Chef, die Fälle. Und das war sehr persönlich, denn es war das, was ihr am meisten auf der Seele lag. Manche Leute denken immer, es sei nur persönlich, wenn es um romantische Gefühle ginge oder Beziehungsprobleme. Aber persönlich ist immer das, was einen am meisten beschäftigt, das, was man gerne teilen möchte. Das können Banalitäten sein manchmal. Soziale Probleme im Job werden oft nur als Randnotiz beachtet – betreffen ja nur Kollegen, die musste man ja nicht heiraten. Nein, aber man musste mit ihnen den größten Teil des Tages verbringen und das fünf Tage die Woche und in Ginas Fall manchmal mehr. Und wenn da die Chemie nicht stimmte, dann war das sehr wohl eine sehr persönliche Angelegenheit. Ich dachte an Baker, der sehr oberlehrerhaft gewesen war und manchmal auch sehr cholerische Momente gehabt hatte. Vielleicht war ich deswegen so gut auf der Straße geworden – wann immer es ging, flüchtete ich von meinem Schreibtisch nach draußen, übernahm manchmal sogar freiwillig Aufgaben im Außendienst, die in den Abend hineinfielen, nur um eine Stunde eher aus dem Büro zu kommen. Das lag natürlich nicht nur an Baker, sondern auch daran, dass ich an so einem reinen Schreibtischjob versauert wäre. Aber wer eher zarter besaitet war, der konnte unter so einer Situation schon leiden.

Natürlich ging sie nicht zu sehr ins Detail, gab mir nur einen kleinen Einblick in ihre täglichen Kämpfe, aber das gab mir schon eine andere Perspektive auf sie.

Ich lernte, dass es im ganzen Team zuletzt einen ziemlichen Aderlass gegeben hatte. Eine Kollegin im Ruhestand, ein Kollege fand bei einem Urlaub auf Aruba seine Traumfrau und zog nach Santa Monica, ein Kollege war seit Wochen krankgeschrieben mit Burnout. Und dann war da die Sache mit ihrem Partner und Mentor, Jim Mullan, die sie nur kurz anriss. Mullan war einer der erfahrensten Detectives ihres Departments und hatte so ständig neue Partner, die er anlernen musste. Gina war die letzte gewesen und sie sagte, Mullan wäre ein sehr guter Detective gewesen. Er war nicht im Ruhestand, aber auch nicht mehr im Dienst. Was genau passiert war, sagte sie nicht, aber es schien sie emotional sehr getroffen zu haben. Jedenfalls stieg sie dadurch auf in der Hierarchie und leitete inzwischen das Team. Und sie empfand sich dafür noch zu jung und zu unerfahren, gerade was die Personalführung betraf. Und sie fühlte sich oft alleine gelassen. Fisher war ein Indoor-Spezialist, ein Computer-Freak, der die modernste Technik einsetzen konnte, sofern diese dem NYPD zur Verfügung stand. Wenn er wusste, wonach er suchen musste, war er ein außergewöhnlich guter Spürhund. Einer mit Blick für das Detail und einer, der gut Ordnung in den Ermittlungsstand bringen, der das Wesentliches vom nice-to-know trennen konnte. Aber für die Straße war er nicht zu gebrauchen, da fehlten ihm die Fähigkeiten und vor allem auch die Nerven. Auf der Straße brauchte man einen Partner, der einen im Notfall beschützte, der einem Sicherheit verlieh, der einem den Rücken freihalten konnte. Keinen, dessen Hand an einer Pistole zitterte. Coon war das Gegenteil, er steuerte selten etwas bei, wenn es um Ermittlungsstrategien ging, um das Zusammensetzen von Puzzlestücken. Auch bei Verhören war er keine große Hilfe, das konnte ich ja selbst bestätigen. Aber er war durchtrainiert und wusste seinen Körper im Ernstfall einzusetzen, konnte mit der SIG Sauer umgehen wie kaum ein anderer und scheute auch nicht abzudrücken, wenn es sein musste. Coon war ein Quereinsteiger, einer, der in die Major Case Squad hochgelobt worden war. Er war vorher beim Raubdezernat gewesen, wo Gina auch angefangen hatte und danach bei der Sitte. Erst später sprach sich herum, dass die früheren Abteilungen immer froh gewesen waren, ihn weitergeschoben haben zu können. Und Gina wäre auch froh, wenn der Kollege Wakeford endlich wieder zur Arbeit käme und Coon als Partner zurücknähme; und sie einen neuen Partner bekäme. Zwischen Mullan und Coon lag nur der Typ, der nach Santa Monica umgezogen und der bislang noch nicht ersetzt worden war. Captain Warren wurde da immer wieder vertröstet und versuchte, den Trost an die Abteilung weiterzuleiten, was ihm nicht gelang.

Deswegen war Gina hier. Sie leitete nicht ohne Grund das Team, sondern weil sie die Beste war, davon war ich überzeugt. Aber sie fühlte sich alleingelassen. Und dann, als man ihr den Fall praktisch wegnahm, war das ein Schlag ins Gesicht für sie, weil sie das persönlich nahm.

»Das ist Unsinn, Gina.«

Zum ersten Mal nannte ich sie so und hatte das Gefühl, der Zeitpunkt dafür war der richtige.

»Homeland Security ist da eingeschaltet worden, weil hier höhere Interessen eine Rolle spielen. Es steht möglicherweise mehr auf dem Spiel, als wir vielleicht momentan denken. Du denkst, die arbeiten gegen dich, aber das stimmt nicht. Die haben ganz andere Möglichkeiten, allein vom Personal her, vor allem von der Technik, von den Zuständigkeiten, den Befugnissen – die wollen nur, dass hier nichts anbrennt.«

Ich dachte an Maureen, die vielleicht jetzt schon Phil Harber in ihrer Mangel hatte und die auch nur ihren Job machte und Schlimmes verhindern wollte. Dazu musste man manchmal Wald- und Wiesenpolizisten aus dem Spiel nehmen, kamen sie auch aus einer Millionenmetropole wie New York. Das war nichts Persönliches.

»Danke, Rich.«

Gina lächelte.

Rich, sagte sie. *Danke, Rich.*

Und sie lächelte.

Das war für mich ein unglaublich intimer Moment. Der erste und einer der schönsten. Dass sie mir, einem fast Unbekannten, so persönliche Dinge erzählte, ging mir nicht aus dem Sinn. Ich betrachtete diese wunderschöne Frau und spürte innerlich einen Stich.

Und eine Stimme sang höhnisch in meinem Kopf.

Bella, Bella Impossibile …

Kapitel 17

Es war das zweite Mal seit dem Überfall, dass ich meinen GTX in der Cornelia Street in Buffalo parkte. Hinter mir lag erneut eine lange Fahrt auf einer wohlbekannten Strecke und vor mir eine lange Nacht im Internet. Aber ich verbrachte sie nicht allein. Vor allem der schwedische Drache blieb noch lange Zeit dabei, obwohl für ihn die Nacht schon fast vorbei war, als sie für mich begann. Eine Zeitlang hatte er mal diverse Fragen gestellt über das Leben in den USA, meistens über alltägliche Dinge, aber auch rechtliche. Einige Wochen nach dieser Nacht fand ich dann heraus, dass *er* eigentlich eine *sie* war und sich durchaus einen Namen gemacht haben musste unter den vielen skandinavischen Krimiautorinnen. Eines ihrer Markenzeichen war, dass jedes ihrer Bücher zwar in Schweden begann und auch meist schloss, aber der Hauptteil des Buches ganz woanders spielte. Und auch die Zeiten sprangen. Ihr Erstlingswerk *Mord ohne Grenzen* spielte größtenteils im Kosovo der 90er Jahre und ihre Hauptfigur war ein schwedischer Arzt, der bei Ärzte ohne Grenzen arbeitete und ermordet wurde, als er zur Beerdigung seiner Mutter nach Schweden zurückkehrte – makaber eigentlich. Im Mittelpunkt aber steht die ermittelnde Kommissarin, die sie Edda Valby nannte und die sehr sarkastisch und unsympathisch rüberkam. Sie witterte in jedem Blick Feindseligkeiten, führte ellenlange Personalgespräche wegen angeblich abwertender Blicke oder den Ton eines ihrer Mitarbeiter in der Stimme, wenn er *okay* sagte oder *alles klar*. Ehrlich gesagt hatte ich das erste Buch zwanzig Seiten nach ihrem Auftauchen beiseitegelegt, weil die Frau bei mir physische Schmerzen verursachte. Wenn es je eine Antiheldin gegeben hatte, dann war sie das. In jedem ihrer Bücher war ein Auftrag von Europol Schweden der Ausgangspunkt und irgendwie schaffte Edda Valby es immer wieder, am Ende den Fall zu lösen. Aber die Geschichten drum herum waren sehr spannend und äußerst gut recherchiert und das galt für alle Bücher. Mal gab ein grausamer Giftmord in Deutschland neue Erkenntnisse zu einer ungeklärten Mordserie, die zehn Jahre zuvor Schweden erschüttert hatte, mal wurde eine schwedische Journalistin ermordet, die über eine Greenpeace-Aktion gegen das illegale Abholzen von Mahagonibäumen in Brasilien zu wohlwollend berichtet hatte, mal eine schwedische Tierschützerin, die sich in der Ukraine gegen die Ermordung von Straßenhunden engagierte – auch hier war ein gewisser schwarzer Humor nicht zu leugnen, da sie von einem Rudel zerfleischt wurde.

Dreimal war die Autorin zu Recherchezwecken in die USA gereist und meist mit mehr Ideen und damit aber auch mit mehr Fragen zurück nach Schweden gekommen. Ein paar von ihnen, gar nicht wenige, konnte ich ihr beantworten oder hatte es von hier aus recherchiert. Einer der Gründe, warum sie mir gegenüber so hilfsbereit war, wenn ich mal nicht weiterwusste. Der amerikanische Fall spielte während der olympischen Winterspiele 2002 in Salt Lake City und es ging um den Mord an einem schwedischen Wertungsrichter beim Eiskunstlauf und das war der, der mir persönlich am besten gefiel.

Ich durchforstete das Internet systematisch und der Drache half mir immer wieder, wenn meine Suche in einer Sackgasse endete. Sie war offensichtlich eine Expertin und es wäre sicher für sie ein Leichtes gewesen, den Server von NCS zu knacken. Aber auch wenn wir einige Dinge taten, die am Rande der Legalität waren, hätte das dann doch eine Grenze überschritten.

NCS hatte allein in Niagara Falls 1.900 Mitarbeiter, weltweit waren es knapp über 7.000, womit es nicht zu den größten Konzernen gehörte, aber das war schon ein Global Player, vor allem im Bereich der Petrochemie. Es gab auf Facebook eine unzählige Anzahl von Gruppen, die irgendwie mit NCS zu tun hatten und je länger ich mich damit beschäftigte, desto mehr resignierte ich. Es gab einige negative Rezensionen, aber bei keinem von diesen fand ich Hinweise vor, die zu dem gesuchten Profil gepasst hätten. Dagegen wäre es ein Kinderspiel gewesen, den Buffalo Star zu durchleuchten mit seinen aktuell 266 Mitarbeitern. Bei NCS jemanden zu finden, mit dem man über Phil Harber reden konnte, schien dagegen ein hoffnungsloses Unterfangen zu sein.

Die Geschäftsführer Chris McCarty und Curt Sunstrum nahm ich besonders unter die Lupe, aber beide waren offensichtlich seit Jahrzehnten verheiratet, keine öffentlichen Skandale – das war verlorene Zeit.

Der Drache lieferte mir eine Handvoll Listen aus Tippgemeinschaften, Zeitungsberichten, Sportveranstaltungen – das waren am Ende hunderte von Namen. Ich bin sicher, sie hätte auch ein Programm schreiben können, das die Suche noch mehr spezifizierte, aber dafür fehlte die Zeit und ich wollte sie auch nicht zu sehr in Anspruch nehmen.

Es war gegen drei Uhr morgens, als ich dachte, langsam wäre etwas Schlaf nicht schlecht. Voller Frust gab ich bei Google *ehemalige NCS-Mitarbeiterin* ein. Google fand nur einen Beitrag. Agnes Bowles. Die Frau, die sich einen Kindheitstraum erfüllt und sich selbstständig gemacht hatte. Unter ihrem Namen war sie bei Facebook nicht zu finden, aber ihr Hundehotel *Into Dogness* war eine vielbesuchte Seite, in der sie offensichtlich auch viele Tipps zu Hege und Pflege von Vierbeinern gab. Ich ging einige Jahre rückwärts in der Chronik bis zur Eröffnung im Jahr 2010. *Jetzt wird alles besser,* schrieb eine Motivationskünstlerin unter dem ersten Plakat mit dem lustigen Hundewortspiel. Auf diesem sah man dann auch Agnes Bowles, umgeben von Pudeln, Cairn Terriern und einigen Hunden, die keiner bestimmten Rasse angehörten. Eine freundliche, kräftig gebaute, ältere Dame, die sich sehr konservativ kleidete.

Das konnte alles bedeuten, aber wenn Leute sich in einem etwas fortgeschrittenen Alter noch selbstständig machten – die Gute war sicher schon in ihren 60ern – dann war das möglicherweise nicht geplant gewesen. Dennoch war es fast unmöglich zu glauben, sie könne mir in irgendeiner Weise behilflich sein. Ich bedankte mich beim schwedischen Drachen, der offensichtlich die ganze Nacht durchgeschrieben hatte am neuen Roman, der auf den Philippinen spielte und in dem Edda Valby einen Mord an einer jungen Philippinin in Malmö aufklären musste, nachdem diese in der Heimat heimlich abgetrieben hatte. Zu diesem Zeitpunkt wusste ich das alles noch nicht, aber als wenige Wochen danach *Marissas Schuld* auf den Markt kam, hatte sie mich eingeweiht, wer sie wirklich war und danach las ich ihre Bücher mit ganz anderen Augen. Manchmal fragte ich mich, wieviel von ihr selbst in der Figur Edda Valby steckte. Vielleicht war das mit dem Drachen ja auch ganz anders gemeint …

Ich speicherte die Seite von Agnes Bowles unter den Favoriten und fuhr das Tablet herunter. Am nächsten Tag würde ich sie einfach mal besuchen und mal erproben, ob das Hotel etwas war für meine Lilly – ich fand das jedenfalls keinen schlechten Namen für eine erfundene Spitzmischlingsdame.

Die folgende Nacht war nur sehr kurz, aber immerhin konnte ich bis morgens durchschlafen. Mir verrieten der Kloß im Hals und das durchnässte T-Shirt, dass die Nacht nicht so ruhig verlaufen war, wie ich es gedacht hatte, aber ich schien zumindest einige Stunden geschlafen zu haben.

Kapitel 18

Joe Benchley. Mein Herz raste, als ich in West-Seneca in den Wildwood Place bog. Ich erinnerte mich an die Pressekonferenz seinerzeit, in der die Geschäftsführung von Hedderby Chemicals jegliche Beteiligung an dem schmutzigen Chemiewaffengeschäft abgestritten hatte. Ich hatte das Bild noch vor mir, als sei es gestern gewesen und nicht schon Jahrzehnte her. Grove übernahm das Reden, wehrte jede noch so provokative Frage aus dem Publikum mit einem überheblichen Lächeln und ein paar Gemeinplätzchen ab. Wenn man hinterher überlegte, was genau sein Punkt gewesen war, war es zu spät. Aber meist fiel es einem dann erst auf, dass er auf die Frage gar nicht wirklich eingegangen war. Oft antwortete er mit einer Gegenkonfrontation, die als Scherz getarnt war. Das war einer seiner gefährlichsten Waffen. Man stand nicht nur mit einer Konfrontation im Raum, bei der man das Gefühl bekam, sich rechtfertigen zu müssen, obwohl sie möglicherweise völlig aus der Luft gegriffen war; man musste auch noch ertragen, dass fast jeder im Saal lachte über den Fragesteller. Die erfahrenen Journalisten hatten sich daher auch seltsam zurückhaltend gezeigt. Mit Robert Grove in den Ring zu steigen, war Leichtsinn. Das schafften nur die ganz Großen. Donald Aaron Baker, der im späteren Verfahren die Nebenklage vertreten hatte, zum Beispiel, der war Grove gewachsen. Baker hatte Nerven wie Drahtseile. So cholerisch er auch manchmal sein konnte, so war er im Gerichtssaal seltsamerweise ein anderer Mensch. So, wie man von Rockstars manchmal hört, dass sie im privaten Leben sehr schüchtern und zurückhaltend sind, während sie auf der Bühne die Sau rauslassen, so war der Gerichtssaal Bakers Bühne. Groves Spitzen liefen bei ihm ins Leere. Er antwortete sofort und blieb dabei ruhig und sachlich, wenn auch manchmal subtil mit einer spitzen Zunge, so dass das Publikum manchmal auch über Grove schmunzelte, was diesem gar nicht passte. Aber zum Zeitpunkt der Pressekonferenz war Hedderby schon verurteilt gewesen und die Geschäftsführung hatte sich von ihm distanziert, um den Firmennamen nicht zu beschmutzen. Joe Benchley dagegen hatte ruhig, fast nachdenklich daneben gesessen. Grove schien das zu ärgern, so dass er ihn des Öfteren ermutigt hatte, sich doch etwas mehr einzubringen. So drehte er sich manchmal, wenn er einen Witz gemacht hatte, über den das Publikum besonders laut gelacht hatte, zu ihm herüber und sagte laut: »Ist es nicht so? Nicht wahr? Ist doch so!« Und Benchley hatte genickt, als hätte Grove einen Knopf bedrückt. Genau dieses Verhalten hatte mein Gefühl gestärkt, dass da etwas nicht stimmen konnte. Grove war souverän wie immer gewesen, er hatte immer nach außen hin alles im Griff. Aber Benchley dagegen hatte unsicher gewirkt.

Benchley, der einmal zu den bestbezahlten Managern in Erie-County gezählt hatte, bewohnte nun ein relativ einfaches Holzhaus. Immerhin mochte es zirka hundert Quadratmeter groß sein, da mussten andere mit weniger auskommen. Aber für jemanden, der in den 80ern mit einem Cadillac Fleetwood herumgefahren war und eine Villa am Delaware besessen hatte mit über vierhundert Quadratmetern Wohnfläche, war das natürlich ein wirtschaftlicher Absturz, der einem freien Fall gleichkam. Aber: Gegenüber den paar Quadratmetern Zelle, die er sich zudem mit jemandem über zehn Jahre lang hatte teilen müssen, war das hier das Paradies.

Ich klingelte und hatte danach so etwas wie ein Déjà-vu. Benchley hatte mich nicht so schnell erkannt wie Townsend, aber als er dann realisierte, wer ihn da besuchte, war die Tür schon zu, bevor ich meinen Fuß dazwischen stellen konnte. Ich klingelte nochmal und er drohte mir mit der Polizei.

»Joe Benchley, wollen wir wirklich so über das Thema Hedderby Chemicals reden? Dass alle es mitbekommen?«

Ich sagte das erst nur in einer Lautstärke, so dass er es hören konnte, dann etwas lauter.

Die Tür öffnete sich und ich war sicher, wäre Benchley noch in Form gewesen, wäre er auf mich losgegangen.

»Sie waren ein Arschloch und Sie sind es immer noch«, sagte er zu mir. »Ich hab vor noch gar nicht langer Zeit einen Typen rausgeschmissen, der sich als Versicherungsvertreter ausgegeben hat und dann plötzlich den alten Dreck wieder auf den Tisch geworfen hat. Das war genauso ein Dreckskerl wie Sie – erinnerte mich daran, wie Sie damals waren. Genauso selbstverliebt und penetrant. Hatte so einen irischen Namen, sah aber nicht aus wie einer. Fragen Sie den!«

O'Reilly. Und noch einer, der uns verglich.

»Das war Brian O'Reilly, ein Journalist. Und ich kann ihn nicht fragen, weil er ermordet wurde, nicht lange, nachdem er Sie besucht hat.«

Benchley kam prüfend näher und schaute mich grimmig an.

»Wollen Sie da etwa einen Zusammenhang herstellen?«

Ich schüttelte den Kopf.

»Nein, nicht herstellen. Der Zusammenhang ist bereits klar. Die Frage ist nur, was wusste er, was heute noch von Belang sein könnte und was er von Ihnen erfahren hat?«

»Nichts hat der Rotzlöffel, Friede seiner Asche, von mir erfahren. Als ich merkte, dass er nur wegen einer Story hier war, schmiss ich ihn raus.«

Ich sah ihn hilfesuchend an.

»O'Reilly hat irgendetwas gewusst, hat in irgendeinem Wespennest herumgestochert und das wurde ihm zum Verhängnis. Ich bin da, um den Dreck aufzuräumen und dafür zu sorgen, dass nicht noch mehr Menschen ihr Leben lassen müssen. Es gab nämlich bereits zwei weitere Anschläge.«

Benchley sah aus der Tür, so als ob er prüfen wollte, ob ich alleine war. Dann sagte er:

»Nun kommen Sie schon rein!«

Er bot mir nichts zu trinken an, wollte offensichtlich, dass ich mich da nicht häuslich einrichtete. Immerhin kam ich rein, ohne Saras Namen erwähnen zu müssen, das beruhigte mich schon etwas. So konnte ich über meine Klientin sprechen, ohne ihre Identität preiszugeben.

»Das ist genau diese Verantwortungslosigkeit von euch Journalisten!«

Ich verzichtete darauf, ihn darauf hinzuweisen, dass ich das eigentlich seit über zwanzig Jahren nicht mehr war.

»Das geht es nur um Auflage, darum, auf das Titelblatt zu kommen. Über die Konsequenzen macht ihr euch keine Gedanken.«

Ich wusste nicht ganz, was er meinte. In seinem Fall halfen die Titelblätter des Buffalo Star, Grove und Benchley eines Verbrechens zu überführen, das politisch weitreichende Konsequenzen nach sich gezogen hätte. Hatte er sich darüber Gedanken gemacht, als sie die Verhandlungen mit den Russen geführt hatten? Auch wenn erst 1997 durch die Chemiewaffenkonvention eine Ächtung erfolgt war und danach die Vernichtung der chemischen Kampfstoffe alleine in den Staaten ein Milliardenloch in den Haushalt riss, so galten doch auch vorher C-Waffen als besonders verachtenswert. Da machte also einer solch schmutzige Geschäfte mit einem russischen Partner und sprach hier von Konsequenzen und Verantwortung? In mir fing es schon an zu brodeln, aber diese Diskussion hätte umgehend zum Ausgang geführt. Und Benchley war so ziemlich die einzige Spur, die zu irgendetwas Verwertbarem führen konnte.

»Phil Harber. Ist Ihnen der Name schon einmal untergekommen?«, fragte ich stattdessen.

Benchley sank offensichtlich innerlich zusammen. Ein bisschen machte ihn das sympathisch, dass man ihm jede seiner Emotionen sofort ansah.

»Was wissen Sie von Phil Harber? Wie kommen Sie auf den?«, fragte er mich.

Ich zuckte mit den Achseln.

»Er ist nur die einzig nennenswerte Verbindung, die wir zwischen Hedderby Chemicals und NCS sehen können. Das muss gar nichts heißen, könnte aber eine Spur sein.«

Benchley saß da wie getroffen. Allein das war eine Bestätigung, dass Phil Harber eine Spur war. Dass er nicht nur zufällig für beide Unternehmen arbeitete. Er atmete schwer und schien dichtmachen zu wollen.

»Hören Sie, ich verspreche Ihnen, hier geht es nicht um eine Story, die ich an eine Zeitung verkaufen will. Ich bin nicht mal mehr Journalist. Ab und an liefere ich zwar dem Buffalo Star einen Artikel, aber ich verspreche Ihnen, ich werde zu dieser Sache nichts schreiben oder Informationen weitergeben, die der journalistischen Ausschlachtung dienen. Mir geht es auch nicht darum, die beteiligten Personen von damals nochmals ins Rampenlicht zu zerren. Alle haben ihre Strafe erhalten. Sie haben Ihre Strafe abgesessen, Grove ist in einer Seniorensiedlung und, wie ich hörte, im Anfangsstadium Demenz. Und Hedderby ist seit langem tot. Damit haben alle direkten Beteiligten bezahlt für das, was sie getan haben.«

Benchley verzog die Miene und er sah finster aus.

»Nein, nicht alle«, sagte er dann nach einer Pause und meine Ohren weiteten sich.

»Sie, Grove, Hedderby«, begann ich dann. »War da noch jemand beteiligt?«

Benchley drehte den Kopf langsam zu mir und sagte:

»Hedderby war unschuldig.«

Er gab es zu!

Mein Pulsschlag überschlug sich.

»Was? Ich war doch damals dabei bei der Pressekonferenz, als Grove und Sie da saßen und Hedderby alleine die Schuld zuweisen wollten.«

Ich atmete tief ein.

»Ja, zu dem Zeitpunkt gab es auch noch keine Beweise für das Gegenteil.«

»Hedderby hat viele Dinger gedreht, aber nie konnte man ihm etwas nachweisen. Aber in dem Fall war die Beweislage erdrückend?«, meinte ich und betonte es als Frage.

»Das wäre auch dieses Mal so gewesen. Was meinen Sie, warum man Hedderby nie etwas nachweisen konnte? Weil Grove ein Meister war, wenn es darum ging, Spuren zu verwischen. Wenn keine Spur zu Hedderby führte, führte auch keine Spur zu Grove. Und zu mir damit auch nicht. Grove spann ein Netz von Firmen, an denen Hedderby Chemicals beteiligt war und die nur dazu dienten, Gelder zu waschen und Spuren zu verwischen. Das alles wäre dieses Mal genauso gelaufen wie immer. Aber der Alte wollte diesmal nicht.«

Ungläubig sah ich Benchley an.

»Wollte nicht?«

»Phil Harber. Ein Großkotz, ein eingebildeter Fatzke, kam direkt von der Uni und behandelte seine Kollegen wie Anfänger. Alle haben ihn gehasst, aber ihn zu entlassen, ging nicht. Der Typ hatte auch mehr drauf als alle anderen zusammen. Der Einzige, der ihm noch etwas beibringen konnte, war Peterson, unser damaliger Laborleiter. Alle anderen waren Dilettanten in seinen Augen. Aber gewissermaßen zu Recht. Eines Tages dann kam er in mein Büro und erzählte mir von einer unglaublichen Idee. Eine chemische Waffe, wie es sie so noch nie gegeben hatte. Aber er hatte keine grobe Vorstellung davon, wollte keine Forschungsgelder beantragen dafür – der Mann hatte ein fertiges Konzept, einen kompletten Plan. Chemische Substanzen, die, jede für sich, harmlos waren, zusammen aber schon in einer kleinen Menge enorme Schäden verursachten. Das löste einerseits das Transportproblem und andererseits konnten die Substanzen getrennt voneinander transportiert werden, ohne dass jemand Verdacht geschöpft hätte.«

»Aber heute auch noch?«

»Spätestens seit dem 11. September nicht mehr. Hier nicht mehr. Aber es gibt andere Länder, in denen der Sicherheitsstandard bei weitem nicht so hoch ist wie bei uns.«

Dieser Phil Harber war also eine viel größere Nummer als gedacht.

»Das alles war weit vor 1997«, fuhr Benchley fort. »Chemische Waffen wurden damals ganz normal auch für unser Militär entwickelt und waren ein sehr gutes Geschäft. Ich bin damit gleich zu Grove. Er erkannte das Potential sofort und war hellauf begeistert. Wir weihten Hedderby ein und er bekam leuchtende Augen.«

»Sagten Sie nicht, er wollte nicht?«

Benchley grummelte.

»Warten Sie 's doch ab, Mann. Hedderby hatte gute Kontakte zum Militär und dort war man zunächst sehr interessiert. Aber die Folgen, die ein Einsatz dieser Waffe verursacht hätte, waren so grausam, dass sie davon Abstand nahmen. Eine Waffe, die man nicht einsetzen will, ist keine nützliche Waffe. Das hatte der kleine Hosenscheißer vergessen uns mitzuteilen. Wir gingen von einer konventionellen Waffe aus, aber diese Waffe war um ein Vielfaches grausamer. Auch die Dekontaminationszeit war viel zu lang, so dass Gebiete, in denen sie eingesetzt worden wäre, noch tagelang unbewohnbar gewesen wären. Das amerikanische Militär winkte ab.«

»Aber die Russen nicht?«

»Die russische Regierung auch. Aber Grove stellte den Kontakt zu diesem Chemiekonzern auf der Krim her und die hatten Interesse an der Herstellung und am Verkauf in andere Länder, vor allem nach Vorderasien. Sie boten Unsummen dafür und wir hätten unser Leben lang Kaviar kotzen können. Aber der Alte wollte nicht. Der hatte so viele krumme Dinger schon gedreht, dass er seine Schäfchen im Trockenen hatte.«

»Und Ihnen waren die Folgen nicht klar? Ich kann nicht glauben, dass das nicht vorher getestet wurde.«

Benchley verzog das Gesicht.

»Wir sind zu früh damit raus, die ganze Idee klang so verdammt gut und Harber hatte das alles sehr gewissenhaft ausgearbeitet. Er hatte sogar Ideen für die Verpackung. Tarnung als Nachschubkonvoi für Medizin und Treibstoff. Alle Zutaten waren jede für sich bestens erforscht, aber die Zusammensetzung war neu. Diese genau zu bestimmen, ging nur in Experimenten an Tieren. Ich selbst habe die Videos elendig verendender Schafe gesehen … Es hat eine ähnliche Wirkung wie Sarin, nur wirkt es so viel schneller, dass selbst ein sofort verabreichtes Gegenmittel ohne jede Wirkung sein würde. Wer dem ausgesetzt ist, verliert nach wenigen Minuten seine Sehkraft und hat keine Kontrolle mehr über seine Muskeln. Es folgen unsagbar schmerzvolle Krämpfe und am Ende stirbt man durch Atemlähmung oder man erstickt an seinem eigenen Mageninhalt.«

»Und doch haben Sie weitergemacht?«

»Als das Militär dankend ablehnte, nahm Matthew Hedderby Abstand von der Sache. Er wollte keine krummen Dinger mehr drehen. Und dann schleppte Harber diesen Russen an. Yury Tscher...«

Ich stieß einen Pfiff aus.

»Tschernjawaskii? Yury Sergeyevitch Tschernjawaskii? Es gab damals Gerüchte, er sei der Verbindungsmann gewesen, aber er hatte ein Alibi.«

»Grove. Der konnte sowas. Spuren verwischen, Scheingeschäfte, ganze Scheinfirmen – glauben Sie, Matthew Hedderby wäre da der Kopf gewesen? Nein, Hedderby hatte zwar oft gute Ideen, das Konzept noch weiter zu verfeinern. Aber der Kopf war Grove. Nur: Während Hedderby mit seinem Konzern Millionen verdiente und beiseite schaffte, verdiente Grove nur ein Managergehalt, so wie ich. Zugegeben, es war großzügig, aber es war irgendwie nicht fair, zumal man ja gesehen hat, dass man uns genauso zur Rechenschaft zog. Wir trugen das gleiche Risiko, aber der Gewinn war ungleich verteilt.«

»Haben Sie dann Harber gefeuert oder hat ihn NCS abgeworben?«

Benchley kratzte sich am Hinterkopf.

»Weiß ich nicht, ob die ihn abgeworben haben. Eines Tages hat er jedenfalls gekündigt und erzählte wohl, ihm sei eine gehobene Stelle angeboten worden – die Gelegenheit könne er sich nicht entgehen lassen. Ich hab es selber ja auch erst später erfahren, ich saß zu dem Zeitpunkt bereits in Untersuchungshaft. NCS war damals noch gar nicht so groß, weitaus kleiner als wir. Aber bei uns war ein Aufstieg schwer möglich, weil bei einer Führungspersönlichkeit zwar Fachwissen unabdingbar ist, aber es gehört noch mehr dazu. Keiner von uns traute ihm so etwas wie Personalführung zu. Wir hätten uns schon etwas für ihn einfallen lassen, aber er wollte unbedingt wechseln, von daher: Reisende soll man nicht aufhalten. Aber so kam er gut raus, er hatte das alles angeleiert und spazierte all die Jahre frei herum draußen.«

»Und dann war da dieses Treffen in Toronto …«

Benchley lachte abfällig.

»Ich saß gerade zuhause mit meiner Frau beim Abendbrot, da rief Grove mich an, ob ich die Nachrichten schauen würde. Da kam im Fernsehen etwas über Hedderbys Festnahme und dem ominösen Treffen in Toronto. Unfassbar, dass das so geglaubt worden ist. All die Jahre waren wir so vorsichtig und dann sollte uns so ein Fehler unterlaufen? Lächerlich war das. Hedderby hat seine Unschuld ja auch immer wieder betont und wir haben das Ende ja auch bestätigt.«

»Naja«, warf ich ein, »aber am Anfang passte Ihnen das offensichtlich recht gut – sonst hätten Sie sich nicht in der Pressekonferenz kurz danach so entschieden distanziert.«

»Ja, das haben wir wohl. Wir versuchten, unsere Haut zu retten. Immerhin ging es hier nicht um einen Ladendiebstahl oder sowas.«

Gerade deshalb!

»Wir dachten: ‚Was kann ihm das schon bringen? Ein paar Jahre vielleicht, dann kommt er raus und ist immer noch vielfacher Millionär. Und vielleicht bekommt er ja auch nur Bewährung.' Wir waren etwas naiv damals offensichtlich.«

Etwas? Er sagte *etwas* …

»Von da an lief alles schief. Es gab eigentlich keine direkte Spur zu uns. Bis dann Baker & Doyle Beweise auffuhren, wo ich mich heute noch frage, wo die hergekommen sind. Ich hatte Harber im Verdacht, aber ich traute ihm das nicht wirklich zu. Er war ein Arschloch, aber er war eine Laborratte, keiner, der in Spielen dieser Größenordnung mitmischen konnte. Ich weiß es nicht, aber da wurden Hotelrechnungen vorgelegt, obwohl wir eigentlich immer in solchen Fällen über eine unserer Firmen das Hotel gebucht hatten. Das hätte Hedderby nicht anders gemacht. Warum auch? Dann gab es ein Foto von Tschernjawaskii, das ihn in der Lobby zeigte, und schließlich fanden sie die ersten Container mit den als Medizin deklarierten Kampfstoffen, die zunächst nach Rotterdam verschifft werden sollten, obwohl auch hier direkt Hedderby Chemicals nichts mit zu tun hatte. Das lief alles über eine Firma, an der Grove Beteiligungen erworben hatte.«

Es schien ihn offensichtlich immer noch zu wurmen. Es war der Traum – einige Verschiffungen nach Rotterdam mit Weiterleitung nach Simferopol und er hätte ausgesorgt gehabt. Aber dachte er denn, er wäre da einfach so rausgekommen? Die hätten einfach sagen können, sie wollten das Geschäft nicht mehr weitermachen? Ich dachte, dass das auch ein Punkt gewesen war, warum Matthew Hedderby die Finger davon gelassen hatte.

»Gab es denn noch weitere Namen, die in das Geschäft verwickelt waren?«, fragte ich.

Benchley schüttelte den Kopf.

»Die ganze Firma steckte da mit drin, aber wo drin die Firma steckte, das wussten nur wir.«

»Dieser Phil Harber ist ein Gespenst. Es gibt keine Fotos, keine Berichte über ihn, nichts.«

Benchley nickte. »Harber war immer schon ein bisschen paranoid. Daten irgendwo zu hinterlegen, wo sie möglicherweise vor der Neugier anderer Menschen nicht sicher waren, war ihm zuwider.«

Im nächsten Moment öffnete sich die Tür und Mrs. Benchley kam rein. Nach all den Jahren Gefängnis, all den Anfeindungen als Vaterlandsverräter, nach dem Absturz aus einem Leben, finanziert durch ein hohes Managergehalt, in ein Leben in einem schlichten Holzhaus war sie immer noch bei ihm. In guten wie in schlechten Zeiten war wohl bei kaum einem Ehepaar so zutreffend wie bei den Benchleys. Und ich war beeindruckt und gleichzeitig irritiert. Bislang war eine beeindruckende Zahl für mich, in einem Jahr mit 59 verschiedenen Frauen geschlafen zu haben. Das war 1991. Keine dieser 59 Frauen hätte auch nur ansatzweise darüber nachgedacht, so etwas für mich zu tun. Keine. Auch keine in den Jahren danach. Ich glaube, nicht einmal Allyssa wäre so weit gegangen. Ich versuchte ernsthaft, eine zu finden, von der ich mir das je gewünscht hätte, aber auch da fiel mir keine der Verflossenen ein. Und dann dachte ich an Gina, an ihren harten Job und an unser Gespräch vom Vorabend. Und an ihre hübsche Nase und ich fragte mich, ob ich mich auch für Gina nur so interessierte, weil sie so wunderschön war. Ich wusste, dass ich, was Frauen betraf, immer schon oberflächlich gewesen war. Das war auch nie ein Angriffspunkt für mich gewesen. Ich wollte keine tiefe Beziehung, also war ich eben oberflächlich. Ich war nicht stolz drauf, aber es war doch etwas, was mich ausmachte und ich dachte immer, all die Männer mit ihren Ehefrauen, die sie ständig auf der Arbeit anriefen, die ihnen sooft sie konnten ein schlechtes Gewissen wegen allem Möglichen machen mussten, dass all die Männer neidisch auf mich wären, dass ich einfach Freitagabend in irgendeinen Club gehen und meistens am Samstagmorgen in einem Bett einer Frau aufwachen konnte, die ich gerade erst am Vorabend kennengelernt hatte. Und jetzt saß ich hier und blickte neidisch auf die Benchleys, die seit 46 Jahren verheiratet waren. Ob es je in meinem Leben einmal *die Richmonds* geben würde? Da erfuhr ich gerade Einzelheiten über einen Fall, der mich mein ganzes Leben über begleitet hatte, Einzelheiten über einen der größten Skandale von Erie County, und hatte Gina im Kopf. *Gina Richmond* schrieb ich gedanklich vor meinen Augen auf und erschrak.

Kapitel 19

Die Hundedame erwies sich als kalte Spur. Sie war nur sehr kurz bei NCS im Mahnwesen gewesen. An den Namen Phil Harber konnte sie sich nicht erinnern, obwohl Harber ja inzwischen zur Geschäftsleitung zählte.

Viel weiter war ich also immer noch nicht. Aber ich wusste, ich musste irgendwie an ihn herankommen.

Ich hatte einen Bärenhunger und dachte für einen Moment daran, Vince anzurufen, aber ich wusste nicht, welche Schicht er hatte – so würde ich ihn vielleicht wecken. Dabei hätte ich wahrlich nichts dagegen, mal wieder einem Freund gegenüberzusitzen.

Ich parkte meinen GTX vor der Detektei und blickte mich um. War ich zu Recht nervös? Aber weit und breit war nichts Außergewöhnliches zu sehen. Ich hielt das für eine gute Idee, mal wieder im Büro nach dem Rechten zu sehen und die Post zu kontrollieren. Der Briefkasten war aufgestemmt worden, als bei mir eingebrochen worden war und ich hatte noch keine Gelegenheit gehabt, ihn zu ersetzen. Somit stand er nun halb offen und es lag neben diversen Werbeflyern von Pizzerien, Schlüsseldiensten und ähnlichem nur ein Brief darin. Er war ohne Absender, aber mit New Yorker Stempel. Ich war ziemlich aufgeregt und ging schnell ins Büro und öffnete ihn. Er war leer. Leer bis auf einen schwarzen USB-Stick. Er sah genauso aus wie der, den Sara benutzte. Mein Herz raste und ich konnte das Blut in meinen Adern pulsieren hören. Nervös fuhr ich mein Notebook hoch und steckte den Stick in einen USB-Port. Dann klickte ich auf das

Laufwerk und sah eine ähnliche Ordnerstruktur wie auf Saras Bildschirm:

- Baker & Doyle
  - Donald Aaron Baker
  - Jonathan Doyle
- Buffalo Star
  - Niclas Richmond
- Chemische Waffenexporte USA
  - Irak
  - Russland
    - Hedderby Chemicals Inc.
    - NCS
- Hedderby Chemicals Inc.
  - Matthew Hedderby
    - Bio
    - Gerichtsakte
    - Zeitungsartikel
  - Robert Grove
    - Bio
    - Gerichtsakte
    - Zeitungsartikel
  - Joe Benchley
    - Bio
    - Gerichtsakte
    - Zeitungsartikel
- NCS Niagara Chemical Solutions
  - Mitch Jacobs
  - Phil Harber
- OOO Sadovekali
  - Michajl Koltchakov
  - Fjordor Wladnik
- Yury Sergeyevitch Tschernjawaskii

Wie zum Teufel war der Kerl an die Gerichtsakten gekommen? Meine Achtung vor O'Reilly schien mit jeder neuen Information zu wachsen. Er fing tatsächlich an, mich an mich selbst zu erinnern, an meine jungen Jahre beim Buffalo Star. Ja, auch ich hatte merkwürdige Artikel geschrieben über Themen, die ich so uninteressant fand, dass ich sie einfach ein bisschen aufpeppen musste. Man konnte es reißerisch nennen, aber ohne eine interessante Verpackung verkaufte sich nun einmal kein Produkt. Und die Verpackung eines Artikels innerhalb einer Zeitung war nun einmal die Überschrift. Und das Foto. Das Foto war extrem wichtig, weswegen ich unserem besten Fotografen Rob damals schon die eine oder andere Freikarte zu den Buffalo Bills hatte zukommen lassen. Und da ich selber einige Jahre regelmäßig zum Football gegangen war, hatten wir einige gemeinsame Spiele gesehen und dafür hat er sich oft große Mühe gegeben für die Artikel, die ich schrieb, so herausragende Bilder zu schießen, dass uns die Titelseite sicher war.

Aber eine optisch ansprechende Verpackung konnte auch zum Eigentor werden, wenn der Inhalt nicht passte. Und Recherche war schon damals immer eine meiner Stärken gewesen. Manch andere mochten ihre Artikel auf Meinungen und Einschätzungen aufbauen, aber für mich musste eine Story auf sicherem Fundament stehen. Und das sicherste Fundament waren Informationen aus zuverlässigen Quellen. Und Informationen gab man aus zwei Gründen weiter: Man fand jemanden sympathisch oder man wollte jemanden möglichst schnell wieder loswerden. Also entweder mochten mehr Leute O'Reilly, als ich das bislang gedacht hatte oder aber der Typ hatte es aus irgendeinem Grund geschafft, Druck aufzubauen, vielleicht durch sein Talent, so unsympathisch zu wirken, dass man ihn sich vom Leib halten wollte und froh war, wenn er wieder ging oder den Telefonhörer auflegte. Hatten sie ihm deswegen alles erzählt, was er hatte hören wollen?

Aber auch dieser Stick gab nur Informationen wieder, er hatte noch keinen Artikel angefangen zu schreiben. Also war er wahrscheinlich noch an irgendetwas dran gewesen. Oder er hatte seine Recherche gerade beendet gehabt.

Mein Augenmerk fiel natürlich sofort auf NCS. Im Ordner *Hedderby* fand ich einen zeitlichen Ablauf, also quasi eine komplette Chronik von Hedderby Chemicals Inc., mit dem Zeitraum um den Skandal als Schwerpunkt natürlich, bis zur Übernahme von NCS. Soweit war der Fall bekannt. Was viel interessanter war, war die Frage, warum er einen Ordner *NCS* als Unterordner von *Russland* und *Chemische Waffenexporte* angelegt hatte. Veröffentlicht und bewiesen war nur der Versuch von der Geschäftsführung von Hedderby Chemicals, Know-how und Materialien nach Russland zu verkaufen. Gegen NCS war nie in einem ähnlichen Fall ermittelt worden.

Es gab in den 70ern einen Abwasserskandal bei einer Tochterfirma in Malaysia für Pflanzenschutzmittel, die jahrelang tonnenweise hochgiftige Dioxide in einen See gespült hatte, weswegen die Firma lange Zeit mit einem Imageproblem zu kämpfen hatte, obwohl sie sich bemühte, auch Jahrzehnte später immer wieder darauf hinzuweisen, dass alle Langzeitstudien keine Beweise hervorbracht hätten, die auf eine schädliche Wirkung auf die Anwohner hinweisen würden. Es gab weder eine erhöhte Todeszahl, noch einen Beweis für ein erhöhtes Krebsrisiko.

Aber mit chemischen Waffen war NCS nie in Verbindung gebracht worden. Die einzige Verbindung war letztlich Phil Harber. Alle Wege führen offensichtlich zu ihm.

Mitch Jacobs, der Name sagte mir natürlich etwas. Er war sowas wie das Gesicht von NCS. Karriereleiter hinaufgeflogen, kann man sagen. Absolvierte sein Chemiestudium als Jahrgangsbester an der Stanford University in Kalifornien, diverse landesweit beachtete Publikationen, vor allem in seinem Spezialgebiet, der Radiochemie, schon während seines Studiums direkt von der Universität in das Forschungsteam von NCS gewechselt, das er sieben Jahre später leitete, um dann in die Geschäftsführung zu wechseln. Eine Außendarstellung wie ein Politiker, hätte auch als Pressesprecher keine Konkurrenz gehabt. Ein aalglatter Karrieretyp, der nicht nur ein besessener Nerd war, sondern auch ein kultivierter, wortgewandter Redner, der Interviewpartner immer solange gutaussehen ließ, wie sie ihn gutaussehen ließen. Verließen sie aber diesen Pfad und stellten unangenehme Fragen, holte Jacobs zum Gegenschlag aus. Er war da Grove sehr ähnlich, allerdings ohne dessen Sinn für spitze, als Scherz getarnte Retourkutschen. Ein kluger Kopf und gleichzeitig ein hervorragender Redner. Aber nach Exporten von chemischen Waffen nach Russland hatte ihn noch keiner gefragt. Ich überflog den recht kurzen Text, den O'Reilly über Jacobs geschrieben hatte. Wie es aussah, hatte er einen ehemaligen Mitarbeiter von NCS befragt, der ihn darüber informiert hatte, dass Jacobs mehrfach in die Ukraine geflogen war. Bei diesen Reisen fielen die Namen Wladnik und Koltchakov. Das waren die beiden Typen von OOO Sadovekali, das wiederum musste die russische Chemiefabrik sein, die sie vertreten hatten, als sie schon mit Matthew Hedderby über den Export von Know-how zum Bauen moderner, chemischer Waffen verhandelt hatten. Ein Geschäft mit Hedderby Chemicals, das bekanntlich nie zustande gekommen war. Sollte da NCS den verlorenen Ball aufgenommen und selbst das Geschäft weitergeführt haben? Die Firma lag in der Nähe von Simferopol, das war bis vor kurzem noch ukrainisches Staatsgebiet gewesen, fiel aber nun wieder an die Russen. War das die Geschichte, die sich änderte? Dass sich dieses Know-how nun wieder in den Händen der Russen befand? Zu einem Zeitpunkt, an dem diese sich wieder weiter vom Westen abgrenzten und wirtschaftliche Sanktionen auf beiden Seiten das Verhältnis weiter trübten? Und was wäre ein zwanzig Jahre altes Know-how heute noch wert? Vielleicht gar nicht mal so wenig. Die USA hatten schon über neunzig Prozent ihrer chemischen Waffen vernichtet. In anderen Ländern sah das sehr ähnlich aus.

Also, es gab auch – zumindest offiziell – keine Forschung mehr, die die Waffen optimieren konnte. Wer da Interesse hatte, für den war auch eine zwanzig Jahre alte Verbesserung der vorherigen Technologie möglicherweise noch interessant. Vor allem vielleicht in Ländern, in denen die Waffentechnologie ohnehin weniger fortschrittlich war.

Wieder einmal breitete ich vor meinem inneren Auge die Mordfalltafel O'Reilly aus mit allen Namen, die damit in Verbindung standen und fragte mich, was ich übersehen hatte. Oder war das Bild schon komplett? Beauftragte Jacobs den Aufragskiller? War die alte Frau auf der Vernissage eine Verwandte von ihm? Eine Verbündete? Steckte hinter all dem NCS? Ich musste sichergehen und versuchte mir noch einmal alle Namen auf den Bildschirm zu holen, erst auf den inneren, dann auf den meines Tablets. Selbst den Namen *Agnes Bowels* gab ich nochmal ein und es gab nur einen Eintrag zu ihr, nämlich den zu ihrem Hundehotel. Dann kam ich auf einen Namen, nach dem ich noch nie gesucht hatte: Es gab auch nie einen Grund dafür, nach dem Namen zu suchen. Aber manchmal tut man einfach Dinge, von denen man sich fragt, warum man das nie zuvor getan hat. Und manchmal Dinge, die eigentlich auf keiner Logik basieren, sondern nur aus einem Instinkt heraus, vielleicht auch nur aus der Verzweiflung, dass alle vermeintlich involvierten Namen keinen Fortschritt bringen. Melinda Caven, jene Rezeptionistin aus Toronto, die im Humble Bay Castle *ge*arbeitet hatte, dem Hotel, in dem Hedderby damals überführt worden war, als er sich mit den Russen getroffen hatte. Die mir als Mittel zum Zweck gedient hatte, um an die Beweise heranzukommen. Es gab wenig Spuren von ihr, aber immerhin hatte sie ein eigenes Facebook-Profil und das war interessant. Ein Jahr, nachdem sie beigetreten war, erstellte sie das Ereignis *Hochzeit*. An sich nichts Ungewöhnliches. Es gab auch einige Bilder in einem Album. Auch auf denen war nichts Ungewöhnliches zu sehen. Es war nur interessant, was nicht darauf zu sehen war. Man sah die Gäste, nicht sehr viele Gäste, aber einige sah man schon. Man sah zwei Brautjungfern in langen, auberginefarbenen Kleidern und einmal sah man die Braut, wie sie mit den Brautjungfern anstieß. Ich schüttelte den Kopf. Es war komisch – auch von meinen Facebook Freundinnen wurde schon das Ereignis *Hochzeit* erstellt und in fast allen Fällen wurde erstmal das Titelbild geändert und es sah immer relativ gleich aus. Braut und Bräutigam küssen sich, Bräutigam steckt der Braut den Ring auf den Finger, Bräutigam trägt die Braut auf Händen und so weiter. Hier war nichts – es gab nicht einmal ein Bild vom Bräutigam. Nicht eines. Auch erwähnt wurde er nicht. Das war merkwürdig. Melinda hatte keinen Arbeitgeber angegeben – es schien schwierig zu werden, sie zu finden.

Und dann war es doch ganz einfach. Florence Seaman, die elfte Freundin von ihr, die ich mir näher ansah, postete Bilder von einem gemeinsamen Betriebsausflug. Melinda arbeitete also im Duncan Garden in Niagara Falls, dem kanadischen Niagara Falls. Das Hotel war sehr beliebt. Es lag nicht weit von der Rainbow Bridge, über die man in die USA gelangte, fast direkt daneben lag das Hard Rock Café mit der überdimensionalen Gitarre, die in den Himmel ragte. Das war keine schlechte Wahl. Und dann durchforstete ich die Fotos von Florence weiter und fand ein weiteres von Melinda, die sich gerade von einem Mann verabschiedete und in die Kamera lächelte. Das Gesicht des Mannes war nur im Halbprofil zu erkennen, aber es reichte. Es reichte, um mich an ihn zu erinnern. Und es traf mich wie ein Schlag. Warum kannte Melinda Caven den Mann, den ich einst auf dem Oktoberfest in Hamburg, einem Ort eine viertel Autostunde südlich von Buffalo, kennengelernt hatte und der mir damals den Tipp gegeben hatte mit dem Humble Bay Castle? Was hatten diese beiden Personen zusammen auf einem Foto zu suchen? Jener Tom, der mir seinen Nachname nie verraten hatte, jener Tom, der angeblich einen Verwandten bei Hedderby Chemicals in der Buchhaltung hatte und der aus patriotischen Gründen das

Geschäft stoppen wollte. Was hatte der mit Melinda Caven zu tun, die zufällig an der Rezeption gearbeitet und der ich für eine Nacht ein bisschen Glück geschenkt hatte?

Und natürlich durchfuhr mich ein Gedanke wie ein Güterzug: Was, wenn es kein Zufall war? Ich glaubte an Zufälle. Einerseits. Anderseits machten mich Zufälle genauso skeptisch wie jeden anderen auch. Hinzu kam ja, dass Melinda nicht mehr in Toronto arbeitete, sondern in Niagara Falls. Mein erster Gedanke war, was müsste das für ein Zufall sein, dass Tom ausgerechnet in dem Hotel jemanden kannte, in dem das Treffen mit den Russen stattgefunden hatte. Aber vielleicht dachte ich da falsch herum. Genau *weil* Melinda in diesem Hotel arbeitete, fand das Treffen vielleicht dort statt. Ergab das einen Sinn? Oder schlug das Schicksal hier Kapriolen und die beiden kannten sich zu der Zeit noch gar nicht?

Ich verließ ungern den Pfad des Legalen, aber wie man einen Facebook-Account knacken konnte, das hatte ich mir selbst mal anhand der unzähligen Anleitungen im Internet beigebracht. Ich hatte da sogar schon Foren besucht, wenn ein neues Update es mal wieder etwas schwieriger machte. Ich hatte nie einen Schaden angerichtet. Um genauer zu sein, hatte ich es auch erst einmal wirklich für nötig und vielversprechend befunden. Denn dass Kriminelle ihre Taten auf Facebook ankündigten, war im höchsten Maße unrealistisch, auch nicht per persönlicher Nachricht. Aber hier hoffte ich, irgendetwas zu finden, das mir da weiterhelfen konnte. Ich glaubte an Zufälle und dann kam wieder so einer. Florence war meine tapfere Kriegerin im Kampf gegen – wen auch immer, denn sie wünschte *euch viel Spaß in New York nächste Woche – wann geht es los?* Und die Antwort lautete: *Samstag*. Eine Woche lang würde sich Melinda in New York aufhalten. Und sie würde nicht alleine sein.

Ich griff zu meinem Blackberry und wählte Saras Nummer. Es war offensichtlich gerade sehr unpassend, aber auf meine Frage, ob ich morgen noch einmal in Rye übernachten dürfte, erhielt ich so eine schnelle positive Antwort. Ich legte auf und spürte meinen Puls in meinem Hals, als ich die Nummer des NYPD wählte mit der Durchwahl von Detective Gina Lonardoni. Grob umriss ich die aktuellen Ereignisse und gab ihr das Passwort meiner virtuellen Festplatte, auf die ich die wesentlichsten Dateien hochgeladen hatte, die sich auf O'Reillys Stick befanden. Und ich gab ihr einen Namen: Melinda Caven. Ich bat sie herauszufinden, in welchem Hotel sie absteigen würde.

»Hör zu, kann sein, dass das eine Sackgasse ist. Melinda ist eine Hotelfachfrau – ich habe keine Ahnung, wieso ihr Name in der Lostrommel ist, aber wir müssen jede Spur ausschließen, wenn wir sie nicht weiter verfolgen wollen. Nicht, weil wir glauben, dass sie kalt ist, sondern weil wir es wissen.«

Gina zögerte. War das nicht genau die Richtung, in die sie nicht weiter ermitteln sollte? Musste sie den anderen Verein jetzt nicht informieren? Riskierte sie hier ihren Job?

Und mich lächerlich machen? Dachte sie. *Nur weil so ein Privatschnüffler einen Namen in den Ring warf, muss ich doch nicht gleich den Präsidenten informieren!*

»Okay, ich werde alle Hotelbuchungen und Flüge durchgehen und wenn sie tatsächlich in New York sein wird, beantrage ich, ihr Handy zu lokalisieren. Bis eben hätte ich am Wochenende endlich mal wieder frei gehabt. Rich, du hast Talent, dich beliebt zu machen.«

»Danke«, grinste ich breit durch das Telefon.

Kapitel 20

Es war später Abend, als ich auf der Terrasse mit einem Bier saß und auf den See blickte. Samantha hatte sich gerade verabschiedet, aber Sara war noch hellwach und sog aus mir jede noch so kleine Kleinigkeit heraus, die ich seit unserem letzten Gespräch in Erfahrung gebracht hatte. Selbst die nicht so wichtigen Dinge.

»Du hast Gina angerufen? Aus Buffalo?«

Ich nickte und sie lachte. Das Treffen in dem italienischen Restaurant hatte ich ausgelassen, vielleicht war sie daher überrascht.

»Interessant. Und was versprichst du dir nun von dieser Melinda?«

Wenn ich das wüsste …, dachte ich, sagte aber stattdessen wieder den Spruch auf mit der kalten Spur, die man trotzdem erst dann ausschließen konnte, wenn man *wusste,* dass sie zu nichts führte.

»Das ist kein Spiel«, ermahnte ich sie nochmals, nachdem ich zwischenzeitlich den Eindruck bekam, sie glaubte, sich inmitten einer Krimishow zu befinden.

»Das weiß ich doch!«

»Gott, ich brauch noch ein Bier. Und einen freien Kopf. Der Fall macht mich fertig.«

Sara sprang auf und eilte in die Küche. Sie kam mit einem kalten Lager zurück und ich hatte ein schlechtes Gewissen, weil ich nicht freundlicher gefragt hatte.

»Was mich beunruhigt«, sagte sie dann, als sie wieder am Tisch saß, »ist die Tatsache, dass nicht eine einzige Sekunde der Erinnerung zurückgekommen ist. Die haben mir ja einiges erzählt, Bruchstücke zum Beispiel von dem, was mir die ältere Dame erzählt haben soll und ich dachte, ich erinnere mich. Aber ich glaube, ich erinnere mich nur daran, was mir die Leute später erzählt haben. Ich werde da wahnsinnig, wenn ich daran denke.«

»Dann versuch doch mal, nicht daran zu denken. Vielleicht kommt dann wieder was zurück.«

Sara nickte. Eine Weile saßen wir nur so da und sagten nichts. Aber es war nicht so, dass es eine unangenehme Stille gewesen wäre, sondern eher, als würden wir beide den Tag einfach ausrollen lassen. Die Anspannung der letzten Tage steckte in unseren Knochen und ich hatte das Gefühl, vor allem Sara täte sich schwer, die Last mal abzuschütteln.

»Wie habt ihr beide euch denn jetzt eigentlich kennengelernt, du und Samantha?«, wechselte ich auf ein, wie ich dachte, harmloseres Thema.

Wurde Sara rot oder täuschte das?

»Das wäre ein Thema letztes Mal gewesen, als mich der Wein in Plauderlaune versetzt hat«, sagte sie dann verlegen.

»Ach komm, wir sind doch Freunde.«

Sara sah mich lange an.

»Wir sind Freunde? Ja? Siehst du das so?«

Ich machte eine ziemlich unbeholfene Bewegung mit der linken Hand.

»Ja, irgendwie schon. Ich weiß nicht, warum, aber ich empfinde es so. Ich kann dir auch nicht sagen, warum. Ich gehöre eigentlich zu den Menschen, die nicht so schnell mit diesem Wort sind.«

Ich machte eine kleine Pause.

»Nein, du hast natürlich Recht«, sagte ich dann. »Dazu ist es noch viel zu früh. Aber seit dem Gespräch letztens habe ich so das Gefühl, dass ich wünschte, dass … – dass das nicht das letzte gute Gespräch war.«

Sara stand mit den Worten, sie brauche jetzt doch einen Wein, auf und kam kurze Zeit später zurück mit einem Glas und einer

Flasche kalifornischen Rotweins und ich stellte mich auf einen längeren Abend ein.

»Es ist so schön hier!« Sie drehte sich in Richtung See, nippte am Glas und seufzte tief. »Manchmal frage ich mich, wieso ich? Wieso habe ich das alles geerbt? Dieses Geld, das ich nicht erarbeitet habe. Dieses Haus, das mir in den Schoß gefallen ist und nun höre ich, womit mein Vater…« – sie zögerte – »… mein Erzeuger all das Geld *verdient* hat …«

»Ach, Sara. Manchmal nimmt das Leben – und da kann man dann nicht wirklich viel dagegen tun. Und manchmal gibt das Leben. Wie ausgeglichen das Nehmen und Geben am Ende ist, weißt du nur mit deinem allerletzten Gedanken. Wenn alles vorbei ist, dann kann man sagen, ob das Glück überwog oder das Pech.«

»Wie ist es bei dir?«

Ich schmunzelte.

»Das Match ist noch in vollem Gange.«

Sara nickte.

»Warum ist das für dich so etwas Besonderes? So ein gutes Gespräch, meine ich. Ich meine, du kannst doch offensichtlich gut mit Frauen, du hast Journalismus studiert und bist doch auch ohne Tastatur gewandt mit Worten …«

»Wow – sollte ich je auf den Gedanken kommen, eine Kontaktanzeige aufgeben zu wollen, lasse ich sie von dir formulieren!«, alberte ich.

Sara lachte.

»Nun bleib doch mal ernst! Ich meine, hat Allyssa dich jetzt für alle Frauen verdorben? Ist es das? Ein Trauma?«

»Nein«, sagte ich und war da ziemlich bestimmt. »Das wäre mir zu billig.«

»Was ist es dann?«

Es war einerseits ein gutes Gefühl, dass sie so viel Interesse an meinem Leben hatte, aber es machte die Sache mit ihr nicht leichter und andererseits redete ich nicht gerne über mich. Also, über meine Schwächen und meine dunklen Seiten. Ich zuckte nur mit den Achseln, aber sie blieb hartnäckig.

»Gab es nie eine Frau, mit der du wirklich reden konntest? Mit Reden meine ich über Träume, Ängste, über das, was dich bewegt, was dich wirklich ausmacht?«

Es traf mich ein bisschen, dass ich an dieser Stelle wirklich überlegen musste. Wie viele oberflächliche One-night-Stands lagen auf meinem Weg? Oder kurze Bekanntschaften, die ich dann nach *der einen Nacht* beendete – meist sogar noch während der Nacht? Und solche Gespräche wie dieses hier, da fiel mir kaum jemand ein. Allyssa und ich hatten viel geredet. Über den Traum, eine Band zu finden, die man im Vorprogramm von Bon Jovi unterbringen konnte (oder im besten Fall umgekehrt). Oder all die anderen Träume, die sie gehabt hatte. Ich hatte immer nur einen Traum gehabt: zu überleben. Einen Platz im Leben zu finden. Über die Ängste, dass das alles Zeitverschwendung sein könnte, dass sie in zehn Jahren immer noch Schülerbands coachen und tagsüber immer noch Woche für Woche Gläser spülen, Getränke servieren und Tische abwischen würde, bis sie in den Ruhestand gehen konnte. Für mich war der Wechsel zu Baker & Doyle auch ein Risiko gewesen. Als Privatdetektiv hatte ich keinerlei Erfahrung gehabt. Ich hatte nur darauf gebaut, dass die Recherchen ziemlich ähnlich abliefen wie die eines Journalisten. Jedenfalls, wenn man ein seriöser Journalist war. Mein Weg beim *Star* war vorbestimmt gewesen. Sicherlich wäre ich eines Tages Chefredakteur geworden. Oder zumindest stellvertretender Chefredakteur. Das wäre ein sicherer Gehaltsscheck an jedem Monatsende gewesen. Aber auch wenn vielleicht objektiv und aus heutiger Sicht betrachtet die Entscheidung falsch gewesen war, so ließ sie sich doch nicht mehr ändern. Und ich verschwendete nie einen Gedanken an etwas, das sich nicht mehr ändern ließ. Allyssa hatte das andauernd gemacht. Wäre ich da links und da geradeaus gegangen und wäre ich da abgebogen und hätte ich an der Stelle nicht auf dich gehört … Das kann man alles mal machen und ist bestimmt auch interessant, aber welcher Schachspieler sitzt in einem Turnier an einem Schachbrett mit einer unerbittlich tickenden Schachuhr und geht in Gedanken durch, wie das Spiel verlaufen wäre, wenn er da den und dort den Zug gemacht hätte? Reine Zeitverschwendung. Es gab doch noch immer viele Züge und viele Wege, die man noch ausführen oder gehen konnte.

»In der Tat gibt es eine Frau«, sagte ich dann und erzählte ihr von Maureen, natürlich ohne zu erwähnen, dass sie eine Ex-CIA-Agentin war.

»Maureen ist … Sie ist die einzige Frau, die mich so kennt, wie ich bin. Die einzige, bei der ich mich nie verstellt habe. Naja, nicht so richtig jedenfalls – wir haben beruflich bedingt schon auch mal ein paar Geheimnisse voreinander. Aber sie ist eine Freundin. Eine, die ich sehr selten sehe, aber wenn, tut sie mir gut.«

»Schläfst du mit ihr?«

Was ist das für eine Generation, die so neugierig und offen ist?

»Nicht mehr«, antwortete ich und ärgerte mich schon direkt danach über die Formulierung, die eine Einladung zum Nachfragen war. Offensichtlich zumindest für Sara.

»Warum nicht mehr?«, bohrte sie nach und nahm einen großen Schluck vom Roten.

Was zum …

Ich erzählte ihr von früher, dass wir uns da noch öfter getroffen hatten, dass sie etwa fünfzehn Jahre älter war als ich und es eine Weile richtig gut gelaufen war. Unverbindlicher Sex mit einer guten Freundin, es war ungewöhnlich, weil so etwas meistens in die Hose ging. Aber bei uns hatte es funktioniert. Wir hatten beide gewusst, dass da nie mehr draus werden würde und waren beides Menschen, die einfach mitnahmen, was das Leben bot.

»Und dann kam die Sache mit der Peitsche.«

»Der Peitsche?« Sara richtete sich auf und sah mich mit sehr merkwürdigem Blick an.

»Ja, sie stand auf Rollenspiele und da wollte sie die gerne mit einbauen. Aber das war so gar nicht meins. Ich meine, Allyssa und ich haben auch sehr abgefahrene Dinge zusammen gemacht, aber … Naja, an dem Tag, an dem ich sie das letzte Mal gesehen habe, da …. Aber alleine, mich fesseln zu lassen, ging seit der Erfahrung mit Allyssa gar nicht mehr. Auch wenn ich Maureen vertraute, mich im Falle eines Feuers loszumachen ...«

Ich versuchte bei dem letzten Satz zu lächeln, was mir aber nicht wirklich gelang.

»Komisch, aber mit der Peitschenfrau bist du heute noch befreundet?«

Ich schmunzelte, weil ich mir vorstellte, wie Maureen lachen würde, wenn sie wüsste, dass sie nun *Die Peitschenfrau* war. Maureen war eine kultivierte, intelligente, sehr mutige und analytisch denkende Agentin, bekleidete einen nicht eben geringen Posten und legte großen Wert auf ein gepflegtes, elegantes Äußeres. Und wurde nun reduziert auf *Die Peitschenfrau*. Das wäre so, als würde ich von der Rotweinfrau sprechen, weil Sara offensichtlich gerne Rotwein trank.

»Ja. Also wir treffen uns meist eher zufällig. Wir feiern nicht Silvester zusammen und zum Thanksgiving werde ich auch nicht bei ihr eingeladen, aber wenn wir uns treffen, sind es gute Gespräche. So wie mit dir …«

Sara lächelte.

»Ich hatte die besten Gespräche mit meiner Mom, bevor ich Samantha kennenlernte.«

Sie erschrak über ihren Satz.

»Oh Gott! Zitiere mich bitte nicht – ich werde alles abstreiten!«

»Ich hab dich schon verstanden«, grinste ich.

»Meine Mom und ich, wir haben uns immer gut verstanden. Naja, fast immer. Sie hat so viel gegeben – und jetzt, wo ich weiß, dass sie nicht meine leibliche Mutter ist, liebe ich sie nur umso mehr. Sie hat das alles auf sich genommen, all die Entbehrungen, all die Nebenjobs, die sie sich aufhalste, als mein Vater nicht mehr da war. Und dabei …«

Es war nicht das erste Mal, dass ich das Bedürfnis hatte, sie in den Arm zu nehmen. Einfach nur so, einfach nur, um Trost zu spenden.

»Wie war das mit deiner Mom? Hattet ihr keine guten Gespräche?«

Ich schnaufte etwas verächtlich.

»Ja«, sagte ich dann. »So gute Gespräche, wie man sie mit einem Fünfjährigen haben kann. An die davor erinnere ich mich kaum. Aber ich weiß noch genau, wie sie eines Tages weg war. Sie war am Abend zuvor irgendwie seltsam, nahm mich immer wieder in die Arme, so dass ich sie sogar irgendwann von mir wegschob. Sie sah traurig aus. Sie sah nie glücklich aus, aber an dem Abend war sie traurig und viele Jahre war ich sauer auf sie, dass das letzte Gesicht, an das ich mich erinnern konnte, ein trauriges war. Bis ich eines Tages verstand, dass sie traurig gewesen war, weil sie mich liebte und mich bei ihm zurücklassen musste. Aus irgendeinem Grund dachte sie, er könne besser für mich sorgen als sie.«

An der Stelle legte Sara ihre Hand auf meinen Arm, als bräuchte ich heute noch Trost. Aber sie fühlte sich angenehm an und so erzählte ich weiter:

»Am nächsten Morgen erzählte mein Dad mir, meine Mutter sei verreist. Irgendwohin, wo wir nicht mitkommen konnten. Mehr als zwei Jahre lang behauptete er, sie könne jeden Tag zurückkommen. Wenn ich aufräumen sollte, dann, weil ich ja wohl keinen schlechten Eindruck machen wollte, wenn Mami wiederkäme.«

»Wie gruselig! Wie kann man einem kleinen Kind so etwas vormachen – und dann noch über einen so langen Zeitraum?«

»Das war nicht der gruselige Part«, erwiderte ich kopfschüttelnd. »Der gruselige Part war, dass ich heute weiß, dass er nicht versucht hat, mir etwas vorzumachen – er machte sich selber etwas vor. Er *glaubte* fest daran, dass sie eines Tages zurückkommen würde, dass das *nur so eine Phase* sei und ihr eines Tages klar werden würde, was sie verlassen hatte, wen sie verlassen hatte. Aber sie kam nie zurück. Mein Dad und ich … Als mein Auszug bevorstand, kurz davor hatten wir ein langes Gespräch über all die Dinge.«

»Das hat bestimmt eine Menge verändert in deinem Bild über deine Eltern.«

»Oh Gott, ja! Dad erzählte mir, dass meine Mutter sogar eine einstweilige Verfügung gegen ihn erwirkt hatte. Er durfte sich ihr nicht mehr nähern, nicht mehr anrufen und sie auch sonst in keiner Weise mehr kontaktieren. Er musste sie geradezu gestalked haben.«

»Und es gab nie eine andere Frau danach in seinem Leben?«

»Nein – er erzählte mir, nach vielen Jahren wäre er mal in einen Puff gegangen, weil er dachte, er müsse loslassen und das wäre für ihn der entscheidende Schnitt gewesen. Aber er ist dann wieder raus, weil sie da keine Frau hatten, die meiner Mutter ähnlich sah. Und dann kam der Tag, an dem ich auszog. Mann, hatte ich den herbeigesehnt. Ich meine, versteh mich nicht falsch, er hat mich immer gut behandelt und so. Aber er war die personifizierte Negativität. An den Wochenenden versuchte er, seinen Kummer mit Whiskey zu betäuben und hielt mit dem Zeug seinen Geist in einer Art Dauer-Narkose. Und ohne mindestens ein Glas ging es auch in der Woche nicht. Er ging zur Arbeit, da war er gewissenhaft, aber zuhause war mit ihm nicht viel los. Es war eine Art Befreiung für mich, endlich dieser negativen Welt zu entfliehen, auf Partys zu gehen, in Clubs herumzuhängen, Frauen kennenzulernen. Zudem hatte ich gerade meinen ersten Job angenommen beim *Star* und da blieb mir eh nicht viel Zeit für Privates.

Tja, und drei Wochen später starb er. So, als hätte er nur darauf gewartet, dass ich endlich auszog. Heimlich, still und leise ging er von der Welt. Ich fand ihn erst vier Wochen nach seinem Tod. Es hatte ihn einfach niemand vermisst.«

Sara pustete und lehnte sich zurück.

»DAS ist der gruseligste Part!«

Ja, und der, dass ich bestimmt ähnlich enden werde.

»Aber es gibt auch Gemeinsamkeiten zu deiner Geschichte.«

Ihr Blick schien ein Fragezeichen auszudrücken.

»Auch mir wurde irgendwann klar, wie sehr mein Dad mich geliebt haben muss. Sein Leben war für ihn vorbei, als meine Mutter aus der Tür raus ging oder spätestens, als er sie nicht mehr kontaktieren durfte und irgendwann auch nicht mehr konnte, weil die Adresse in Philly nicht mehr stimmte. Und doch ließ er mich nicht allein, bis er wusste, ich käme ohne ihn klar.«

Sara nickte zustimmend.

»Ich möchte meine Kindheit nicht mit deiner tauschen.«

»Zum Glück stehen wir nicht vor solchen Entscheidungen. Jeder muss da mit seinen Päckchen klarkommen, die er zu tragen hat.«

»Hast du mal an Therapie gedacht?«

Ich machte eine abfällige Handbewegung.

»Nein.«

»Warum nicht?«

»Therapeuten – ich halte da nichts von. Mein Vater hatte mehrere Anti-Aggressionstherapien.«

»Er war aggressiv?«, unterbracht mich Sara.

»Nicht Menschen gegenüber. Aber er schmiss gerne mal Sachen an die Wand oder schmiss Steine in Schaufenster. Tolle Sache, wo wir eh immer knapp bei Kasse waren. Es war immer so phasenweise, Geburtstag meiner Mutter, Namenstag (*wer merkt sich sowas?),* Thanksgiving, Weihnachten, Silvester und so was. Ach so, und Valentinstag natürlich. Und seit er die Therapie hatte, wurde das alles immer schlimmer, zumindest hat er das erzählt.«

»Dann hatte er den falschen Therapeuten – es ist doch gut, wenn man sich da Hilfe sucht!«

Ich winkte ab.

»Warum? Therapeuten sind Verkäufer. Ob du ein Auto verkaufst, eine Versicherung, einen Bankkredit oder eine Therapie – alles dient demselben Zweck, nämlich demjenigen, der diese Dinge verkauft, die Taschen zu füllen. Die Therapeutin gab allein meiner Mutter die Schuld an der Misere. Das führte dazu, dass mein Dad sich für eine Weile besser fühlte. Aber es führte auch dazu, dass er keinen Schritt weiterging. Sie nahm ihm jede Verantwortung an der Situation. Wahrscheinlich steckte hinter all dem ein längerfristiges Therapieziel, aber egal, was sie danach auch sagte, seine Aussage war immer, dass meine Mutter ganz allein die Schuld am Scheitern der Ehe hatte und die Therapeutin das auch so sah.«

»Und du, meinst du, dass du deswegen ... Ich meine, du hattest viele Frauen, aber – keine Frau. Also, so eine mit Liebe und so.«

»Ja, das stimmt wohl. Aber das ist mein Problem – das ist mein ganz persönliches Defizit. Es ist doch billig zu sagen, das hinge damit zusammen, dass meine Mutter uns verlassen hat, als ich fünf Jahre alt war. Oder weil mein Dad ein sentimentaler, depressiver Romantiker war. Es sind *meine* Entscheidungen, die *ich* treffe. Wenn ich das schon höre, wenn Kinderschänder darin eine Entschuldigung suchen, dass sie selber missbraucht worden sind in ihrer Kindheit! Hat man je von einer Frau gehört, die vergewaltigt wurde und anschließend als tickende Zeitbombe herumlief? Nein – das ist mir alles zu billig. Es gab einfach noch niemanden, für den ich meine Freiheit aufgeben wollte – und da hat meine Mutter keine Schuld dran und mein Vater auch nicht. Vielleicht kommt irgendwann die Richtige.«

Ja nee, is klar ...

Sie musterte mich so genau, dass ich die nächste Frage schon fast erahnt hatte.

»Was ist mit der Polizistin? Gina. Was ist mir der?«

»Was soll mit der sein?«

»Du magst sie …«

»Ja …«

»Und das ist auch etwas mehr als mögen ...«

»Ja, vielleicht. Aber was bringt mir das? Sie ist beim NYPD und hasst Journalisten und Privatdetektive – ich war das eine und bin das andere.«

»Ja, und?«, klang Sara fast entrüstet.

»Und? Und sie sieht aus wie eine Traumfrau – eine Zehn, wenn du verstehst, was ich meine.«

Sara lachte irritiert.

»Und das schüchtert dich ein?«

»Ja«, gab ich zu. »Nein, normal nicht, aber … Sie ist, was, fünfzehn Jahre jünger als ich.«

»Ja, UND? Diese Maureen, die war doch auch fünfzehn Jahre von deinem Alter entfernt – nur in die andere Richtung. Und du sagtest, sie sei eine gute Freundin und du könntest mir ihr tolle Gespräche führen. Und du fandest sie sogar mal heiß … Was wäre, wenn sie diejenige wäre, in die du dich verliebt hättest und sie würde alles abblocken, weil sie das für absurd hielte, dass ein jüngerer Mann wie du sich für sie interessieren könnte?«

Warum war diese Sara erwachsener als ich? Sollte nicht ich ihr Ratschläge geben?

»Und sie ist verlobt«, sagte ich dann.

Jetzt hätte ich gerne etwas Alkoholisches gehabt, aber etwas stärkeres als kalifornischen Rotwein.

»Auf einer Silvesterfeier«, sagte Sara plötzlich, nachdem sie mich eine Weile traurig angesehen hatte.

»Was?«

»Du wolltest wissen, wie das zwischen Samantha und mir … Wie wir uns kennengelernt haben ... Schon vergessen?«

Ja, dachte ich, sagte aber nichts.

»Ich hatte mir vorgenommen, das Jahr gleich besonders zu beginnen. So ging ich zu einer Silvesterparty in einen Club, in dem eher ältere Semester verkehrten. Ich war mal mit einer Freundin dort gewesen und wir sind rückwärts wieder rausgegangen, es war da einfach nicht unsere Altersklasse. Aber irgendwie zerschlugen sich an dem Silvester alle möglichen Verabredungen und ich war schon drauf und dran, einfach abends im Little Owl was zu essen und danach alleine zuhause eine Flasche Wein zu öffnen, da kam ich zufällig ein paar Tage vor Silvester an dem Schuppen vorbei, wo meine, naja, also eine Freundin von mir und ich nach nur einem sehr schnellen Gläschen Sekt wieder geflüchtet waren. Ich aber dachte manchmal daran, da nochmal alleine hinzugehen. Es reizte mich irgendwie und Silvester schien da perfekt. Ich war den ganzen Tag schon mit den Gedanken nur bei dem Abend. Ich hatte mir extra ein neues, wadenlanges Kleid gekauft für den Anlass und das war etwas Besonderes. Du magst es heute kaum noch glauben, aber seinerzeit war ich eher der Typ *dunkler, unauffälliger Hosenanzug*. Das Kleid war Zartrosa – eine Farbe, die ich hasste. Und aus Satin, einem Material, das mir unangenehm auf der Haut war, aber andererseits durchaus auch auf unangenehme Weise angenehm. Ich nahm mir vor vorzugeben, dass ich mit meiner Freundin kommen wollte und diese im letzten Moment aus familiären Gründen hatte absagen müssen. Ich wollte wenigstens die Karte nicht verfallen lassen und was essen. Und ich nahm mir vor, mich nicht zu wehren, egal, wer bei mir etwas versuchen wollte. Irgendwie war mir klar, dass das nicht funktionieren konnte, denn ich hatte noch nie den Mumm gehabt, so etwas bis zum Schluss durchzuziehen, hatte immer wieder kalte Füße bekommen. Aber ich wollte es mir selbst beweisen. Es sollte sowas wie eine Selbstkasteiung sein, mich von all den Sünden befreien durch eine angemessene Buße. Also quasi das neue Jahr rein beginnen. Eigentlich ein Widerspruch, aber irgendwie ergab das für mich Sinn. Es dauerte ewig, bis ich mich soweit fertiggemacht hatte – sogar Kondome hatte ich besorgt für den Fall der Fälle. Als ich dann vor dem Laden stand, konnte ich erst nicht reingehen. Ich war schon wieder ganz zurück zur U-Bahnstation gegangen und dann dachte ich mir: *Feigling, du hast dir was vorgenommen – dieses Mal traust du dich!* Und dann ging ich zurück und mein Herz pochte so stark wie noch nie zuvor. Ich zeigte dem Mann an der Tür meine Karte und ich hatte das Gefühl, er wüsste genau, was ich da wollte. Das war natürlich Unsinn, aber wenn man solche Neigungen hat, wird man schnell paranoid. Es dauerte gar nicht lange, bis sich ein deutlich älterer Herr neben mich setzte und ich meine *Freundin-hat-kurzfristig-abgesagt*-Geschichte loswerden konnte. Und offensichtlich war sie plausibel, denn er nahm sie mir ab. Er fragte mich, ob er mich einladen dürfte und ich sagte, nein, ich hätte selber Geld. Gerne aber würde *ich ihm* einen Drink spendieren. Der Abend sollte mich was kosten, soviel hatte ich mir vorgenommen. Und er bestellte sich einen Whiskey und ich wunderte mich, was so ein kleines Getränk für ein großes Loch in mein Portemonnaie reißen konnte, aber ich wollte es ja nicht anders. Und ich wollte ja, dass er mutig wurde. Und das funktionierte auch. Nach dem zweiten Whiskey fing er an, von seiner Arbeit zu erzählen und seinen Fotografien, an denen angeblich einige Galerien in Chelsea Interesse gezeigt hatten. Und irgendwann, nachdem ich mein erstes Glas Rotwein ausgetrunken hatte, brannte seine Hand schon auf meinem Knie. Ich habe es dann irgendwann nicht mehr ausgehalten und ihn gefragt, ob wir tanzen wollten. Es liefen gerade Adam & the Ants, das war eine der 80er Jahre-Bands, bei denen ich schon beim Zuhören immer mitwippen musste. Aber schon auf dem Weg zur Tanzfläche dachte ich, das könnte ein Fehler gewesen sein. Alle Paare, die dort tanzten, taten dies zusammen. Ich hatte einige Tanzstunden besucht, weil das bei meiner angestrebten Karriere einfach etwas war, was ich als nützlich empfand, als gesellschaftliche Notwendigkeit. Und so tanzten wir dann und es war ganz okay – er war ein guter Tänzer. Nur, dann folgte eine Schmusenummer von

Phil Collins und er legte seine Arme um mich auf meinen Rücken. Und je länger der Song lief, desto tiefer rutschten seine Hände und am Ende lag jede Hand auf einer meiner Pobacken. Den Ausdruck, den ich für das Gefühl habe, das mich da wieder durchströmte, so intensiv wie nie zuvor – ich meine, der Mann war älter als du…«

Ich bedanke mich nicht für die Blumen.

»Der Ausdruck ist *widerlich angenehm*. Und ich dachte, was denkt der sich? Durchschaut der mich oder grabbelt der jede gleich so an? Ich meine, mich plagte das Gewissen, das schlechte Gewissen gegenüber allen Frauen, die nicht so fühlten wie ich. Ich ermunterte ihn ja geradezu, es bei der nächsten auf die gleiche Weise zu versuchen. Und dann stellte ich mir vor, diejenige würde mich dann zur Rede stellen und mir Vorwürfe machen und mir wurde flau im Magen. Aber ich hielt den ganzen Tanz durch und auch noch den nächsten, der dann zum Glück wieder etwas schneller war.

Und dann habe ich mich auf die Toilette verdrückt und auf dem Weg dahin traf ich Samantha. Ich kannte sie schon, aber nur vom Sehen und einem Interview, das ich mal mit ihr gemacht hatte. Sie spürte sofort, dass mit mir etwas nicht stimmte, sie nahm mich in den Arm und tröstete mich. Sie war gleich so vertraut wie eine große Schwester oder die beste Freundin. Es war, als kannten wir uns schon eine Ewigkeit. Es war sicherlich auch der Alkohol, der aus mir sprach. Jedenfalls hatte ich noch nie über das gesprochen, was mich innerlich so zerriss und dann erzählte ich vor der Damentoilette, das muss man sich mal vorstellen, einer wildfremden Person alles. Weswegen ich da war, was passiert war bis dahin und sie bot an, die Freundin zu sein, die abgesagt, aber es nun doch noch hergeschafft hatte. Und dann fragte sie mich, was ich wollte. Ob ich zu ihm zurück wollte. Ob ich mit ihm mitgehen wollte, dann würde sie sich zurückhalten, oder ob wir nun zusammen wieder reingehen würden und damit wäre der *Flirt* offiziell vorbei. ›Ich kann dir helfen‹, sagte sie.

›Ich habe da ein bisschen Erfahrung. Und die Frage ist doch, was willst du? Ich glaube, du bist noch nicht soweit – das ist wahnsinnig mutig von dir, hier alleine herzukommen und wie weit du eben gegangen bist, ist weiter, als die meisten es beim ersten Mal tun.‹

Irgendwie hatte ich das Gefühl, dass es für den Tag noch nicht vorbei sein sollte. Dass ich noch etwas mehr von dem Verbotenen schlecken wollte, aber ich hatte auch Angst, dass es zu weit gehen würde. Samantha sah mich an und lächelte, wie nur sie lächeln kann. ›Ich mach dir folgenden Vorschlag. Du gehst jetzt auf die Toilette, ziehst dein Höschen aus und steckst es in deine Handtasche. Wenn du wieder herauskommst, möchte ich es sehen – nicht, dass du schummelst!‹

Und ich wusste jetzt echt nicht, ob ich ihr sagen sollte, dass sie verrückt sei, aber ich wollte wissen, wie ihr Plan weiterging. ›Zieh ein bisschen Lippenstift nach – zeig ihm, dass du dich für ihn hübsch gemacht hast. Und dann fordere ihn bei einem langsamen Song nochmal zum Tanzen auf. Wenn er das nicht als Einladung sieht, seine Hände nochmal auf deinen süßen Po zu legen, weiß ich es auch nicht. Und dann genieße seinen Blick, wenn er spürt, dass du nichts mehr drunter trägst.‹

Sie schaute mich so fragend an, dass ich gar nicht widerstehen konnte. Ich ging tatsächlich ohne Slip zurück auf die Tanzfläche mit ihm, und das bei einer langsamen Chris Isaac–Nummer. Und diesmal hatte er seine Hände schon sehr schnell auf meinem Po und natürlich musste er gemerkt haben, dass es sich anders anfühlte als beim letzten Tanz. Er musste gewusst haben, dass ich kein Höschen mehr trug. Aber seinem Blick wich ich aus. Und dann gingen wir zur Bar zurück. Da wartete Samantha dann auch schon, umarmte mich, sah unglaublich traurig aus und sagte, sie musste einfach doch noch herkommen, weil sie nach dem Schock nicht allein sein konnte. Der Mann tat mir fast leid. Er fragte, was denn passiert sei, aber Samantha blickte ihn nur entschuldigend an und er wusste, dass sie nicht darüber reden wollte.«

Bei der Beschreibung der ersten echten Begegnung mit Samantha leuchteten Saras Augen und sie seufzte fast. Später wusste ich genau, was sie meinte. Samantha hatte eine Art, Dinge zu sagen, ohne sie zu sagen. Wenn man sie etwas fragte, wusste man die Antwort in der Regel schon, bevor man die Frage überhaupt zu Ende gestellt hatte. Und das zeigte sie mit spärlichsten Mitteln. Nur selten benötigte sie große Gesten und auch ihre Mimik veränderte sich oft nur marginal. Sara sagte irgendwann mal im Scherz, wenn Samantha etwas nicht gefiele, würden ihre Augen dunkler werden. Mir fiel auf, dass, wenn sie die Hände auf einem Tisch hatte und man etwas Unpassendes sagte oder tat, sich ihr Zeigefinger ganz leicht nach hinten krümmte, nur so weit, dass er nicht mehr parallel zum Mittelfinger war, so, als würde sie damit leicht eine Papierkugel bewegen wollen.

»Und dann?«

Sara lächelte.

»Dann sind wir ins Little Owl gefahren, haben uns dort an die Theke gesetzt und eine Flasche Wein leergetrunken. Das war 's.«

»Ich bin ein wenig enttäuscht«, gab ich zu. Nach so einer Nummer, die offensichtlich auf beide eine stimulierende Wirkung gehabt hatte, wenngleich auf ganz unterschiedlicher Art, war ich davon ausgegangen, dass sie das erste Mal Sex gehabt hätten.

»Bewahre!«, lachte Sara. »Das war nun der völlig falsche Zeitpunkt dafür. Sicher, hätte Samantha da einen Schritt gemacht, dann hätte ich es wahrscheinlich geschehen lassen. Aber dann wäre danach wohl nie mehr daraus geworden. Ich musste mit dem, was da passiert war, erstmal klarkommen.«

»Und wie seid ihr denn nun letztlich zusammengekommen?«

»Das war einige Wochen später. Mir ging der Abend nicht mehr aus dem Sinn und ich dachte oft daran, sie wiedersehen zu wollen. Das einzige, was ich von ihr wusste, war, dass sie diese

Galerie besaß, was mich damals schwer beeindruckte. Ich hatte lange mit mir gerungen – mir war das ja auch peinlich – ich hatte sowas vorher noch nie gemacht und schon gar nicht wusste irgendwer davon. Sie wusste, was an dem Tag passiert war und sie wusste, dass ich es als *widerlich angenehm* empfunden hatte. Ich hatte nie mit irgendjemanden darüber geredet und ich platzte fast. Wem kann man so etwas erzählen? Selbst gute Freundinnen – das hatte ich in so einem Forum gelesen – fanden das abstoßend, wenn man einem Mann so etwas erlaubt aus diesem Grund. Ich hatte mal in der Schulzeit mit einer *besten Freundin*« – sie hielt einen Moment inne – »nicht darüber geredet, mehr so ganz allgemein. Und sie empfand das als Verrat an allen Frauen. Frauen, die täglich mit Sexismus und blöden Anmachsprüchen zu kämpfen haben. Die in der Subway auf einmal eine Hand auf ihrem Hintern spüren, weil angeblich einer nicht anders vorbeikommt. Oder Chefs haben, die gerne mal die Hand auf die Schulter legen, ohne dass sie darum gebeten werden. Und da sollte ich ihr erzählen, dass ich von einer Bestrafung durch den Rektor träumte? Durch ein Arschloch, was er gewesen wäre, wenn er das mit mir gemacht hätte, was in meinem Kopf so vorgegangen war? Ich konnte es nicht. Ich konnte mit niemandem darüber reden. Außer in irgendwelchen Chatrooms mit Männern, die im Übrigen allesamt ganz wenig Phantasie hatten, aber dachten, mich damit beeindrucken zu können. Und ich dachte nur: LANGWEILIG! Und doch war ich öfter da in der Hoffnung, mal eine Gleichgesinnte zu finden.«

Ich grinste. »Hast du bestimmt – nur war SüßeMaus22 wahrscheinlich ein 50jähriger Lastwagenfahrer aus Ohio.«

Sie lachte. »Ja, so ähnlich.« Und wieder ernst: »Es war frustrierend. Ich fuhr dann manchmal im Rock zur Rush Hour einfach so durch New York und hatte auch den einen oder anderen engen, *widerlich angenehmen* Moment, aber das war alles nicht erfüllend und ich fühlte mich danach immer mies. Irgendwas stimmte doch nicht mit mir! Und dann, eines Tages, war ich zufällig nicht weit von ihrer Galerie entfernt und da dachte ich, ich schau mal vorbei. Es war kurz vor Feierabend und irgendwie hoffte ich, wir könnten direkt irgendwo etwas trinken gehen oder, noch besser, was essen. Aber Samantha hatte noch Besuch von einem Kunden und kam nur kurz aus ihrem Büro heraus, um mir zu sagen, dass das noch länger dauern würde, weil sie irgendwelche Verträge überarbeiteten. Und dann bat sie mich um einen Gefallen und fragte mich, ob ich nicht ein paar Sachen einkaufen könnte für sie, weil sie an dem Tag einfach nicht mehr dazu gekommen wäre und ob ich das am nächsten Tag in die Galerie bringen könnte. Ich fand das schon irgendwie komisch, aber ich sagte zu. Und dann gab sie mir eine Liste und dann verstand ich auch, warum sie das unmöglich noch hatte schaffen können. Weil, dieses Parfüm gab es natürlich nicht in jedem Supermarkt, sondern nur bei MiN, die Body Lotion wiederum nur bei Sephora. Das Ganze ging so schnell, da war sie schon wieder in ihrem Büro verschwunden. Sie hatte mir auch kein Geld gegeben – gut, dachte ich, leg ich es eben aus. Und dann war ich bei MiN und bin fast vom Glauben abgefallen, denn ihr italienisches Parfüm kostete 160 Dollar! Ich musste natürlich mit Kreditkarte zahlen, weil, so viel hatte ich gar nicht dabei. La Vagnilia – ziemlich blumiger Duft, aber als ich ihn später an ihr riechen durfte, wusste ich, was sie an ihm fand. Und von da aus dann weiter hoch zu Sephora – die Body Lotion kostete achtzig Dollar.

Und dann noch jede Menge Kleinkram, Obst, Brot, Quark und was man so braucht. 363 Dollar und zwei schwere Tüten voll waren das. Die ich dann erst zu mir nach Hause schleppte und am nächsten Morgen, das war ein Samstag, dann in die Galerie. Und wieder hatte sie keine Zeit, bedankte sich nur und hatte sich schon fast verabschiedet, als sie mich dann fragte, was ich am Abend machen würde. Wenn ich Lust hätte, könnte ich in der Galerie vorbeikommen und dann könnte man ja abends essen gehen. Vielleicht nochmal ins Little Owl, wenn ich mochte. Das klang gut. Naja, und das war dann der Anfang. Am Abend ließ sie mich dann beide Tüten bis in ihre Wohnung schleppen und machte keine Anstalten, mir beim Tragen zu helfen und auch keine, mich zu fragen, wieviel Geld ich denn bekäme. Guck nicht so fragend – ich fand, es hatte etwas. Sie deutete mir an, wo ich die gekauften Sachen verstauen konnte und dann gingen wir ins Little Owl, es gab Ricotta, French Fries und gegrilltes Lamm. Mit Wein und Kaffee waren das nochmal so um die 200 Dollar.«

»Das Essen hast du auch bezahlt?« Ich glaubte es kaum.

»Nicht nur das«, sagte sie und wurde rot. »Als wir die Rechnung bestellen wollten, kramte sie ihr Portemonnaie heraus und ich dachte, sie würde mich nun einladen wollen. Sie sah mich an, mit einem 100-Dollar-Schein in der Hand, und fragte mich, ob ich mal zwei 50er für sie hätte. Ich hatte tatsächlich noch zwei, weil ich auf dem Weg gerade noch Geld geholt hatte. Und dann gab ich ihr die beiden Scheine, sie nahm sie und steckte sie ins Portemonnaie. Und ihren 100er steckte sie auch wieder ein. Ich hab sie dann ganz verwundert angeschaut und sie lachte mich an und fragte: ›Was?‹ Und ich fragte, ob ich nicht noch 100 Dollar kriegen würde von ihr und sie fragte mich, warum. Ich sagte, weil ich ihr die zwei 50er gegeben hätte und ich dachte, dafür würde sie mir den 100er geben. Sie hat nur die Lippen zusammengepresst, mir einen eiskalten, mitleidigen Blick zugeworfen und mich gefragt, wie ich denn darauf käme – sie habe mich nur gefragt, ob ich zwei 50er für sie hätte. Und diese hätte ich ihr gegeben. Alles andere hätte ich wohl nur in die Situation reininterpretiert.«

»Also, du warst ziemlich dämlich – aber irgendwie ist das auch aufregend gemein.«

Sara lächelte.

«*Aufregend gemein* klingt fast so gut wie *widerlich angenehm*. Und genauso ging mir das auch, also, das mit dem *aufregend gemein*. Sie bestellte dann Rechnung auf Karte – hab erst später begriffen, warum.«

»Warum?«

»Als wir fertig waren, sagte sie, für den Rest in meinem Portemonnaie könne ich noch mit zu ihr – und da ich per Karte gezahlt hatte, war natürlich auch noch mehr Bargeld in meinem Portemonnaie. Sie wusste, dass ich für den Abend sicher Geld für 's Essengehen geholt hatte. Und auch, wenn ich eigentlich fassungslos war über das, was sie da sagte, überlegte ich keine Sekunde lang.«

»Also hattest du noch weitere – was, 300 Dollar? – dabei. Und du hattest doch noch damals gar nicht die ganze Kohle von der Erbschaft – das heißt, für dich war das doch richtig Geld!«

»200 – um 100 hatte sie mich ja schon erleichtert. Und richtig, Geld ist es auch heute noch – ich schmeiß nicht mit den Scheinen um mich, nur weil ich es vielleicht könnte. Das heißt nicht, dass ich oder wir uns nicht mal was gönnen. Aber wir arbeiten beide hart und wissen den Wert des Geldes zu schätzen.«

»Okay – du hast also ernsthaft überlegt, ihr weitere 200 Dollar zu zahlen, obwohl sie dir schon ...« – ich überschlug die Summe – »... 663 Dollar aus der Tasche gezogen hatte.«

Sara nickte.

»Um *was* zu bekommen?«

»Nenn es, wie du willst. Es war eindeutig eine Machtdemonstration und ich genoss sie. Ich öffnete meine Handtasche und holte mein Portemonnaie heraus, wollte gerade das Geld herausnehmen, da hob sie die Hand und sagte ›Nicht hier!‹. Wir standen auf, zogen unsere Jacken an und sie fragte mich: ›Du willst mir also wirklich alles geben, was ich will?‹«

»Ausgeraubt werden und selber noch beim Tragen helfen – so klingt das«, sagte ich kopfschüttelnd. So weit hergeholt mir alles vorkam, so sehr konnte ich ihre Gefühle nachvollziehen. Ein bisschen kannte ich Samantha ja nun auch schon.

»Ja, das ist wahr. Ich nickte jedenfalls und wiederholte das ›Alles, was du willst‹, weil ich das irgendwie schick fand und weil mich der Tonfall, in dem sie das sagte, erregte. Wir gingen zu ihr und sie stellte dieselbe Frage noch einmal und ich gab dieselbe

Antwort. Ich stand gerade mal hinter ihrer Haustür, da nahm sie mir meine Jacke ab, half mir aus meinen Pumps, knöpfte mir die Bluse auf und zog sie mir aus, öffnete den BH und schmiss ihn auf ein Sideboard und dann zog sie mir die Hose und meinen Slip aus. Und das alles nicht langsam und zärtlich, sondern so schnell, dass ich kaum Zeit hatte zu reagieren. Sie zog dann den Gürtel aus meiner Hose und drehte ihn ein wenig in ihrer Hand auf. Ehe ich mich darauf vorbereiten konnte, ließ sie den Gürtel ziemlich heftig auf meinen nackten Hintern knallen und sagte: ›In dem Kleid neulich sahst du hübscher aus!‹

Nun stand ich nackt in ihrem Flur und ich dachte, das wäre alles ein Spiel, dachte, wir hätten ein bisschen Spaß und dann kriege ich alles zurück.«

»Aber da hattest du Samantha falsch eingeschätzt.«

»Oh ja«, sagte sie mit einer großen Handbewegung. »Das hatte ich sehr wohl. Ich dachte, nun bin ich nackt – das war es. Aber sie stand dann vor mir und sagte lachend: ›Alles, was ich will – deine Worte. Ich will deine Uhr‹. Das war immerhin eine Gucci, die ich mal auf dem Antikmarkt für 230 gekauft hatte und ich sah sie fassungslos an und sagte, dass sie sehr teuer gewesen wäre. Aber sie lächelte nur und sagte leise: ›Na, das hoffe ich doch!‹ Dann war sie wieder fordernd. ›Ich will deine Ringe, auch deine Ohrringe‹ – das waren zum Glück alles keine Kostbarkeiten, die sie mir da von meinen beiden Fingern und beiden Ohrläppchen nahm, aber dann flüsterte sie mir ins Ohr: ›Und deine Kette‹. Und ich sah sie flehend an. Sie fragte dann gespielt mitleidig, ob es ein Geschenk sei, ob die Kette mir etwas bedeute und ich sagte, dass der Anhänger mir gehöre, aber ich die Kette von meiner Mutter hätte. Da meinte sie, das täte ihr wirklich leid, aber ich hätte ihr alles versprochen, was sie wollte und sie nähme sich nun nur, was nun ihr Eigentum sei. Und ich sollte vielleicht nächstes Mal vorsichtiger mit solchen Versprechungen sein, dann lachte sie und sagte, für dieses Mal käme die Erkenntnis zu spät. Aber sie versprach, sie würde sich vielleicht etwas überlegen. Dann trat sie hinter mich und ich spürte den kalten Stoff ihres blauen Satinkleides auf meinem Hintern und in Brusthöhe auf meinem Rücken und ohne was zu sagen, öffnete sie den Verschluss der Kette, ließ sie in ihre Hand fallen und hauchte mir ein ›Ich danke dir‹ ins Ohr.

Und dann nahm sie meine Prada Handtasche – immerhin 150 Dollar, auch gebraucht gekauft – und sagte: ›Hübsch‹. Da war mein iPhone drin, Handcreme, Parfüm und was eine Frau eben so braucht. Ich sagte, dass das nicht ginge, ich bräuchte mein iPhone beruflich und sie fragte: ›Wofür?‹

›Zum Telefonieren‹, sagte ich. Ins Internet ging ich ja über mein Tablet.

›Wozu brauchst du dann ein fast neues iPhone?‹, fragte sie dann und verschwand kurz. Sie kam mit einem Sony Ericsson älteren Semesters zurück und sagte: ›Du brauchst nur ein Telefon – dann tauschen wir.‹

Ein iPhone5 gegen ein uraltes Sony Ericsson. Immerhin in einem Türkismetallic, das mir farblich zusagte. Als sie alles hatte, ließ sie nochmal den Gürtel auf meinen Hintern knallen und tätschelte ihn danach liebevoll und sagte mit ihrem süßesten Lächeln: ›Dir ist klar, dass ich dich gerade ausraube?‹

Ich nickte stumm.

›Ich brauche noch die erste Ziffer deiner PIN-Nummer von deinem iPhone‹, sagte sie lächelnd und ließ den Gürtel nochmal heftiger auf meinen Hintern knallen und ich verriet ihr die erste Ziffer. Drei Gürtelhiebe später – und ich hatte den Eindruck, sie wurden mit jedem Mal heftiger – hatte sie meine komplette PIN-Nummer. Noch mulmiger wurde mir, als sie dasselbe Spiel noch einmal wiederholte – diesmal mit meiner Kreditkarte und Ohrfeigen. Am Ende tätschelte sie meine Wange und lachte: ›7815 ist also die Nummer, um dich mal richtig zu ficken. Ich werde mal vorbeischauen!‹«

»Und – hat sie?«

»Ja – aber sie hat nur zehn Dollar abgehoben. Sie wollte nur wissen, ob ich ihr die richtige Nummer gegeben hatte, hat sie mir mal verraten. Und dann kam der Hammer – dann schmiss sie mich raus.«

»DAS war der Hammer – die ganze Geschichte ist der Hammer. Und du konntest aber ja nun nicht – ich meine, du hattest ja nichts an …?«

»Sie lieh mir einen relativ kurzen Mantel und ich bekam meine Schuhe wieder, nachdem ich versprach, am nächsten Tag beides wieder vorbeizubringen. Und ich musste versprechen, dass sie mich nie wieder in Hosen sehen würde. Ich dachte, *naja, sooft sehen wir uns ja nicht*. Eigentlich trug ich nur Hosen.«

Das, dachte ich, konnte ich mir wirklich kaum vorstellen.

»Sie musste den Samstag gegen Mittag nochmal in die Galerie und sagte, dass sie an diesem Wochenende zu nichts käme. ›Wenn du morgen mein Apartment putzt und meine Wäsche bügelst, darfst du die Kette für weitere 300 Dollar zurückkaufen. Nur die Kette, nicht den Anhänger!‹

Ich protestierte: ›So viel ist sie nicht einmal mit Anhänger wert!‹

›Doch, das ist sie‹, sagte sie und lächelte so kühl und doch mit strahlenden Augen, wie nur sie es kann. ›Du hast dir gerade ohne zu murren ein iPhone abnehmen lassen – das mag noch sicher um die 500 Dollar wert sein, aber die Kette ist dir wichtiger. Wenn ich mir das so überlege und da du den Preis auch nicht gleich akzeptiert hast, hat er sich gerade verdoppelt. Komm Morgen um sieben vorbei und bring Frühstück mit! Ich mag Croissants gerne. Und denk an die Kohle.‹ So fing das alles an.

Und an dem folgenden Morgen stand ich dann vor der Tür, wieder in dem Kleid, das Samantha so gefiel und kaufte ihr die Kette, die sie mir am Abend vorher abgenommen hatte, für 600 Dollar wieder ab und damit war ich praktisch pleite. Aber an dem Morgen habe ich ihr alles erzählt, alles, was ich meinen Freundinnen, die zumindest behaupteten, dies zu sein, nie erzählt hätte. Alles sprudelte auf einmal heraus. Und Samantha hörte zu, streichelte meine Hand, meinen Arm und drückte mich am Ende fest an sich, streichelte mit dem Handrücken meine Wangen und gab mir den ersten zarten Kuss.

Aber sie gab mir nichts zurück. Irgendwann musste sie dann aufbrechen und wünschte mir mit einem süffisanten Lächeln viel Spaß bei der Hausarbeit. Ich fand das mutig, dass sie mich alleine ließ in ihrer Wohnung. So gut kannten wir uns da ja noch nicht. Als sie dann aus der Tür war, ging ich in ihre Küche und fand auf dem Tisch alle meine Sachen. Das Geld, das iPhone, die Handtasche und als ich fertig war mit saubermachen – das Apartment war ja nicht so groß, so war ich nach drei Stunden durch, Bügeln inklusive – stand ich vor dem Tisch. Bestimmt sechs-, siebenmal nahm ich meine Sachen an mich und legte ich sie dann wieder hin. Am Ende hatte ich die Sachen bei mir, als ich im Flur stand und obwohl das alles meine Sachen waren, fühlte ich mich, als hätte ich sie bestohlen. Ich schloss die Tür wieder auf und legte alles wieder dahin, wo ich es weggenommen hatte. Alles in allem hatte mich das weit über 2000 Dollar gekostet – das waren fast meine gesamten Ersparnisse. Ich fragte Samantha irgendwann mal, ob sie nicht befürchtet hatte, den Bogen überspannt zu haben und ich wäre einfach gegangen und all das Wunderbare, was zwischen uns danach passiert ist, wäre dann nicht passiert. Sie schüttelte nur den Kopf und sagte, wenn sie gewollt hätte, wäre ich an dem Tag noch viel weitergegangen. Und ich befürchte, sie hatte Recht.«

Ich konnte mir denken, was da passiert war. Dieses Einlassen von Sara auf das Spiel, diese nicht mehr kontrollierbare Gier nach immer mehr, nach immer tiefer gehenden Nadelstichen, das konnte gefährlich werden. Samantha, die immer in ihrer großen Schwester Amanda einen bedingungslosen Rückhalt gehabt hatte, spürte, dass Sara das auch brauchte. Sonst wäre es nur noch eine Frage der Zeit gewesen und Sara hätte etwas riskiert, das weitaus schlimmer gewesen wäre, als dass einmal ihr

Konto am Monatsende bis zum Limit überzogen war. Sie hätte riskiert, dass ihre Seele für immer einen Riss bekommen hätte, dass sie an den Falschen geraten wäre oder an die Falsche. An jemanden, der sie ausgenommen hätte, solange noch etwas zu holen war und sie dann fallen gelassen hätte. Samantha hatte sie nicht fallengelassen. Und sie hatte Sara einige Möglichkeiten gegeben auszusteigen. Die Silvesternacht, die sie hätte ausnutzen können, nach der sie aber gewartet hatte, bis sich *Sara* bei *ihr* meldete. Den Abend nach dem Essen, wo sie Sara nackt auf ihrem Flur stehengelassen hatte – kein Mann, der eine Frau soweit hatte, würde sie dann nach Hause schicken. Und schließlich Saras Sachen auf dem Tisch, die sie liegengelassen und somit ihr die Möglichkeit gegeben hatte, mit einem Griff alles rückgängig zu machen – bis auf die Essenseinladung. Die Undo-Taste zu drücken und nur mit einer Erfahrung reicher wieder nach Hause zu gehen und das war durchaus eine ernsthafte Option, die Sara an dem Tag einige äußerst emotionale Minuten beschert hatte. Ein Abwägen der offensichtlichen Variante, alles wieder an sich zu nehmen und mit einem blauen Auge nach Hause zu gehen oder alles dort zu lassen und in Samanthas Welt einzutauchen, sich einzulassen auf das Unbekannte, das sie faszinierte, aber ihr auch Angst machte. Noch Wochen später dachte sie immer wieder nach und je nach Stimmung fühlte sie einen gewissen Stolz, über ihren Schatten gesprungen zu sein. Aber dann zog es sie wieder runter und sie fühlte sich beschmutzt und dachte, jeder Blick, der sie auf der Straße traf, wäre der Blick von einem, der Bescheid wusste und der sie jeden Moment mitleidig ansehen und den Kopf schütteln würde.

Samantha hatte da einige Arbeit vor sich gehabt, Sara einerseits klarzumachen, wie die Machtverhältnisse innerhalb dieser Beziehung zu sehen waren, andererseits aber zu verhindern, dass Saras Selbstwertgefühl noch weiter sank. Ich hatte den Weg nicht verfolgen können, sah nur das Ergebnis, sah eine glückliche Sara, die ihren Platz in der Weltordnung gefunden hatte. Eine starke

Frau, die beruflich ihren Weg ging, ein ganzes Team unter sich hatte mit der Option, die Karriereleiter noch weiter nach oben zu steigen. Die ihren Beruf liebte und dem alles andere unterordnete, selbst auf gewisse Weise die Beziehung zu Samantha. Und Samantha akzeptierte das, verlangte nur, dass Sara auch zur Arbeit nur noch Röcke oder Kleider trug, damit sie doch ein kleines Stück immer bei ihr war, denn Sara trug sie nur für sie. Freiwillig wäre sie nie im Rock zur Arbeit gegangen, geschweige denn in einem Kleid. Aber genau das stärkte Sara eher. Es war ihre Entscheidung, einer Frau zu dienen, der die Rolle der verwöhnten Lady gefiel, obwohl alle, die sie kannten, wussten, dass sie alles andere als verwöhnt worden war in ihrer Kindheit und auch der berufliche Start alles andere als leicht gewesen war. Umso mehr ließ Samantha sich zu Hause fallen und genoss es, Sara selbst so einfache Dinge wie Kaffeekochen oder warme Socken aus dem Schrank holen für sie erledigen lassen zu können. Und Sara liebte gerade diese kleinen Dinge. Sie hatten keinen Keller, in dem Räume eingerichtet waren, wie man sie aus modernen Krimis kannte, in denen eine Domina schlecht geschauspielert einstudierte Texte zitierte und dabei unbeholfen mit einer Peitsche herumfuchtelte. Das hier war real. Sara erwähnte die Hiebe mit dem Gürtel, aber das schien die Ausnahme zu sein. Und sie hatte erzählt, wie Samantha Sara einige Ohrfeigen verpasst hatte – auch das kam vielleicht hin und wieder vor. Aber, und das erfuhr ich erst später, das waren absolute Ausnahmen und spielten in dem Verhältnis kaum eine Rolle. Es war eher eine Art Chefin/Angestellte-Verhältnis zwischen den beiden, und das fast ausschließlich begrenzt auf Haushalt und Kleidung. Oder auf das, was hinter der Schlafzimmertür vorging, was ich, auch wenn später viele dachten, dass es anders gewesen sei, nie mitbekommen hatte. Es ging mich auch nichts an.

Also war es doch von Anfang an mehr, als mir Sara versucht hatte weiszumachen. Auch wenn all die Dinge stimmen mochten, dass Samantha von Manhattan nie genug kriegen konnte, dass sie einen zu engen Terminkalender hätte, um sich auch noch um den Haushalt in so einem großen Haus zu kümmern – all das stimmte. Aber es war nicht relevant. Wenn Samantha sich eines Tages vielleicht mal aus dem Geschäft zurückziehen würde, vielleicht eine Geschäftsführerin einstellte und selber nur für zwei oder drei Tage in die Galerie käme; selbst dann würde sie an den anderen Tagen in der Bibliothek sitzen und ein gutes Buch lesen, vielleicht doch noch mal eines schreiben, im Garten in den Zeitschriften schmökern oder ihre kreative Ader in ihrer Minigalerie im Haus ausleben und erwarten, dass sich Sara nach einem langen Tag im Büro noch alleine um den Haushalt kümmerte.

»Damals war Samantha diejenige mit dem Geld. Sie war nicht reich, aber sie hatte eben hier und da mal ein paar Dollar übrig. Das Buch, das sie geschrieben hatte, gab ihr eine Grundlage. Steckte zwar zu einem großen Teil in der Galerie, aber die lief schon damals gut. Es war also danach nicht so, dass das finanziell so weiterging wie an jenem Tag. Zu unserem ersten Jahrestag zum Beispiel schenkte sie mir eine Woche London – das war eine der schönsten Wochen überhaupt. Und sie hat schon immer Kulturveranstaltungen geliebt. Jazzkonzerte, Musicals, Theater – wie oft hatte sie mich dahin eingeladen? Ich weiß es nicht mehr, sooft war es.«

In dem Moment meldete sich Gianna Nannini und ich griff zu meinem Blackberry. Da es die Live-Version von Latin Lover war, war es eine SMS von Gina.

Montag, gleiche Zeit, gleicher Platz? Morgen geht beim besten Willen nicht, schrieb sie mir. Ich bestätigte und steckte das Handy wieder weg.

Sara saß da mit offenem Mund.

»Was?«, fragte ich.

»Gianna Nannini? Latin Lover!? War das die kleine Polizistin, die zehner Traumfrau?«, lachte sie albern.

»Wird´ erwachsen!«

»Latin Loooover – hahaha!«

Ich kam mir gerade ziemlich dämlich vor, zumal ich den Klingelton eigentlich gelöscht haben wollte, nachdem ich erfahren hatte, dass meine Traumfrau verlobt war. Sara indes konnte sich kaum wieder einkriegen vor Lachen.

»Hey«, sagte sie auf einmal ernst. »Das ist nur Spaß – ich find′ das voll süß, dass du das gemacht hast, ehrlich. Und ich drücke dir beide Daumen!«

Das FBI sicherlich nicht …

Kapitel 21

Ich war eine gute Stunde vor Gina am Treffpunkt. Vor mir stand der dritte Café Latte und ich starrte auf mein Samsung. Es wurmte mich zutiefst, dass dieser O'Reilly mir immer noch einen Schritt voraus war. Eigentlich noch mehr als einen. Ich musste langsam anfangen, Antworten zu finden auf die vielen Fragen, die noch unbeantwortet in meinem Kopf brannten:

- Wer war dieser ehemalige NCS-Mitarbeiter, den O'Reilly befragt hatte?
- Wie, verdammt nochmal, hatte er ihn gefunden?
- Was hatte er ihm erzählt?
- Welche Rolle spielte Phil Harber?
- Welche spielte Melinda Caven?
- Und welche spielte (Melindas Mann?) Tom
- Hatte O'Reilly von Melinda gewusst?
- Wie hatte O'Reilly die Verbindung NCS/OOO Sadovekali hergestellt? Oder war das nichts weiter als eine Vermutung?

Meine Recherche durch das Netz reduzierte sich auf ein wahlloses Hin- und Hergeklicke.

Verdammt, O'Reilly, der Blender, der Eventjournalist – auch wenn er deutlich mehr Zeit gehabt hatte, durfte er nicht weiterkommen als ich. Ich musste etwas übersehen haben.

Ich irrte inzwischen seit einer Viertelstunde auf Websites anderer Chemiefabriken aus der Region herum und stolperte schließlich über einen Namen:

Gary McKean, Purchasing Manager bei der Union Canal Chemical Cooperation, kurz UCCC. Es war eher ein Local Player, aber der Firmenname war durchaus geläufig in der Gegend. Er war die vierte Person, die mit Foto und Vita auf der Website der Firma vorgestellt wurde. Ich klickte auf die Vita und mir stockte der Atem. McKean war 1990 im Forschungs- und Entwicklungslabor für neue Produkte gewesen, bei – Niagara Chemical Solutions. Heute also Purchasing Manager bei UCCC. Im Gegensatz zu Giganten wie NCS konnte man von UCCC eine Telefonnummer neben allen Managern finden. Aufgeregt griff ich zu meinem Blackberry und tippte seine Nummer.

Wie erwartet, sprach ich zunächst mit seiner Sekretärin, aber das war kein größeres Hindernis, bis ich sie da hatte, wo ich sie hinhaben wollte.

»Moment, ich stelle sie rüber«, flötete sie am Ende.

»UCCC, McKean – was kann ich für Sie tun?«

»Richmond, schönen guten Tag.« Mann, war ich aufgeregt!

»Guten Tag«, antwortete er abwartend.

»Ich möchte nicht lange um den heißen Brei herumreden. Ich denke, möglicherweise hat ein gewisser Brian O'Reilly Sie kürzlich kontaktiert und …«

»O'Reilly? Nie gehört! Wer soll das sein?«

»Ein Journalist. Es besteht hinreichender Verdacht, dass er Sie möglicherweise aufgesucht hat bezüglich einer Angelegenheit, die sehr lange zurückliegt.«

Es war ein Schuss ins Blaue.

»Warum fragen Sie ihn dann nicht? Wieso sollte ich Ihnen darüber Auskunft geben? Und wer waren Sie nochmal?«

»Ich kann ihn nicht fragen – er ist ermordet worden.«

Schweigen am anderen Ende der Leitung.

»Er ist da offensichtlich einer heißen Spur hinterhergejagt und ich versuche nun herauszufinden, wo diese hinführte.«

»Halten Sie das für eine gute Idee?«, fragte McKean. »Ich meine nur, wieso jemandem hinterherlaufen, der in den Abgrund gerannt ist?«

War das schon eine Drohung?

»Ich bin kein Journalist. Ich will nur die Leute finden, die ihn umgebracht haben.«

»Hören Sie, ich würde Ihnen wirklich gerne helfen, aber ich weiß beim besten Willen nicht, wie.«

»Hat O'Reilly Sie nicht befragt wegen NCS?«

Erneutes Schweigen.

»Hören Sie«, fuhr ich fort, «ich recherchiere hier für keine Zeitung, sondern ich arbeite mit dem NYPD zusammen und wir brauchen jede Hilfe.«

Das NYPD schien geholfen zu haben.

»Okay. Ich weiß nicht, warum ich da von ihm kontaktiert wurde und ich weiß nicht, wie Sie auf mich gekommen sind, aber ich kann Ihnen nicht helfen, das hab ich dem anderen Herrn auch schon gesagt.«

Das gibt es doch gar nicht!

»Sicher? Was haben Sie ihm noch gesagt?«

McKean pustete.

»Dass ich seit fünfzehn Jahren nicht mehr bei NCS bin und ich kaum noch jemanden kenne, der dort arbeitet.«

»Was ist mit Phil Harber – O'Reilly kannte ihn.«

McKean zischte verächtlich.

»Kannte ihn? Niemand kannte Phil Harber.«

»Wie meinen Sie das?«

»Ja, wie meine ich das ... Firmenweihnachtsfeier – Phil Harber war nicht dabei. Firmensommerausflug zu einem Schießstand – Phil Harber war nicht dabei. Mittagessen in der Kantine – Phil Harber war nie ...«

»Ich hab es verstanden – Sie wollen mir aber jetzt nicht sagen, es gäbe keinen Phil Harber?«

»Nein, ich will Ihnen sagen, dass ihn niemand wirklich kannte und ihn auch kaum einer zu Gesicht bekam. *Harber Rat* nannten wir ihn. Er war eine Laborratte. Kein Typ, der von neun bis siebzehn Uhr einen Job machte, er war meist um acht da und blieb bis spät in den Abend. Auch an den Wochenenden.«

»Ja, so kommt man letztlich in die Geschäftsführung, oder?«

»Wohl kaum«, antwortete McKean und es konnte kaum verächtlicher klingen. »Das hat ihn mit Sicherheit nicht in die Geschäftsführung gebracht.«

»Sondern?«

»Ehrlich? Ich habe keine Ahnung. Er war ja damals stellvertretender Laborleiter, aber ohne jegliche Social Skills, wie man so schön sagt heutzutage. Keiner mochte ihn, er war ein absoluter Fachidiot. Entschuldigung, aber als ich hörte, dass man ihn in die Geschäftsführung berufen hat, dachte ich erst an einen Scherz. Nein, gib dem Mann ein Labor und achtzehn Stunden Zeit pro Tag und er ist in seinem Element.«

Ein Chemiker war in seinem Element – ich musste schmunzeln.

»Forschungstechnisch ist er ein Spitzenmann, fachlich kann ihm kaum einer das Wasser reichen, aber Führungspersönlichkeit …?«

»Hat er damals an chemischen Waffen geforscht?«

»Davon weiß ich nichts, das hab ich dem anderen Herrn auch schon gesagt. Ich war damals noch ein relativ kleines Licht bei NCS.«

»Haben Sie O'Reilly sonst noch etwas erzählt?«

»Nein, wie gesagt, mehr weiß ich auch nicht.«

Ich bedankte mich und legte auf. In dem Moment kam Detective Lonardoni um die Ecke, blickte sich um und sagte: »Ich hab nicht viel Zeit.«

Nachdem ich mit meiner Zusammenfassung der Ereignisse seit unserem letzten Essen geendet hatte, teilte sie mir ihren letzten Stand der Ermittlungen mit.

»Wir haben in O'Reillys Wohnung einige Fingerabdrücke verschiedener Personen gefunden, einige von seinen Eltern, seinem Bruder – nur einen konnten wir noch nicht identifizieren, aber der ist zumindest nicht registriert. Er schien nicht häufig Besuch zu bekommen. Es gab keinerlei Spuren eines Kampfes, auch keine Spuren an der Tür, die auf eine gewaltsame Öffnung hingewiesen hätten, weswegen ich denke, dass O'Reilly den Täter selbst reingelassen haben müsste.«

»Was merkwürdig ist, denn ich glaube nicht, dass er den Täter kannte. Und zudem rannte er vom Taxi weg und hatte Sara gerade in Sicherheit gebracht. Da hätte er sich sicherlich ganz genau überlegt, wem er da die Tür öffnet.«

»Ja, das ergibt alles irgendwie keinen Sinn.«

»O'Reilly hat nie für den Wirtschaftsteil geschrieben, auch keine politischen Beiträge. Hätte er jemanden aus der Waffenindustrie gekannt, wäre das purer Zufall gewesen. Und zu NCS – das wäre schon möglich, da hat er ja offensichtlich einige unangenehme Fragen gestellt.«

Gina nickte zustimmend.

»Ja, aber würdest du als Journalist jemanden zu dir nach Hause einladen, um ihn zu interviewen? Gerade, wenn du in so einem brisanten Fall ermittelst?«

»Nein«, winkte ich ab.

Außer sie war heiß.

»Ich würde mich immer auf neutralem Boden treffen und hoffen, dass der andere nicht herausfindet, wo ich wohne«, meinte ich stattdessen.

Gina raufte sich die Haare und für einen Moment konnte ich nichts anderes tun, als ihr dabei zuzusehen.

»Es macht keinen Sinn!«, sagte sie dann.

Die Hauptspeise kam, aber ich hatte gar keinen richtigen Appetit. Auch Gina stocherte nur in ihrer Pasta.

»Was habt ihr noch?«, fragte ich nach einer Weile.

»Wir haben die Personen auf der Vernissage weiter durchleuchtet. Miss Woolf war uns eine große Hilfe, die ganzen Bilder Personen zuzuordnen. achtzig bis neunzig Prozent aller Besucher kannte sie mit Namen, das ist ungewöhnlich.«

Ja, es ist kein Zufall, dass ihre Galerie zu den absoluten Top-Adressen in Manhattan gehört.

»Könnte ich die Liste bekommen – mit Hinweis darauf, wer zu den zehn bis zwanzig Prozent gehört? Weil ich denke, das ist der Personenkreis, auf den wir uns konzentrieren sollten.«

Gina presste die Lippen zusammen und lächelte dann.

»Schon passiert. Das mit dem virtuellen Laufwerk ist eine gute Idee. Aber auch riskant. Du musst die Datei wieder löschen – ich hab sie dir auch nie geschickt!«

»Danke. Mach ich. Ich muss die Namen nur einmal lesen, dann hab ich sie auf meiner inneren Festplatte.«

»Es ist immer noch eine relativ große Gruppe!«

»Superpower Namensgedächtnis«, sagte ich und hob die Schultern fast entschuldigend. »Es reicht, einen Namen einmal bewusst zu lesen und ich vergesse ihn nie.«

»Okay«, sagte sie und ich vermutete, sie dachte, ich machte Scherze. »In deinem Beruf ist das bestimmt sehr nützlich. Neben den Angaben von Miss Woolf haben wir aber auch durch Befragungen anderer Teilnehmer den Kreis der Unbekannten weiter einengen können.«

»Was ist mit der älteren Dame?«, wollte ich wissen.

»Ja, das ist so eine Sache. Wir haben von der Überwachungskamera der U-Bahn noch ein gutes Bild bekommen, aber keiner kennt diese Person und heute Morgen erhielten wir das Ergebnis der FBI-Gesichtskennung. Beziehungsweise das Nicht-Ergebnis. Kein Eintrag. Nirgendwo. Allerdings gehen wir nach Auswertung aller Bilder inzwischen davon aus, dass sie eine Perücke trug.«

»Interessant«, sagte ich. »Gibt es von ihr auch ein Bild?«

»Ist auch in deiner Box.«

Ich zückte mein Blackberry. Eigentlich war es unhöflich, während des Essens mit dem Handy herumzuhantieren – aber wir hatten wenig Zeit. Ich ging auf meine virtuelle Festplatte und sah einundzwanzig Bilder von Personen, deren Identität noch nicht geklärt war. Bei Bild fünfzehn zuckte ich dann zusammen.

»Rich – was ist los? Kennst du die ältere Dame etwa?«

Ich war sauer – ich hatte mich mit ihr getroffen und ich hatte ihr vertraut. Dabei hatte sie offensichtlich schon viel mehr als ich gewusst.

»Ja, die kenne ich. Du kannst sie von der Verdächtigenliste streichen.«

Gina schaute mich erbost an.

»Einen Teufel werde ich tun – für mich ist diese Frau eine der Hauptverdächtigen!«

Ich schaute sie resigniert an. Je länger wir in diesem Fall herumstocherten, desto weiter entfernten wir uns davon, irgendwie weiterzukommen.

Ich schüttelte den Kopf.

»Ihr Name ist Maureen.«

Gina zückte ihr iPhone und schrieb sich den Namen auf, was völlig überflüssig war.

»Maureen und weiter?« fragte sich mich auffordernd.

»Smith.«

»Rich! Was soll das? Smith? Deckst du hier jemanden?«

»Smith, Jones, Lewis – such' dir einen Namen aus.«

Ginas Blick verfinsterte sich und ich schob schnell nach: »Ich kenne sie unter dem Namen Lanahan. Maureen Lanahan. Aber der Nachname ist sicher nicht ihr richtiger. Wahrscheinlich auch der Vorname nicht.«

»Und du kennst diese Frau?«

Kennen? Es war die einzige Frau, mit der ich in verschiedenen Jahreszeiten geschlafen hatte. Sogar in verschiedenen Jahren ...

»Ja, im Laufe der Jahre hat sich mein Weg immer mal wieder mit den Wegen anderer gekreuzt, auch mit der HSI.«

Ginas Faust schlug auf den Tisch. Ich erschrak jedes Mal, wenn sie das tat.

»Das ist doch zum Kotzen! Die Frau, die sich mit Sara unterhalten hat, ist von Homeland Security? Was zum Teufel wissen die und warum verschwenden wir hier Zeit, Energie und Steuergelder, um die Identität einer Frau festzustellen, die am Ende von Homeland Security ist und damit als Täterin ja wohl ausscheidet?«

»Mit Sicherheit ausscheidet!«

Immerhin brachte das wieder etwas Sinn in die Angelegenheit. Maureen wusste nichts von Saras Vergangenheit, aber sie ahnte, dass Sara in Gefahr war, weil sie wusste, woher O'Reilly seine Informationen erhalten hatte, dass sie ihm etwas gesagt haben musste. Vielleicht redete sie auf Sara ein, dass sie vorsichtig sein müsse oder fragte sie aus, ob sie mit O'Reilly zusammengearbeitet hatte. Auf einmal kam mir ein Gedanke, mit dem ich immer wärmer wurde, je länger er in meinem Kopf reifte. Was, wenn es ihre Idee gewesen war, Sara zu mir zu schicken? Sicher, es war eindeutig O'Reilly, der dem Taxifahrer meine Adresse gegeben hatte, aber wie hätte er darauf kommen sollen? Weil er wusste, dass er in Gefahr war und weil er wusste, dass ich vor gut zwanzig Jahren schon einmal in dem Fall recherchiert hatte? Ja, aber warum sollte er deswegen Sara zu mir schicken? Saras wahre Identität kannte auch er nicht, sonst wäre auf dem Stick ein Hinweis darauf gewesen. Es machte keinen Sinn. Aber es machte Sinn, dass Maureen auf die Idee gekommen war, O'Reilly vielleicht einen Tipp zu geben und dieser sich gedacht hatte, wenn Sara bei mir sicher wäre, dann wäre es der Stick auch. Maureen hielt viel von mir, das wusste ich. Ich umgekehrt von ihr auch und ich hatte stets akzeptiert, dass sie mir aufgrund ihrer Zugehörigkeit zur CIA nicht immer alles sagen konnte. Aber ich erinnerte mich an unser letztes Gespräch am Prospect Point. Wenn sie O'Reilly meine Adresse genannt und er Sara dann in ein Taxi nach Buffalo gesteckt hatte, warum hatte sie mich dann gefragt, was Sara von mir wollte? Vielleicht wollte sie prüfen, an was Sara sich erinnerte? Oder sie suchte eine Verbindung zwischen O'Reilly und Sara. Oder Sara und der Hedderby-Affäre, denn dass Sara eine geborene Hedderby war, wusste sie wohl auch nicht. Oder doch? Wem machte ich da was vor – durch die Annahme des Erbes hatte sie sich als Sara Hedderby zu erkennen gegeben. Wenn auch nicht offiziell, aber wenn Homeland Security das Hedderby-Haus überprüfte, das Sara überschrieben worden war, dann mussten sie skeptisch werden. Das waren keine Anfänger da – und Maureen schon gar nicht.

»Wir müssen wissen, was sie mit Sara besprochen hat«, sagte Gina entschlossen.

»Leider kann uns da Sara überhaupt nicht helfen. Sie erinnert sich immer noch an nichts. Ich verstehe nicht, warum mir Maureen nicht erzählt hat, dass sie mit ihr gesprochen hat.«

»Na toll, super – das wird ja immer besser!« Ginas Laune verschlechterte sich immer mehr. »*Du* hast mit Maureen Smith-Jones-Lanahan gesprochen? *Nach* dem Mord an O'Reilly? Und das wolltest du mir nicht erzählen, weil ...«

»... weil ich keine Ahnung hatte, dass sie auf der Vernissage gewesen ist. Und noch weniger eine Vermutung hatte, sie könne die ältere Dame sein, die wir suchen.«

»Wir, tja ...«

»Treffen mit Homeland Security unterliegen höchster Geheimhaltungsstufen – ich kriege kein Wort mehr aus ihr heraus, wenn ... Es tut mir leid. Hätte ich gewusst, dass sie...«

Auf einmal kam mir ein schrecklicher Gedanke. Sollte nicht Maureens Bild durch die Netzwerke gejagt werden? Auch wenn es nicht besonders gut war, konnte der eine oder andere sie vielleicht wiedererkennen. Für eine Agentin, die oft im Untergrund im Einsatz war, war das der Tod, und das war durchaus wörtlich gemeint.

»Nein«, antwortete Gina, als ich sie darauf ansprach. »Du warst doch dabei, als ich Coon zusammenpfiff, weil er mir das nicht sofort gesagt hat.«

Sie legte die Stirn in ihre flache Hand.

»Ich bin so dämlich, so offensichtlich, warum die Bilder auf einmal nicht mehr da waren und sich der andere Verein darum kümmern wollte. Ich dachte erst, okay, die haben da jemanden erkannt, es geht voran. Und dann wunderte ich mich, dass das Bild nirgendwo veröffentlicht wurde. Klasse! Wir drehten uns nur im Kreis und fahndeten schon nach unseren eigenen Leuten. Kannst du Maureen kontaktieren?«

»Nein, sorry, ich finde sie nicht, sie findet mich«, sagte ich und nach einer schweigsamen Pause: »Melinda Caven – gibt es da etwas Neues?«

Gina schaute mich mit zusammengekniffenen Augen an – das konnte auch nichts Gutes bedeuten.

»Melinda Caven!«, seufzte sie. »Tja, auch so eine Sache. Wir wollten sie gerade unters Mikroskop legen, da hatten wir eine Lagebesprechung beim Captain. Und weil wir so überhaupt gar nichts hatten, erwähnte ich sie und dass wir sie näher untersuchen wollen.«

»Und?«

»Ich musste Captain Warren erklären, warum. Und er gab mir danach die klare Anweisung, in die Richtung nicht weiter zu ermitteln.«

Ich konnte es kaum glauben.

»Wieso?«

Gina schnaufte und trank den letzten Schluck ihrer Cola light.

»Rich, was erwartest du? Eine Kanadierin, die als Rezeptionistin in einem Hotel in Toronto gearbeitet hat und das vor über zwanzig Jahren. Die jetzt im kanadischen Niagara Falls wieder in einem Hotel arbeitet, die vor kurzem geheiratet hat und sich nun auf Hochzeitsreise in New York befindet. Wo ist da ein Ansatz? Außer deinem Gefühl und außer der Tatsache, dass sie ihren

Bräutigam nicht auf Facebook postet? Und dass sie vielleicht zur falschen Zeit im falschen Hotel gearbeitet hat. Er wollte die Information an die Konkurrenz weitergeben. Wenn es mit dem Fall zu tun hat, dann mit der *Hälfte,* er sagte wirklich *Hälfte,* die das NYPD nicht verfolgt. Er versprach aber, den Namen weiterzuleiten.«

Ich schüttelte unentwegt mit dem Kopf.

»Und das war es?«

»Tja ... Also, wir haben herausgefunden, dass sie im Camelot Palace am Central Park eingecheckt hat. Nobel, ein bisschen zu nobel für eine Hotelfachfrau. Deinem Gefühl kann man da vertrauen, glaube ich.«

»Gut, die Frage ist, wer das Zimmer bezahlt hat. Und brennend interessieren würde mich, wen sie vor kurzem geheiratet hat.«

»Das kann ich dir sagen – Fisher hat sich die Daten von ihrer Kreditkarte besorgt, deswegen kamen wir auf das Hotel.«

»*Sie* hat das Zimmer im Camelot bezahlt? Für eine Woche?«, staunte ich.

Gina nickte. »Ja, das hat sie. Und das hat sie locker, denn die Kreditkarte hat ein Limit von einer Million Dollar. Und wir sprechen nicht von kanadischen Dollar.«

Ich pfiff durch die Zähne.

Und diese Frau hatte ich schon im Bett, dachte ich. Hätte ich heute ausgesorgt. Was schmissen hier alle mit den Dollars nur so um sich?

»Das mit der Hochzeit ist ein Problem. Sie nutzt in den USA eine amerikanische Kreditkarte – deswegen konnten wir verfolgen, wo diese benutzt wurde. Aber eine Personenüberprüfung darf ich nicht durchführen. Caven ist nicht einmal amerikanische Staatsbürgerin.«

Dann sah Gina mich erwartungsvoll an. »Wir haben Phil Harber überprüft – und wir haben ein Bild von ihm.«

Wofür auch immer das gut sein sollte.

»Schau dir Bild 22 an – nicht im Vernissage-Ordner, geh eine Ebene höher.« Sie fixierte mich geradezu. »Na, nun mach schon!«

Pack aus!

So klang es. So hatte es mein Vater immer gesagt an Weihnachten oder Geburtstagen, wenn ich ganz genüsslich ein Geschenk aufmachte. Das Aufmachen war das Schönste. Für die Dinge, die ich mir gewünscht hatte, hatten wir ohnehin nie das Geld gehabt. Meist waren es daher nützliche Sachen, die ich geschenkt bekam. Einen neuen Pullover, ein Schulbuch, einen Zirkel, Turnschuhe. Und meist war die Enttäuschung groß, wenn ich sah, was er für mich gekauft hatte. Daher war der Moment des Auspackens der Schönste, denn solange ich noch nichts wusste, genoss ich die Vorstellung, mal etwas ganz alleine für mich geschenkt zu bekommen. Und ich genoss seine Ungeduld, denn er war immer sehr aufgeregt, ob mir sein Geschenk gefallen würde und ich hatte immer mitgespielt. Hatte ihm immer das Gefühl gegeben, dass er mir eine Freude gemacht hatte. Und das war auch nicht gelogen gewesen. So unpassend das Geschenk auch immer gewesen war, ich hatte gewusst, er hatte Tage damit verbracht, sich darüber Gedanken zu machen und war dann in jedes Geschäft der Stadt gefahren, um eine bezahlbare Version seiner Idee zu besorgen. Und dann hatte er diese immer sehr liebevoll eingepackt. Und deswegen freute ich mich über jedes Geschenk, das er mir gemacht hatte. Und versuchte, ihm zu Weihnachten und zu seinen Geburtstagen mit derselben Energie ein passendes Geschenk zu besorgen. Und auch er hatte immer mitgespielt, obwohl ich sicher auch selten seinen Geschmack getroffen hatte.

»Na los!« Gina war sehr ungeduldig und ich lächelte. Sie nicht.

Dann öffnete ich Bild 22 und das Lächeln erstarb. Er war älter geworden, seine Haare waren dünner als damals und die lichten Stellen hatten sich gnadenlos weitergefressen. Die wenigen Haare, die er noch hatte, hatten eine merkwürdige Mischung aus Gelbbraun und Schottergrau eingenommen. Aber die Mundpartie, deren Seiten immer ein bisschen fischartig heruntergefallen waren, die Augenringe, die schmalen Augenbrauen, die verrieten ihn. Auch jetzt, mehr als zwanzig Jahre später, erkannte ich ihn und mein Herz klopfte.

»Du hattest mir ein Bild von jemandem geschickt, den du als Tom kennst«, sagte Gina dann.

Ich nickte innerlich, aber wahrscheinlich blieb mein Kopf nach außen hin bewegungslos. Es fühlte sich an wie ein Knockout im Ring. Nicht, dass ich das Gefühl kannte. Immerhin war ich in der Jugend im Kickboxen mal Meister von Erie County gewesen und in 58 Kämpfen unbesiegt geblieben. Aber das hier, das konnte ich nicht einordnen. Mein Mund war knochentrocken und meine Kehle war wie zugeschnürt.

»Das ist Tom«, sagte ich stockend.

»Das ist Phil Harber«, korrigierte Gina mich. »Aber es ist derselbe Mann.«

Ich wollte aufstehen, wollte Gina rütteln, wollte ihr sagen, dass sie sich irrte, schaute das Bild noch einmal an, um auszuschließen, dass *ich* mich irrte. Seine Hautfarbe war noch blasser geworden, so als habe er das Labor seit Jahrzehnten nicht verlassen, was wahrscheinlich auch stimmte.

Wenn man einen der drei schrecklichsten Momente in seinem Leben erlebt, möchte man gerne mit jemanden zusammen sein, den man mag, der einem helfen kann, mit der Situation klarzukommen. Der einen einfach in den Arm nimmt und einem erklärt, dass alles nicht so schlimm war wie es aussah. Letzteres war möglicherweise wahr. Es war schlimmer und ein eisiger Schauer durchfuhr mich. Ich atmete schwer und konnte niemanden ansehen, am allerwenigsten Gina.

»Richmond – alles klar mit dir?«

Gina schien nicht zu verstehen.

Es gab kein Loch, in das ich mich hätte verstecken können. Ich saß mit der Frau an einem Tisch, deren Lächeln sich in den letzten Tagen in meinem Kopf festgebrannt hatte, die in mir Sehnsüchte geweckt hatte, die ich nicht kannte, Gefühle offenbarte, zu denen ich nie geglaubt hätte, imstande zu sein. Und nun fühlte ich mich schmutzig, abstoßend und ich wollte nicht, dass sie mich so sah. Aber ich kam hier nicht raus, ich musste mich wieder fangen. Ich drehte mein inneres Radio auf volle Lautstärke – *Honey, I'm tougher than the rest,* dröhnte es in meinem Kopf. Wenn mir einer sagen konnte, wie es weiterginge, dann war es der Boss.

»Wir müssen Melinda Caven finden!«, sagte ich nur bemüht ruhig.

Kapitel 22

Wir warteten eine Ewigkeit auf dem Flur. Ich wusste, dass Gina hier ihren Job riskierte. Hätte sie nicht ihren freien Tag gehabt, wäre sie auch nicht dagewesen. Zu lange hatte sie daran gearbeitet, Detective beim NYPD zu werden, als dass sie ihren Job einfach riskieren konnte. Wobei, eigentlich tat sie das auch so.

Gina musste von ihrem Platz aus einen guten Blick gehabt haben. Wenn das Bild auf Facebook nur einigermaßen Ähnlichkeit hatte mit dem, wie Melinda Caven inzwischen aussah, dann würde sie sie erkennen, wenn sie heraufkam, um in ihr Zimmer gehen. In unserer Ecke war ein runder Holztisch, auf dem viele Prospekte lagen. Werbung von Museen, Ausflugsdampfern, Veranstaltungsplänen und ähnlichem. Es war der perfekte Platz zum Warten. Auch wenn jemand anderer gekommen wäre, wäre es hier nicht verdächtig, einen Moment zu verweilen.

Gina atmete wie ein Uhrwerk, so gleichmäßig, so gelassen. Mir wäre es wahrscheinlich ähnlich gegangen, wenn der Fall nicht persönlich gewesen wäre. Ich war nervös, das kannte ich gar nicht von mir. Ich war sonst immer derjenige, der die Ruhe bewahrte, der seine Nerven kontrollierte wie ein Border Collie eine Schafherde. Nichts geriet je außer Kontrolle. Jetzt lauschte ich dem rhythmischen Ein- und Ausatmen von Gina und das hatte eine überraschend beruhigende Wirkung auf mich.

Und dann kam sie, alleine, müde und langsam und doch war es, als hätte Gott seine wichtigste Zeugin ins Jüngste Gericht gesandt. Mein Herz pochte und ich spürte einen leichten Schwindel. Als Melinda die Tür geöffnet hatte, gingen wir um die Ecke.

Gina nahm meinen Arm und schubste mich ein bisschen nach vorne, so dass ich plötzlich schon mit einem Bein im Zimmer stand.

»Melinda Caven?«, fragte ich so ruhig, wie ich konnte. Eine rhetorische Frage, denn natürlich war sie es. Sie sah gut aus für ihr Alter, hatte sich gar nicht mal so sehr verändert gegenüber früher. Die dunkelbraunen, langen Haare hingen etwas glatter herunter, waren aber dennoch mühevoll in Form geföhnt. Aber nicht mehr so wellig wie damals, als ich sie an der Rezeption in Toronto das erste Mal gesehen hatte. Ihre Haut war deutlich brauner und wies diverse Sonnenflecken auf. Das kam sicher nicht vom kanadischen Sommer. Aber wer so viel Geld hatte, im Camelot Palace zu übernachten, würde möglicherweise auch ein Sommerhaus in Florida besitzen oder einfach mal so für eine Woche nach Aruba fliegen. Sie war immer noch sehr schlank, fast ein bisschen dürr, vor allem im Gesicht und auch am Hals, wo die Muskulatur fast unnatürlich hervorstach. Es fiel nicht direkt auf, da ihre Haare den dünnen Hals kaschierten und da der Blick gewöhnlich in Richtung ihrer sehr großen, braunen Augen gingen und zu ihrem dezent geschminkten, erdbeerfarbenen Mund, der viel zu breit für das Gesicht war und ich fragte mich, ob sie die hässliche Warze direkt neben dem linken Mundwinkel damals schon gehabt hatte. Sie trug eine viel zu lange Kette und ein kurzes, blau-weiß gestreiftes Sommerkleid aus Baumwolle, mit dem sie in dieser Absteige eher underdressed war, das ihr aber auf ihre eigene Weise dennoch eine gewisse Eleganz verlieh.

Gina hielt sich leicht hinter mir und schloss die Tür.

Melinda erschrak. Ich hatte genau beobachten können, wie sich ihre Pupillen weiteten. Aber ganz kurz nur, dann fing sie sich wieder.

»Niclas Richmond … Nach so langer Zeit. Und wieder mal eine neue Freundin – und so jung und hübsch. Süße, hast du eine Wette verloren?«

Ich sah zu Gina und mein Blick flehte, sich noch nicht als NYPD zu erkennen zu geben; aber sie blickte nur ganz ruhig in Richtung Melinda.

»Wir haben nur ein paar Fragen«, sagte sie.

Melinda lachte, was Gina etwas irritierte.

»Und dann stürmt man einfach ungefragt in ein fremdes Hotelzimmer? Sehr schlechte Kinderstube hat deine Kleine«, sagte sie und fügte grinsend hinzu: »Dass du keine hast, Richmond, das wissen wir ja.«

Für einen Moment hatte ich überlegt, ob es noch irgendeinen sicheren Ausweg gäbe, irgendeinen *Fool's Exit,* durch den ich mich hätte herausschleichen können. Aber ich war auch nicht der Typ, der sich einfach davonschlich, wenn es brenzlig wurde. Das Schicksal hatte mir schon sooft die Beine weggerissen und doch war ich immer wieder aufgestanden. Es gab nur noch diesen einen Weg. Den Weg, der meine Vergangenheit abschließen und meine Zukunft verbauen würde.

»Ich weiß alles, Melinda. Ich weiß alles, was O'Reilly wusste. Ich habe seinen Stick mit allen Informationen, die man braucht, um euch festzunageln.«

»Ich weiß nicht, wovon du redest – spielst du immer noch gern Colt Sievers?«

»Du und Tom. Oder du und Phil, muss ich wohl eher sagen.«

»Du denkst, Phil und ich …?«

»Phil, Tom – dieselbe Person«, zischte ich und beobachtete ihre Reaktion. Was leugnete sie noch?

Sie lachte stattdessen, als plötzlich die Tür aufging und ein Mann hereinkam. Ich hatte keine Ahnung, wer er war, aber ich sah, dass sich sein Jackett an einer bestimmten Stelle ausbeulte – der Mann war bewaffnet. Er trug einen grauen Anzug, der ihn älter machte, ein hellblaues Hemd und eine rote Krawatte mit dunkelblauen Querstreifen. Alles in allem würde er im grauen Meer der Anzugträger, die allmorgendlich New York heimsuchten, untergehen, hätte er nicht dieses wuselige, rotblonde Haar gehabt und den gleichfarbigen Bart, der ziemlich wild um seinen Mund wuchs und an seinem Kinn zu lang war, um gepflegt auszusehen und zu kurz, um als schrulliges Markenzeichen anerkannt werden zu können. Er sah zunächst zu mir, dann zu Melinda. Gina schien er zu ignorieren. Das konnte ein Vorteil sein. Etwas sagte mir, dass Melinda schon die Hand an ihrer Waffe hatte, obwohl ich nicht einmal wusste, ob sie eine besaß. Ich hatte nur eine Ahnung, dass er eine trug. Der Mann bewegte sich langsam zu Melinda herüber und Gina ging ein Stück weiter Richtung Tür zum zweiten Zimmer. Die Unterkunft musste hier für die Woche mehr kosten, als ich in besseren Zeiten in einem halben Jahr verdient hatte.

»Dreiundzwanzig Jahre, Rich. Dreiundzwanzig Jahre!« Melindas Mund wurde noch breiter. »Dreiundzwanzig Jahre, und schon hast du das Rätsel gelöst. Gratuliere! Ja, Phil Harber und Tom …«

Sie sprach den Satz nicht zu Ende, klatsche stattdessen höhnisch Beifall. Damit hatte sie zumindest jetzt noch keine Hand an einer Waffe, während meine langsam nach der Glock tastete.

»Was habt ihr für ein mieses Spiel getrieben? Ihr habt mich benutzt!«

Melinda sah mich übertrieben mitleidig an und stichelte dann:

»Hattest du nicht umgekehrt dasselbe vor? Dachtest du nicht all die Jahre lang, du hättest mich benutzt? Und hattest du Skrupel? Außerdem, in jener Nacht damals, da fandst du das ganz angenehm, benutzt zu werden. Dreimal …«

Provokativ blickte sie zu Gina rüber.

»Lass die Sentimentalitäten! Ihr habt das Hotel damals ausgesucht, weil du da gearbeitet hast!«

»Rich, Rich, Rich – du hast einen Lauf. Wie du dir das alles so zusammenreimst, nach all den Jahren …«

»Ich habe ein Bild von Tom gesehen – deine Freundin Florence hat es gepostet.«

Jetzt war ich mir ganz sicher, dass sie irgendwo da eine Waffe hatte. Gina konnte ins Nachbarzimmer springen, wenn es ernst wurde, und ich musste es irgendwie schaffen, der Kugel auszuweichen, denn dass gleich geschossen werden würde, schien beschlossene Sache zu sein. Da würde es auch nicht helfen, wenn Gina *NYPD!* schreien würde, da war ich mir sicher. Je näher sich meine Hand meiner Glock näherte, desto mehr hatte ich das Gefühl, dass auch der Mann in Betracht zog, seine Waffe zu ziehen. Es wäre ein böser Fehler für ihn gewesen.

»Ertappt. Ja, Phil Harber. Der Mann hatte nicht einmal Phantasie genug, sich einen kompletten Decknamen auszusuchen! Einfach nur Tom, aber es reichte ja. Und dann wollte er auf einmal nicht mitmachen, obwohl er der Auslöser gewesen war. Ihm war die Sache zu heiß geworden nach der Hedderby-Verurteilung. So als Angestellter sich verstecken und andere die Drecksarbeit machen und ihre Köpfe hinhalten lassen, das war in Ordnung, aber selber für die Konsequenzen einzustehen? Laborratte eben. Also musste ich ihn überzeugen und, glaub mir, es fiel mir schwerer als bei dir. Ich glaube, ich war seine erste Freundin überhaupt, aber wir führten ja quasi eine Fernbeziehung, also hielt sich die Frequenz in Grenzen. Und dann ist der Feigling weg zu NCS. Aber zum Glück hatten wir genug Material zusammen und er hatte den Russen beigebracht, wie man daraus die Waffe baut.«

Ihre Lippen wurden schmal und ihre Nase schien vor Arroganz zu tanzen, was eine gewisse faszinierende Wirkung auf mich gehabt hätte, wenn nicht gerade mein Gehirn beschlossen hätte, Unmengen von Blut statt in andere Körperteile in meinen Kopf zu pumpen, so dass dieser schon anfing, heftig zu pochen.

Melinda ging einen Schritt zur Seite und fing wieder an zu lachen.

»Aber kannst du bitte nochmal die Geschichte erzählen mit den beiden Hotelzimmern, wie du mich da reingelegt hast und du mich verführt hast, um an die geheimen Dokumente und Aufzeichnungen zu kommen, weil du so unglaublich unwiderstehlich bist? So, wie du es damals im *Star* geschrieben hast? Und bei der Verhandlung ausgesagt hast? Ich hab mich vor Lachen kaum wieder einkriegen können. Rich, ich sehe schon die Schlagzeile in der Niagara Post:

NICLAS RICHMOND UND SEINE LEBENSLÜGE.«

Ich schluckte, aber sie redete sich gerade erst warm.

»Richmond, der Frauenheld – ist das nicht auch so eine Lüge? Weiß deine Kleine, warum sie dich nicht besuchen darf, warum du nie eine Frau mit nach Hause nimmst?«

Hör auf!

»Weiß sie, dass du heimlich zuhause Röcke trägst und dass du nachts in einem Nachthemd schläfst?«

Und direkt zu Gina gewandt: »Satin! Ich hab es gesehen, als wir bei ihm den Stick gesucht haben.«

Sie kicherte höhnisch und was Gina tat, sah ich nicht und wollte es auch nicht sehen. Es gab selten Situationen, denen ich nicht gewachsen war, aber mir wurde klar, dass Gina und ich nie mehr zusammenkommen konnten nach all dem, was sie heute über mich erfahren hatte und noch erfahren sollte. Doch mir war es in dem Moment egal. Es würde jetzt alles ans Tageslicht kommen und ich konnte auf mich keine Rücksicht mehr nehmen.

»Das Gestern interessiert niemanden mehr, Melinda. Es geht heute darum, einen Mord aufzuklären. Ich weiß, dass Tom nicht die Rolle gespielt hat, die jeder dachte. Und auch du hast eine andere Rolle hier gespielt, als jeder dachte.«

»Und du?«, fragte sie, wobei ihr Hohn in Zorn überging. »Du hast auch eine ganz andere Rolle gespielt, als alle dachten! Der Held, der die Hedderby-Affäre aufgedeckt hat. Ich sag nur: Niclas Richmond – eine Lebenslüge!«

»Linda!«, maßregelte der Rotbart sie.

»Halt die Klappe, Wes!«

Sie schluckte und mein Hirn ratterte. Wes, Wesley, *Weston*! Der Mann, der Melinda Caven jetzt mit weit aufgerissenen Augen anstarrte, war also Weston Grove, der Sohn von Robert Grove.

Jetzt, wo ich ihn mir noch etwas genauer ansah, erkannte ich auch die Ähnlichkeit. Die Augenpartie, die Wangenknochen, natürlich! Jetzt wurde mit einiges klar. Weston hatte seinerzeit in der Weiterentwicklung bei Hedderby Chemicals Inc. gearbeitet und als Sohn eines Geschäftsführers hatte ihm eine große Karriere bevorgestanden. Aber er konnte nicht mehr durchstarten, nachdem Hedderby Chemicals an NCS fiel.

»Ich war nicht der Held. Der Held war Doyle. Er hat die Lorbeeren eingesackt. Und Baker, er hat den Sack zugemacht.«

»Und du hast den Sack geliefert, Rich! Du hast Harber noch zur Rede gestellt beim letzten Treffen, du hattest das alles durchschaut und du hast nichts gemacht. Du hast dir nur dein Schweigen teuer erkaufen lassen! Ab wann hast du gewusst, dass die Beweise gefälscht waren? Als du mit mir im Bett warst, hattest du da schon Zweifel? Du hast Hedderby ans Messer geliefert, du wusstest, dass er unschuldig war.«

Nein, *gewusst* hatte ich es nicht. Aber die ganze Geschichte hatte von Anfang an einen faden Beigeschmack gehabt. Schon als Tom diese Geschichte erzählt hatte mit seinem Onkel bei Hedderby Chemicals und der Abrechnung des Hotels über die Buchhaltung. Unzählige Male hatte ich gegen Matthew Hedderby recherchiert, hatte Indizien gesammelt für seine krummen Geschäfte mit Chemieabfällen. Aber so viele Brotkrumen ich auch immer sammeln konnte, Hedderby war viel zu gerissen, als dass er genug davon liegengelassen hätte, damit ich daraus ein Brot hätte backen können. Abrechnungen über die Buchhaltung hatte er nie gemacht, wenn sie verräterisch gewesen waren und wenn er es doch getan hatte, waren es Ablenkungsbuchungen. Er hatte einen Termin in Kuala Lumpur, also buchte er über die Firma einen Flug nach Seoul und natürlich gab es dort auch immer einen Grund für eine solche Geschäftsreise. Von Seoul ging es dann nach Kuala Lumpur und wieder zurück und da bezahlte er die Tickets bar. Nur, beweisen konnte man ihm das nie. Warum war es hier also so einfach gegangen? Da musste etwas faul gewesen sein. Aber ich war jung und von Ehrgeiz zerfressen gewesen, hatte mehr meinen inneren Impulsen als meinem Verstand gehorcht und als sich die Gelegenheit ergeben hatte, Matthew Hedderby endlich hinter Gitter zu bringen, hatte ich keine Sekunde darüber nachgedacht, ob das gerecht war oder nicht.

»Ja«, gab ich zu. »In diesem Fall mag er unschuldig gewesen sein. Aber nur, weil er genug Kohle gemacht hatte, um sich das leisten zu können. In den anderen Fällen war er schuldig und entkam seiner gerechten Strafe!«

»Ja, das muss dich zerfressen haben, oder? Du glaubst gar nicht, wie ich sie hasse, diese linken Weltverbesserer, die Journalisten werden und all den Dreck veröffentlichen über die ach so bösen Wirtschaftsbosse, obwohl die alle dafür sorgen, dass die Menschen in Lohn und Brot stehen. Über NCS und den angeblichen Unfall in den 70ern kippen sie heute noch kübelweise Dreck aus, obwohl nachweislich kein Schaden entstanden ist. Man denkt förmlich, ihr Journalisten wartet richtig darauf, dass etwas passiert, hofft, dass Menschen sterben, damit ihr etwas zu schreiben habt, hofft, dass die Großen fallen, damit ihr auf ihnen herumtrampeln könnt. Und dann«, begann sie sehr süffisant, »bietet man euch Geld an. Und dann ist es nur noch eine Frage, wieviel Geld muss man in die Hand nehmen? 10.000? 100.000? 130.000 Dollar? Kommt dir der Betrag bekannt vor, Rich?«

Ich hätte es wissen müssen! Als der Prozess gegen Hedderby begann, hatte ich meine ersten Tage bei Baker & Doyle gerade hinter mir und einer der ersten Anweisungen von Baker war gewesen, keine weitere Energie mehr in diesen Fall zu verschwenden. Baker hatte also Schweigegeld entgegengenommen? Daher das hohe Handgeld, das er versprochen hatte, wenn ich einen Vertrag bei ihm unterschrieb. Mein übergroßes Ich hatte das als einen angemessenen Anreiz interpretiert, meine vielversprechende Karriere als Journalist gegen eine weitaus unsicherere, wenn auch interessantere als Privatdetektiv einzutauschen.

»Ich habe keine Ahnung, wovon du da sprichst!«

Melinda schüttelte nur den Kopf.

»Richmond – die Lebenslüge. Glaubst du das selber? Du musst genauso wie ich damit leben, dass ein Unschuldiger sich im Gefängnis das Leben nahm. Du bist nicht weniger Schuld. Und du wusstest, dass es nicht nur um Hedderby ging. 130.000 Dollar – dir muss klargewesen sein, dass wir das Geschäft mit den Russen übernehmen. Vielleicht war dir nicht klar, wer, aber dir war klar, dass ...«

In dem Moment zogen Melinda und Grove Jr. ihre Glock und ich hatte meine gleichzeitig im Anschlag. Gina schien nach wie vor nur ihre Hand an ihrer SIG Sauer zu haben und wirkte fast ein wenig unbeteiligt.

»Es ist vorbei, Rich. Ganze zwei Jahre lief das Geschäft und wir haben gutes Geld verdient damit. Mit dem Ausgangsmaterial, dass wir noch während des Prozesses bei Hedderby herstellten und nach Swerdlowsk verschifften und dem Know-how hat Sadovekali danach nicht nur die Waffen selber hergestellt, sondern auch die benötigten Stoffe produziert.«

»Und O'Reilly war so nah dran, dass er deswegen sterben musste?«

»Er tat so, als ob«, meldete sich Weston Grove plötzlich. »Warf ein paar Testballons ab. Und dann nannte Benchley, der alte Schwachkopf, ihm den Namen Phil Harber und damit fing er an zu bohren. Trotzdem war sein Tod ein Unfall, wir wollten nur seine Aufzeichnungen, seine Festplatten, seine Sticks und seine virtuellen Speicherorte sicherstellen und herausfinden, was er wirklich wusste. Aber die Dosis war für ihn zu hoch, wie sich herausstellte. Obwohl der Typ, den wir engagiert hatten, ein Profi war. Das war nicht geplant.«

Oder der Auftragskiller hatte die Dosis absichtlich zu hoch gewählt, um Caven und Grove Jr. in der Hand zu haben – ich kannte diese Spiele.

»Hatte O'Reilly Melinda erwartet oder warum hat er ihm aufgemacht?«, fragte ich und Melinda und Weston warfen sich einen Blick zu.

Dann auf einmal ging alles ganz schnell. Mit dem letzten Wort gaben beide einen Schuss auf mich ab, von denen einer meinen Oberarm streifte und der andere an meinem Ohr vorbeizischte. Obwohl Gina die ganze Zeit über die Pistole nicht im Anschlag gehabt hatte, feuerten wir gleichzeitig je eine Kugel auf Melinda ab und hörten ihren lauten Schrei, bevor wir beide durch die offene Zwischentür in das hintere Zimmer sprangen. Eine Kugel schien sie getroffen zu haben, die andere steckte nun in der Wand hinter ihr.

»NYPD! Runter jetzt mit den Waffen!«, schrie Gina.

»NYPD?«, hörte ich nebenan nur Melinda verwundert sagen, gefolgt von einer männlichen Stimme, die »Scheiße« sagte.

Sekundenbruchteile später wurde die Tür aufgestoßen und der ganze Raum in eine Nebelwand verwandelt, die mich betäubte.

Kapitel 23

Als ich die Augen wieder öffnete, saß ich in einem kleinen Raum, ich tippte auf einen Van. Gina saß mir gegenüber und schien auch gerade wieder zu sich zu kommen. Eine junge Frau hatte ihr gerade einen Becher Wasser gegeben und gab mir nun auch einen. Ich blickte zur Seite und sah Maureen Lanahan, wie sie mit einem fast mütterlichen Gesichtsausdruck auf mich zukam.

»Alles in Ordnung, Rich?«

Meine Welt war gerade zusammengebrochen – ich brauchte keine Zehntelsekunde, um mich daran zu erinnern. Melinda Caven hatte meine schmutzigste Wäsche vor der Frau gewaschen, die gerade anfing, mir wirklich etwas zu bedeuten. Und ich hatte nichts entgegenzusetzen gehabt, hatte keine Karte mehr gegen Melindas hämische Worte spielen können. Die Wahrheit rollte auf mich zu wie ein Güterzug und überfuhr mich mit all der aufgestauten Energie der vergangenen Jahrzehnte, in denen sie zurückgehalten, verfälscht und verleumdet worden war. Ich konnte nichts dagegenhalten, ohne weitere Lügen in die Welt zu setzen, die mich auch eines Tages eingeholt hätten. Was ich getan hatte, war mir in dem Moment richtig erschienen. Ja, ich hatte Zweifel gehabt. Einfach, weil wir Beweise gefunden hatten und ich nicht verstanden hatte, warum. Aber ich hatte gedacht, selbst wenn er in diesem Fall unschuldig sein sollte, in der Summe hatte Matthew Hedderby doch die Strafe erhalten, die man nur als gerecht empfinden konnte. War es nicht egal, ob er für die Vergehen, die er beging, keine Strafe erhalten hatte, dafür eine für etwas, für das er unschuldig war? Mit Anfang zwanzig hatte ich so gedacht. Es war ein Sieg gewesen, den Mann endlich überführt zu sehen und ihm die gleiche Ungerechtigkeit zukommen zu lassen, die er jahrelang anderen zu spüren gegeben hatte. Wenn jemand beim Kartenspiel offensichtlich schummelte, war es dann nicht legal, ebenfalls ein bisschen nachzuhelfen? Und freute man sich dann nicht, wenn der, der schummelte, am Ende doch verlor? Erst später hatte ich eingesehen, dass so unser Rechtssystem nicht funktionierte.

Und dann war da noch die andere Sache, worüber ich mit niemandem gesprochen hatte. Die Einzige, die mich vielleicht hätte verstehen können, war Sara, wenn auch ihre Ader für das Bizarre um ein Vielfaches ausgeprägter war als meine. Aber auch Sara fiel aus für die Zukunft, wenn sie erfuhr, welche Rolle ich wirklich beim Skandal ihrer Familie gespielt hatte. Und Gina hatte alles mit angehört und als mir das klar wurde, wäre ich am liebsten gleich wieder eingeschlafen. Und nie wieder aufgewacht. Ich war jahrzehntelang allein gewesen, mit Vince als einzigem echtem Freund, der mir bei diesem Fall leider gar nicht helfen konnte. Und all die Frauen, die mir als Seelenpflaster für eine Nacht dienten, die mir von Zeit zu Zeit ein bisschen buntes Licht in meinem Tunnel gebracht hatten. Ich machte niemanden dafür verantwortlich. Die Situation war einfach so, weil sie sich so entwickelt hatte. So viele Menschen mussten damit klarkommen, dass ihre Eltern nicht mehr beide da waren und ihre Ex-Freundinnen und –Freunde ihnen Dinge antaten, die noch viele Jahre später schmerzten. Ich fühlte mich da nicht als etwas Besonderes. Ich hatte Gelegenheiten genug in meinem Leben gehabt, andere Entscheidungen zu treffen, bessere Entscheidungen zu treffen. Dass ich das nicht getan hatte, war ganz alleine meine Verantwortung. Ebenso wie es meine Entscheidung gewesen war, mit den Lügen aufzuhören. Es wäre ein Leichtes gewesen, mit Hohn und Spott auf die Anschuldigungen von Melinda zu reagieren, darin war ich Meister. Ich hätte es so drehen können, dass Gina Melinda für eine Lügnerin hielt. Es war meine Entscheidung, es nicht zu tun, nicht weitere Bekanntschaften auf dem Fundament der Lüge und des Betruges aufzubauen. Bella impossibile – ich wusste, ich hatte keine Chance, aber dennoch hatte sie jetzt die Wahrheit verdient. Und auch Sara hatte ein Anrecht auf die Wahrheit, die ganze Wahrheit. Es tat mir in der Seele weh, so viele nette Menschen kennengelernt zu haben in den vergangenen Tagen. Sara, die mir aus irgendeinem Grund, den ich nicht verstand, vertraute, Samantha, die mir Sara anvertraut hatte, die mich eindringlich gebeten hatte, ihr nicht wehzutun, wobei ich wusste, dass ich das längst getan hatte. Und wer mein Inneres lesen konnte, in diesem Moment mich verstehen konnte, der konnte sehen, dass ich alles getan hätte, um all das rückgängig machen zu können, was vor dreiundzwanzig Jahren passiert war. Ich würde sogar das Handgeld zurückzahlen, wenn ich es nicht für Alkohol, meinen GTX und diverse Frauen geopfert hätte. Was hatte Sara mal gesagt?

Wieso habe ich das alles geerbt? Dieses Geld, das ich nicht erarbeitet habe.

Das Geld fühlte sich an, als sei es nicht ihres. Genauso ging es mir in dem Moment. Meine ganze Karriere basierte auf dem Hedderby-Fall. Ohne den Namen, den ich mir damit gemacht hatte, wäre ich niemals bei Baker & Doyle gelandet, hätte ich niemals beim Buffalo Star in den letzten Jahren all die Artikel verkaufen können. Die besten Jahre meines Lebens basierten also auf einem Irrtum …

Aber diese besten Jahre waren auch schon eine Weile verblasst und auch dieser Fall hatte mir gezeigt, warum. All die technischen Möglichkeiten, die alleine das NYPD hatte – von Homeland Security mal ganz zu schweigen – die hatte ich nicht. Ein Wettrennen mit dem NYPD war als Detektei inzwischen so, als würde man in einem Propellerflugzeug gegen einen Düsenjet gewinnen wollen. *Alles in Ordnung?* Nein, gar nichts war mehr in irgendeiner Ordnung. Ich blickte kurz zu Gina herüber, aber wandte meinen Blick sofort ab, als sie ihn erwiderte. Ich konnte sie nicht ansehen. Zum ersten Mal in meinem Leben hatte ich überhaupt gar keinen Plan mehr. Das machte keinen Sinn, diese Detektei noch weiter zu betreiben. Namensgedächtnis – was in den 80ern mal richtig cool gewesen war und vielen Leuten auf Anhieb hatte helfen können, diesen Job konnten Google und Wikipedia inzwischen noch viel besser als ich und inzwischen lief jeder mit einer Art Encyclopedia Galactica herum, nur hieß sie iPhone oder Samsung. Ich war sozusagen eine aussterbende Rasse. Für einen Moment überlegte ich ernsthaft, ein Historical Museum of Ancient Privat Investigation zu gründen. Vielleicht könnte ich bei eBay ein cooles Vergrößerungsglas ersteigern – so für den Anfang. Und daneben konnte ich dann mein Blackberry legen, das neben einem iPhone wirkte wie eine Schreibmaschine neben einem Laptop.

»Nein«, sagte ich, der nicht mehr lügen wollte. »Aber mir ist nichts passiert. Was ist mit Gina und den beiden anderen und warum bist du hier?«

Maureen lachte und sagte:

»Eines nach dem anderen. Du hast einen kleinen Streifschuss abbekommen, Detective Lonardoni ist unverletzt. Melinda Caven hat eine Kugel in die Schulter bekommen und einen Streifschuss am Arm und Weston Grove – ich glaube, der war mit der Situation überfordert. Der stand einfach nur da und hat sich festnehmen lassen.«

Ihre Hand strich fürsorglich durch mein Haar.

»Ihr habt es hinter euch. Was mich interessiert: Ihr habt beide auf Melinda geschossen, keiner auf Grove – das war instinktiv richtig, denn die Kugel von Melinda hat dich gestreift, die Kugel von Grove ist soweit von dir entfernt in der Wand eingeschlagen, dass ich denke, er hat absichtlich vorbeigeschossen. Ihr musstet Melinda ausschalten.«

»Ich frage mich eher, warum ihr da wart ...«

»Du bist ein guter Detektiv, immer gewesen und ich wusste, bei dem Fall wirst du dranbleiben. Deswegen blieben wir an dir dran. Dein Handy, deine virtuelle Festplatte, auf der du alle Informationen hochgeladen hattest, die O'Reilly auf seinem Stick hatte und auch die Bilder von Lonardoni – auch von ihr wusste ich, sie würde sich nicht raushalten. Trotz klarer Anweisungen.«

Sie blickte rüber zu Gina und ich fragte mich, ob sie so laut sprach, dass Gina es verstehen konnte.

»Ist sie das? Ist das die Kleine, die dich so positiv verändert hat? Sie ist es wert, Rich, das spüre ich.«

»Es ist egal«, erwiderte ich ganz leise. »Welche Kugel hat Melinda getroffen?«

Maureen lächelte.

»Ist das wirklich wichtig? Ihr habt beide gezielt, beide gleichzeitig geschossen und ihr wart erfolgreich. Es ist nicht wichtig, welche Kugel die entscheidende war.«

Kapitel 24

Ich fuhr mit dem Zug nach Port Chester, setzte mich in meinen GTX und machte mich auf den Weg nach Buffalo. Es war das letzte Mal, dass ich meinen GTX in der Cornelia Street parkte. Ich holte einen alten Koffer, den ich noch nie benutzt hatte, von meinem Kleiderschrank und füllte ihn mit Dingen, die ich nicht mehr haben wollte. Kleidung, Schuhe, Decken, Handtücher – alles brachte ich zur Altkleidersammlung und entrümpelte das Haus von all den Dingen, für die niemand mehr einen Penny geben würde. Alles andere sammelte ich zusammen und fuhr damit in einen Second Hand Laden, der mir unverschämt wenig für einen ganzen Kofferraum voller Haushaltsgegenstände bot. Dennoch nahm ich ohne zu zögern an. Dann ging ich zum Buffalo Star und gab eine Anzeige auf, dass mein Haus in der Cornelia Street zum Verkauf stünde. Ich tat das alles mechanisch, so als würde ich auf vorgelegten Gleisen laufen. Ich musste diesen Weg gehen, ich hatte keine Chance, nach links oder rechts abzubiegen, wenn die Gleise dies nicht vorsahen. Ich würde meine Zelte hier abbrechen. Spätestens morgen würde es die ganze Stadt wissen – und die Online Version der Niagara Post hatte ich schon gelesen – Townsend hatte mir eine Vorabversion als E-Mail geschickt:

»Die gebürtige Kanadierin, die ihren Weg von der Rezeptionistin des Humble Bay Castles zur Mitinhaberin des Duncan Garden im kanadischen Niagara Falls geschafft hatte, gestand inzwischen die Inszenierung des vermeintlich teuflischen Paktes zwischen Hedderby Chemicals Inc. und des ukrainischen OOO Sadovekali-Konzerns, mit dem

Matthew Hedderby 1989 einen Vertrag zur Lieferung von chemischen Stoffen und über das Zur-Verfügung-Stellen von Know-how zur Herstellung besonders grausamer chemischer Waffen unterschrieben haben soll. Ton- und Bildbeweise sowie von Matthew Hedderby vermeintlich unterschriebene Dokumente führten zu seiner Festnahme und Verurteilung zu einer lebenslangen Haftstrafe, die er nach einem halben Jahr mit seinem Freitod selbst beendete. Ab 1991 stellte OOO Sadovekali den Waffentyp in Eigenregie her für den Export nach Vorderasien. Der Einsatz der vom amerikanischen Militär bereits in der Testphase abgelehnten Waffe war erst im April diesen Jahres notiert worden und man konnte die Herstellung auf den OOO Sadovekali-Konzern zurückverfolgen. Dass die Entwicklung dieses grausamen Typs auf amerikanischen Boden stattgefunden hat, ist eine nicht zu entschuldigende Tatsache. Allerdings legen alle Verantwortlichen großen Wert darauf, dass dies von einer kleinen Gruppe ausgegangen ist, die keine offizielle Legalisierung hatte, solche Geschäfte zu betreiben. Neben der Kanadierin Melinda Caven wird der Staat New York insbesondere gegen Weston Grove, Sohn des ehemaligen Geschäftsführers von Hedderby Chemicals Inc. Robert Grove und gegen den Chemiker Phil Harber Anklage erheben. Alle drei müssen mit empfindlichen Haftstrafen rechnen. Harber, inzwischen Mitglied der Geschäftsführung von Niagara Chemical Solutions (NCS), wurde nach Bekanntgabe der Beteiligung an diesem Geschäft umgehend von den Sicherheitsmitarbeitern vom Firmengelände begleitet.

Nebulös ist noch die Beteiligung von Niclas Richmond an der Geschichte. Sicher ist: Richmond, seinerzeit Reporter beim Buffalo Star, hatte den entscheidenden Tipp an Baker & Doyle gegeben, die in diesem Fall die Nebenklage vertraten. Sicher ist ebenfalls, dass Richmond offensichtlich von der Unschuld Hedderbys nicht nur überzeugt war, sondern auch die Fälschung der Beweise geahnt hatte, das Wissen aber für sich behielt, um seine Karriere nicht zu gefährden. Eine Erpressung Richmonds aufgrund der Tatsache, dass er gerne Frauenkleider trug, konnten alle Beteiligten ausschließen. Besonders bedauert der Buffalo Star seine Beteiligung an der Affäre und distanzierte sich von Rich-

mond, der immer noch als freier Mitarbeiter von Zeit zu Zeit für den Star geschrieben hat. Doch diese Tür sei zu, versicherte Geschäftsführer Jeff Barnett. »Für solche Leute ist kein Platz beim Buffalo Star.«

Howard Townsend. Es musste für ihn Weihnachten und Geburtstag an einem Tag sein.

Howard Townsend – der Name stand gerade auf dem Display meines Blackberrys. Schade, vom letzten Gespräch mit ihm hatte ich ein anderes Bild in Erinnerung als das, das ich mir mal von ihm gemacht hatte. Ich dachte, wir wären einigermaßen friedfertig auseinandergegangen. Sobald dieser Artikel erschien, konnte ich im Nachhinein auch noch mit einer Anklage rechnen. Maureen hatte mir erklärt, dass sie meinen Namen heraushalten würde und Gina sagte … nichts. Aber irgendwer hatte offensichtlich Interesse daran, dass mein Name in dem Zusammenhang genannt wurde. Der Artikel wäre mein Ruin, dann konnte ich ebenso gut direkt zum Niagara County Jail fahren.

»Hi, Richmond.«

»Townsend?«

»Ich habe dir den Artikel geschickt, wie ich ihn eigentlich schreiben müsste. Wie ich hörte, hat Grove mit mehreren Zeitungen gesprochen, aber uns hat er die Exklusivrechte verkauft.«

»Gratuliere! Und tschüss!«

»Nicht so schnell, Richmond! Das bedeutet, er kann keiner anderen Zeitung diese Story verkaufen.«

»Ja, und? Er wird wegen Hochverrats und mindestens zur Anstiftung der schweren Körperverletzung mit Todesfolge angeklagt – meinst du, da interessiert ihn noch eine Strafe wegen Vertragsbruchs?«

»Nein, aber ihn wird die Konventionalstrafe abschrecken. Wenn wir über bestimmte Dinge anderswo etwas lesen, kostet ihn das das Vielfache seines noch verbliebenen Vermögens. Er hat eine Ex-Frau, wusstest du das? Sie sind geschieden, aber sie bedeutet ihm immer noch viel, als Freundin. Und als Mutter seiner beiden Töchter. Und er hat einen Vater, der in einer nicht eben günstigen Seniorensiedlung wohnt. Er hat den Vertrag unterschrieben, weil er dachte, dass wir uns auf alles stürzen werden, was er uns erzählt.«

»Ich habe den Artikel gelesen – völlig egal für mich, ob ihr das exklusiv habt oder nicht.«

»Nein, ist es nicht! Du hast nicht den Artikel gelesen, du hast eine E-Mail gelesen. Du hast mir die Geschichte schon exklusiv angeboten, weißt du noch? Du hast versprochen, sie nicht im *Star* zu veröffentlichen oder sonst wo. Ich dachte, du wolltest die Geschichte von der kleinen Sara, dem verlorenen Kind einer ganzen Region, die jetzt irgendwo in New York oder so wohnt, groß herausbringen. Aber das hast du nicht. Es ist jetzt eine Woche her, dass du wieder hier bist, und ich habe kein Wort darüber gelesen, nirgendwo. Und ich will auch nichts darüber lesen. Das Mädchen hat es bestimmt nicht leicht gehabt und nun kam der ganze Dreck hoch – irgendwann ist Schluss, Richmond, verstehst du? Gib mir alle Einzelheiten zum Grove Fall, alles, was du weißt und ich erwähne dich mit keinem Wort. Wir schreiben die Geschichte ganz genau so, wie du es willst. Du hast nicht zugelassen, dass Saras Leben vermarktet wird, ich lasse nicht zu, dass dein Name in den Dreck gezogen wird.«

»Das ist in der Tat anständig von dir!«, sagte ich und war angenehm überrascht.

»Nur eines solltest du wissen: Dem *Star* hat er die Geschichte auch angeboten – die wissen Bescheid. Aber ich habe schon mit Barnett telefoniert und ihn gewarnt, dass wir die Exklusivrechte haben. Der Star wird auch nichts schreiben. Dennoch ist für dich die Tür dort geschlossen. Es tut mir leid.«

Wir vereinbarten einen Termin und die Niagara Post brachte die Geschichte später in allen Einzelheiten. Nur meine Beteiligung ließen sie außen vor.

»Richmond«, hatte Townsend gesagt. »Niemand hat etwas davon, wenn du im County Jail sitzt. Warum? Mach lieber etwas Sinnvolles mit deinem Leben!«

Das war wiederum leichter gesagt als getan. Es dauerte eine Weile, bis ich den Mut fand, Sara anzurufen. Dabei hatte sie einige Male versucht, mich zu erreichen. Es war schwierig, den richtigen Zeitpunkt abzuwarten, um mit ihr wieder zu telefonieren. So entschlossen ich auch war: Als ich ihre Stimme hörte, war ich kurz davor, wieder aufzulegen. Sie wirkte reserviert, was kein Wunder war. Ich ebenso. Ich wusste, dass das NYPD sie darüber informieren würde, dass der Fall abgeschlossen war. Auf der Festplatte von Melindas Laptop fand man Informationen, die zu Nathan Weiner und einem weiteren Auftragskiller führten. Diese hatte sie zwar endgültig gelöscht, aber die IP-Experten vom NYPD konnten die Datei wiederherstellen. Damit war klar, dass Melinda Caven den Mord an Brian O'Reilly in Auftrag gegeben hatte. Genauer gesagt, eigentlich nicht den Mord, sondern den Überfall auf ihn, der eigentlich ihn nur hatte betäuben sollen, damit sie seine Wohnung nach Informationen durchsuchen konnten. Damit war sie außer Gefahr und sie konnten die Männer vom Sicherheitsdienst wieder abziehen. Sie wollte dann meine Kontonummer wissen und ich sollte zusammenrechnen, was sie mir schuldig war. Genauso hatte sie es formuliert, *was sie mir schuldig war*.

»Sara, vergiss es. Das war kein Fall, kein Auftrag, das war persönlich. Und du bist mir überhaupt nichts schuldig. Ich schulde dir etwas, ich schulde dir ein anderes Leben. Ob es besser oder schlechter gewesen wäre, weiß ich nicht. Aber ich habe das dennoch entschieden. Vor vielen Jahren, als ich vor der Wahl stand, den richtigen Weg zu gehen oder den falschen.«

Wir verabschiedeten uns sehr förmlich und ich legte auf.

Ich fuhr zu Vince, der war sogar da und ich hatte ihn noch nicht einmal geweckt. Seit er diesen verfluchten Schichtdienst hatte, war es meist so, dass er entweder nicht da war oder schlief. Ellen ließ uns alleine, nachdem sie uns eine Kanne Kaffee hingestellt hatte und ein paar ihrer selbstgebackenen Kekse, die ich nicht mochte, aber jedes Mal aß, weil ich wusste, dass es ihr eine Freude bereitete, wenn es anderen schmeckte. Vince hatte mich vor Jahren schon durchschaut, aber das war wahrscheinlich das einzige Geheimnis, das er vor seiner Ellen bewahrt hatte. Es tat gut, mit ihm zu reden. Er war der einzige, der immer die Wahrheit gewusst, den ich nie belogen hatte. Der einzige, den ich vermissen würde auf meinem Weg nach irgendwo. Das musste auch noch geklärt werden. Ich fand das immer albern, wenn ich einen Film sah und einer *irgendwohin, Hauptsache weg von hier* wollte. Aber was blieb mir für eine Wahl? Hier konnte ich nicht mehr arbeiten, soviel war mir klar. Aber eine Idee, wo ich das konnte, hatte ich auch nicht. Also würde ich die kleineren Zeitungen des Staates abklappern und hoffen, dass die Verwendung für einen wie mich hatten.

Vince und ich saßen bei dem wohl vorerst letzten Becher Kaffee, als sich plötzlich mein Blackberry wieder meldete. Es war Samantha. Vince klopfte mir auf den Rücken und deutete an, mich allein zu lassen.

»Geh da ran. Ich weiß nicht, warum, aber geh da ran!«

Ich werde dieses Gespräch, das dann folgte, nie mehr vergessen. Wie so viele in jenen Wochen. Mit jenen wunderbaren Menschen, denen ich begegnet war und die ich so enttäuscht hatte.

»Wie geht es dir?«, fragte sie mich, und das klang nach einer Frage, die ernsthaft nach einer Antwort verlangte.

»Wie geht es euch?«, wich ich aus.

»Nicht gut. Sara geht es überhaupt nicht gut. Und dadurch mir auch nicht. Sie versteht es nicht, dass sie nun alles aus zweiter und dritter Hand erfährt. Ich weiß nicht, warum, aber ich dachte, du weißt, dass du ihr etwas bedeutest? Sie hat mir erzählt, dass sie sich dir komplett offenbart hat, dass sie dir erzählt hat, wie wir uns kennengelernt haben. Sie hat dir vertraut!«

»Ja, und ich hab es versaut, ich weiß.«

»Ja, aber warum? Ich würde es gerne verstehen, würde gerne wissen, warum sie nach dem Gespräch mit dir geweint hat.«

»Sie hat geweint? Warum? Das verstehe ich auch nicht.«

»Vielleicht, weil sie dachte, du meldest dich mal?«

»Warum sollte ich? Ich denke, sie ist vom NYPD ausführlich über den Verlauf der Ereignisse informiert worden? Sie weiß, dass sie außer Gefahr ist und eine Bezahlung lehne ich ab, warum, habe ich ihr erklärt.«

»Ja, gerade eben!«

»Was will sie noch? Sie kann doch froh sein, dass es vorbei ist und dass sie mich nicht wiedersehen muss.«

Samantha schien am anderen Ende Luft zu holen, machte eine lange Pause und sagte dann ganz ruhig:

»So, Rich, jetzt pass mal auf. Erstens warst du mir weitaus sympathischer, als du noch der Sprüche klopfende Typ warst, der irgendwo in den 80ern hängengeblieben ist und das, Rich, will etwas heißen. Hör auf mit dem Selbstmitleid, das steht dir nicht! Seit wann bist du so ein weinerlicher Typ? Reiß dich mal zusammen! Du hast all das nicht verursacht, sondern nur geschehen lassen. Das ist schlimm. Und das ist lange her. Weißt du noch, als ich dir sagte, es sei mir völlig egal, was du in der Vergangenheit getan hast? Das gilt auch für die Dinge, die du nicht getan hast. Das heute ist wichtig – und ich hab dir gesagt, dass du Sara nicht wehtun sollst. Wie in aller Welt kommst du auf den Gedanken zu entscheiden, was für sie das Beste ist? Du bist die einzige Person aus ihrer alten Vergangenheit, die sie selber ja nie kennengelernt hat, weil sie noch zu jung war. Und es wichtig, wichtig für sie, diesen Teil zu verstehen. Alles, was sie will, ist darüber zu reden.«

Ich schluckte und atmete tief durch.

»Das wusste ich nicht.«

Und verstand ich auch immer noch nicht.

»Wann und wo?«

Kapitel 25

Ich hatte es tatsächlich geschafft, einen Interessenten für mein Haus in der Cornelia Street zu finden. Der Preis war fast abenteuerlich gering, aber ich schlug ein. Schnelles Geld ist gutes Geld, an dem Spruch ist etwas dran. In meinem GTX war mein Leben verstaut. Im Kofferraum meine Platten und die CD-Sammlung, vorne mein PC, mein Laptop, mein Blackberry, ein Koffer mit Hosen, T-Shirts, Unterwäsche und so weiter, eine kleine Tasche mit einem langen Rock und einem Nachthemd, von dem ich mich nicht trennen wollte und ich auch keinen Grund mehr sah, es zu tun, eine Version meines GTX im Maßstab 1:18, die mir Vince mal geschenkt hatte, meine alte Gitarre, die ich seit mehr als zehn Jahren nicht mehr in der Hand gehabt hatte und ein Werkzeugkasten. Mehr blieb nicht übrig. Um die Entrümpelung der alten Möbel wollte sich der neue Eigentümer kümmern, das hatte ich zumindest aushandeln können und das war mir wichtig, denn ich wollte keine Zeit mehr verlieren, obwohl ich eigentlich genau davon jetzt genug hatte.

Und meine erste Station war das El Tio, jenes mexikanisch-amerikanische Restaurant, in dem ich nur wenige Wochen zuvor auf Sara gewartet hatte, bevor sie mich das erste Mal mit nach Rye nahm. Im Gegensatz zum letzten Mal saß Sara bereits im Restaurant und Samantha hatte über Eck Platz genommen und hielt ihre Hand. Sara schien genauso nervös zu sein wie ich.

Die Begrüßung war ähnlich der am Telefon, sehr reserviert. Ich blickte in ein bemüht freundliches Gesicht und in ein eher trauriges. Sara musste doch eigentlich erleichtert sein, dass nun alles vorbei war, dass sie nicht mehr um ihr Leben fürchten musste. Oder hatten die Informationen aus der Vergangenheit dafür gesorgt, dass sie doch von so etwas wie Trauer heimgesucht wurde? Dass sie sich doch Gedanken gemacht hatte, wie ihre wirkliche Mutter gewesen war, an die sie keine Erinnerung mehr haben konnte. Was genau war ihr überhaupt erzählt worden?

Ich bestellte Enchiladas Rojas und ein Glas Kiwi Strawberry und erzählte die ganze Geschichte. Vom Anfang bis zum bitteren Ende. Offenbar waren die Informationen, die sie über das NYPD erhalten hatten, sehr dürftig gewesen, so dass doch einige Dinge noch nicht so ganz klar waren. Aber das Gerüst der Geschichte, dass ihr Vater unschuldig war, dass die beiden, die verhaftet worden waren, das Geschäft gemacht hatten, weswegen Matthew Hedderby ins Gefängnis gegangen war und dass die Detektei Geld dafür erhalten hatte, nicht weiter aktiv zu werden, all das war ihnen klar. Ich beschönigte nichts, erklärte, dass die Geschichte in Toronto, die ich als meinen Sieg gefeiert hatte, in Wahrheit meine größte Niederlage gewesen war. Mein ganz persönliches Waterloo, betonte aber, dass ich nicht gewusst hatte, wer hinter all dem steckte. Aber natürlich war mir klar gewesen, dass mehr dahinter stecken musste als nur die Tatsache, dass man Hedderby hinter Gittern bringen wollte. Aber zusammenreimen konnte ich mir das damals nicht. NCS wurde in dem Zusammenhang nie genannt und Phil Harber war mir völlig unbekannt. Tom hatte ich dreimal gesehen, kannte aber weder seine wahre Identität noch sein Motiv. Dass bei Hedderby doch noch Geschäfte liefen, wo die Führungsriege im Gefängnis war, hatte ich mir auch nicht vorstellen können. Ich konnte also ohne zu lügen sagen, dass ich nicht gewusst hatte, dass die Geschäfte mit OOO Sadovekali wieder aufgenommen worden waren. Und ich hatte geahnt, dass das alles eine Nummer zu groß war für mich, denn ich hatte weitaus mächtigere Organisationen dahinter vermutet als einen Chemie-Nerd, einen Geschäftsführersohn und eine Frau, die ich als Hotelangestellte kannte. Und ich ärgerte mich darüber, denn hätte ich das geahnt, dann hätte ich möglicherweise die Ermittlungen nicht eingestellt. Nein, ganz sicher hätte ich das nicht. Aber mit Anfang zwanzig sich gegen die Waffenlobby zu stellen und das ganz alleine, das hatte ich mir nicht zugetraut. All das erzählte ich so, wie ich es nicht besser wusste.

»Und was denkst du jetzt?«, fragte Samantha. »Wenn du das jetzt alles so erzählst? Und was ist dein Plan für die Zukunft?«

Ich atmete schwer und mein Blick ging irgendwo an Samantha vorbei auf die Straße.

»Ich fühle mich mies, da kannst du mich noch so sehr tadeln, das hat nichts mit Selbstmitleid zu tun. Ich tue mir nicht leid, ich habe verdient, was passiert ist. Es waren meine Entscheidungen, die mich hier hergeführt haben. Ich weiß nicht, ob ich nochmal aufstehen werde. Ich werde es versuchen, aber als Journalist wird das schwer und die Zeit der Privatdetektive wird immer schwieriger. Ich bin genauso veraltet wie mein GTX da draußen. Der passt zu mir.«

»Du hast dein Leben riskiert!«, sagte Sara auf einmal und sah mich mit großen Augen an. »Du sagst, es waren deine Entscheidungen, die dich da hingeführt haben. Aber es waren auch deine Entscheidungen, die dazu geführt haben, dass dieser Fall nun endlich abgeschlossen ist, dass ich keine Todesangst mehr ausstehen muss, dass wir die Sicherheitsfirma abbestellen konnten, dass sich Samantha und ich endlich mal wieder über etwas anderes unterhalten können als über dieses eine Thema. Über Samanthas Tag zum Beispiel. Oder Dinge, die bei mir auf der Arbeit passiert sind. Das hatten wir zwar auch so, aber immer mit einem Teil der Gedanken bei der lauernden Gefahr. Jedes Geräusch, jeder Schatten und wir dachten, hoffentlich sind die beiden vom privaten Personenschutz da draußen noch am Leben. Du magst solche Momente schon häufig gehabt haben, für uns war das neu. Und für diese Angst haben die Leute gesorgt, die Brian umgebracht haben, die die Auftragskiller angeheuert haben, auch wenn angeblich das Ziel war, niemanden zu töten. Der Überfall auf dich, der hätte dich getötet, wenn der Mann es für nötig befunden hätte. Du hättest dich da raushalten können. Dir war in jedem Moment klar, in welcher Gefahr du dich befandst. Aber dennoch bist du der Spur von Brian gefolgt, obwohl du wusstest, dass genau das Brian das Leben gekostet hat. Und das ist alles nichts?«

Samanthas Hand strich Sara durch die Haare, als sie mich ansah.

»Es ist sicher klar, dass du hier einen schlimmen Fehler begangen hast. Und du hast über zwanzig Jahre zu spät versucht, den Fehler zu korrigieren.«

»Wie kann man das korrigieren? Drei Menschen sind tot, Saras Eltern und ihr Kollege. Das kann man nicht korrigieren.«

»Nein, das kann man nicht«, antwortete Samantha. »Aber du hast keinen dieser Menschen getötet. Vielleicht kann man das unterlassene Hilfeleistung nennen, aber – du warst Anfang zwanzig ...«

»Sara ist auch Anfang zwanzig, kaum älter als ich seinerzeit und sie würde so etwas nie tun«, warf ich ein.

»Rich, du musst das wissen«, meinte Samantha energisch. »Du kannst jetzt den Rest deines Lebens darüber nachdenken, was du mit Anfang zwanzig falsch gemacht hast und wärst du diese Melinda, würde ich dir das sogar gönnen. Aber du bist nicht sie, du hast gegen die Ungerechtigkeit gekämpft, das ist dein heutiges Ich. Und du hast die hinter Gittern gebracht, die da hingehören und nun ihre gerechte Strafe kriegen. Sieh nicht nur das Negative.«

»Leichter gesagt als getan. In den letzten Jahren lebte ich in der Hauptsache von dem Geld, das ich als freier Journalist beim Buffalo Star verdient habe. Ich werde aber bei keiner Zeitung in Erie County mehr einen Artikel verkaufen können. Draußen steht mein GTX, da werde ich nachher einsteigen und er wird mir sagen, wohin es geht.«

»Ich würde meine Entscheidung nicht einem Oldtimer überlassen«, sagte Sara – und war das ein Lächeln?

»Gegenvorschlag.« Samantha sah mich eindringlich an. »Du kommst erstmal mit zu uns – das Haus ist groß genug. Mir ist manchmal immer noch ein bisschen unwohl, nun, wo die Sicherheitsleute weg sind. Vielleicht ist das in ein paar Tagen vorbei, aber wir würden uns immer noch sicherer fühlen, wenn du im Haus bist. Und dann überlegen wir uns gemeinsam, wie deine Zukunft aussehen könnte.«

Sie sah zu Sara hinüber und ich wusste, sie tat das für sie. Sara war diejenige, die sich immer noch unsicher fühlte, obwohl Caven, Grove Jr. und Harber im Niagara County Jail saßen und für viele Jahre nicht mehr herauskommen sollten und ich kannte das. Es war unlogisch, nichts war anders als zu der Zeit vor jener Vernissage, als Samantha und Sara Teil der Geschichte geworden waren. Aber es fühlte sich anders an. Immer noch achtete man mehr auf alles, was anders war als zuvor, schreckte bei Geräuschen zusammen oder überlegte sich bei offenstehenden Türen oder Fenstern, ob man diese nicht eigentlich verschlossen hinterlassen hatte. Und wer hatte sie dann geöffnet? Die Partnerin oder … – und schon war man wieder mittendrin.

Ich fuhr mit meinem GTX der Hellcat hinterher nach Rye, ging in das mir inzwischen schon wohlbekannte Zimmer und ließ mich auf das Bett fallen. Fast augenblicklich schlief ich ein.

Kein Traum weckte mich, nur das Klopfen von Sara, die mir sagen wollte, dass es Abendbrot gab. Und es war fast wie vorher, als wir im Esszimmer saßen. Samantha und Sara fingen an, sich über alltägliche Dinge zu unterhalten, zum Beispiel darüber, dass Colter nicht ins Team passte und man daher immer noch nach einem Nachfolger für O'Reilly suchte.

»Wenn ich da jemandem mal einen Tipp geben würde, sich bei euch zu bewerben – vielleicht hört ihr sie mal an?«

Ich dachte natürlich an Val, die Tochter von Vince. Sie war gut, das wusste ich. Sie hatte bei einer kleineren Zeitung angefangen, wie ich es ihr empfohlen hatte und der nächste Schritt zum NYC Mercury mochte zwei oder drei Jahre zu früh kommen, aber dann würde vielleicht gerade dort nicht gesucht werden. Sie konnten sich zumindest mal unterhalten und Sara schrieb sich den Namen auf und wollte ihn Vineyard weiterleiten. Und ich schrieb an jenem Abend die SMS an Val Watson, dass der NYC Mercury auf ihre Bewerbung wartete.

Als wir fertig waren mit dem Essen, stand Sara auf, um abzuräumen.

»Sie ist sehr sensibel«, sagte Samantha, als Sara aus der Tür in den Flur verschwand.

»Weißt du, dass wir an ihrem Grab waren? Letzte Woche? Wir wollten dich erst besuchen, aber du hast nicht geantwortet.«

»Warum tut sie sich das an?«

Ich stellte es mir sehr schwierig vor, vor einem Grabstein zu stehen, auf dem der Name stand, unter dem man geboren worden war. Sie wusste, dass darin kein Leichnam lag, dass sie die Leiche nie gefunden hatten, weil es keine gab.

»Sara hat ihre ganze Kindheit über gedacht, sie sei in Brooklyn geboren worden. Und als sie von der Existenz einer anderen Identität erfuhr, durch Zufall nur oder eben durch die verständliche Sentimentalität einer alten Dame, ihrer Großmutter, konnte sie nur schwer damit umgehen. Sie hat ihre Eltern, vor allem ihre Mutter, fast vergöttert und obwohl sie längst ihren Frieden damit gemacht hat, gibt es etwas in ihr, das jeden Tag ein kleines bisschen daran denkt. Und du bist so etwas wie das Tor in dieses andere Leben. Sie hatte ja kaum Gelegenheit, ihre Großmutter näher kennenzulernen, sonst wäre sie das sicher geworden. Aus irgendeinem Grund spürt sie eine Verbindung zwischen euch, weil es die einzige Verbindung ist, die übrig geblieben ist zu der alten Identität. Klingt verrückt, aber ich war mit ihr an den Niagarafällen und für mich ist es ein schöner Ort, ein nettes Ausflugsziel, eine Touristenattraktion eben. Sie sagte, es sei ein magischer Ort und sie küsste mich so fest, dass ich dachte, ich spürte die Magie auch, durch sie hindurch. Dabei kenne ich das Gefühl. Meine Großmutter war Ägypterin und wir haben uns vor einigen Jahren eine Reise dorthin gegönnt. Eine Reise, die für mich magisch war, obwohl nur eine von vier Großeltern ägyptisches Blut in sich trug und ich nie zuvor dort gewesen war, nie zuvor mich wirklich damit beschäftigt hatte. Meine Mutter hat immer gesagt, meine Großmutter sei viel mehr Britin gewesen als mein Großvater, der Brite gewesen ist.«

»Ägypten war heiß«, sagte Sara, als sie zurückkam. »Irre heiß!«

Samantha lachte.

»Siehst du, das meine ich. Das ist der Unterschied, ob man einen Ort als Tourist besucht oder ob man das Gefühl hat, nach Hause zu kommen. Nicht, dass ich mich in Ägypten zuhause fühlte, aber es war schon ein besonders bewegendes Gefühl, weil ich wusste, dass ein Teil von mir, von meinen Vorfahren, irgendwo dort zuhause gewesen ist.«

Dann stand sie auf.

»Wollen wir mal ins Wohnzimmer gehen? Oder vielleicht ist es noch warm genug, um draußen zu sitzen? Geht schon mal vor, ich komme gleich zu euch.«

Es war in der Tat noch ein schöner Sommerabend. Der Wind hatte sich gelegt und es war immer noch angenehm warm draußen, so dass wir uns auf die Terrasse setzten. Ich liebte diesen Ort jetzt schon. Der Blick auf die grüne Wiese, die Bäume, die die Sicht zum See versperrten, der doch zwischen den Ästen hindurchschimmerte – es war wunderschön hier.

»Ich bin ein bisschen enttäuscht«, sagte Sara dann.

»Das verstehe ich«, antwortete ich, aber das schien nicht die Antwort zu sein, die sie erwartet hatte.

»Nichts verstehst du«, sagte sie leise. »Ich rechne es dir hoch an, dass du das eben im Restaurant so direkt erzählt hast, was passiert ist. Und du hast nichts ausgelassen. Aber was ist das für eine Geschichte mit den Röcken und dem Nachthemd? Ich hab dir von mir erzählt, oder? Von Samantha erzählt, wie wir uns kennengelernt haben, welche Beziehungen wir zueinander haben, welche Phantasien mich manchmal quälen, ich glaube *quälen* ist der richtige Ausdruck. Und du hast reagiert, wie jeder reagieren würde, der einen versuchen will zu verstehen. Aber nicht wie jemand, der selber auch Phantasien oder Neigungen hat, mit denen man sein Leben lang nie richtig umgehen kann! Heimlich, still und leise. Deswegen warst du verschwunden in der Nacht, die ich in deinem Haus verbracht habe. Hast irgendetwas rumgeräumt, falls ich aus irgendeinem Grund in dein Schlafzimmer kommen würde. Obwohl uns beiden eigentlich von Anfang an klar war, dass das nie passieren würde, oder? Und doch hattest du irgendwie Panik, Angst, das ich etwas sehen könnte.«

»Ja, hatte ich«, gab ich zu.

»So ein Leben ist schrecklich. Ich meine, ich laufe ja auch nicht herum mit einem Tattoo auf der Stirn, dass ich eine devote Ader habe. Und ich will auch gar nicht damit hausieren gehen. Aber zuhause, bei Samantha, hier darf es keine Geheimnisse geben. Wenn man sich zuhause versteckt, wenn man in seinem Wohnzimmer nicht sich selber sein darf, ist das furchtbar. Die Leute, die nicht verstehen, worum es bei so einer Sache geht, nennen es gerne *Rollenspiel*. Das ist falsch, ich spiele keine Rolle, ich lebe mein Leben so, wie ich bin. Eine Rolle würde ich spielen, wenn ich mich zuhause so verhalten würde, wie man das normalerweise erwarten würde. Also, was ist das bei dir mit den Röcken?«

»Es ist schwer zu sagen. Ich war in den 80ern mit vielen Frauen zusammen, die viel über Gleichberechtigung diskutiert haben.«

»Du und Feministinnen?« Sara lächelte.

»Jetzt lass doch mal diese Schlagworte. Nur, weil man sich für die Gleichberechtigung einsetzt, muss man ja nicht gleich Feministin sein. Dann bin ich auch Feminist, weil ich auch dafür bin, dass alle die gleichen Rechte haben. Aber da fängt es an. Einem kleinen Mädchen pinke Kleidung anzuziehen, das war schon sexistisch, weil: Natürlich hatten Mädchen auch das Recht, Blau zu tragen oder Schwarz. Wären aber Eltern auf den Gedanken gekommen, einen kleinen Jungen in einem pinkfarbenen Kinderwagen herumzuschieben, wo war da die Toleranz? Aber klar, Pink war nicht cool. Für mich war das wirklich seinerzeit eher eine politische Sache.«

Sara schüttelte den Kopf.

»Politische Sache?«

»Ja, ich meine, es geht ja weiter. Frauen haben seit vielen Jahrzehnten das ganze Farbspektrum zur Verfügung, Männer müssen auf bestimmte Farben verzichten. Ich hatte mal ein Handy Case, das war Grün. Pastellgrün. Und was hab ich von mehreren gehört? Frauenfarbe. Bestimmte Grüntöne sind also auch Frauenfarben. Rosa, Pink und Lila ja sowieso. Kennst du den Ausdruck Männerfarbe? Ich nicht.«

Sara lachte und blickte sich dann um, da Samantha gerade herauskam.

»Geht weiter. Zur Konfirmation hatten die Mädchen freie Auswahl bei uns, ob sie im Kleid oder im Anzug kommen wollten. Wir Jungs hatten diese Wahl nicht. Wieso sind Frauen, die Hosen tragen, nicht pervers, Männer, die Röcke tragen aber schon? Weil, als Frauen anfingen, die Männerwelt zu erobern, Hosen zu tragen, sogenannte Männerberufe zu besetzen, Führerscheine zu machen, lief das alles unter dem Deckmantel der gesellschaftlichen Verbesserung. Röcke sind unbequem, mit Hosen kann man viel mehr machen zum Beispiel. Wenn ich ins Büro gehe, was will ich denn da machen? Klettern? Fußballspielen? Nein, am Schreibtisch sitzen. Und das geht mit Rock genauso gut wie mit einer Hose.«

Die beiden schauten mich interessiert an, tauschten hier und da einen Blick aus oder lächelten.

»In typische Männerberufe einzusteigen, war auch ein gesellschaftlicher Aufstieg. Wenn ein Mädchen in der Schule Werken der Handarbeit vorzog, war sie cool. Jungs, die sich für Handarbeit entschieden, waren genau das Gegenteil von cool. Das lässt sich alles beliebig fortsetzen. Alle Veränderungen, die Frauen erreicht haben – und ich finde das toll, dass sie die erreicht haben – sind gesellschaftlich anerkannte Verbesserungen. Bessere Jobs, bequemere Kleidung, weniger aufwendige Frisuren, Mobilität und so weiter. Wenn ein Mann sagt, er trägt gerne einen Rock, weil er bequemer ist, versteht das keine Frau, obwohl das manchmal ein Grund ist. So ein Rock ist schnell angezogen, viel schneller als eine Hose. Ich meine es so: Eine Frau, die wie ein Mann sein will, sich so bewegt, kleidet oder Dinge gut findet, die früher nur Männer gut fanden, ist emanzipiert. Ein Mann, der all das tut, ist pervers. Was ist das für eine Gesellschaft? Wo, zum Teufel, bleibt unsere männliche Emanzipation?«

»Okay«, warf Samantha ein. »Teilweise ein sehr interessanter Blickwinkel. Und es stimmt auch sicher vieles von dem, was du sagst. Aber ich glaube dir trotzdem nicht, dass das der Grund ist, warum du Röcke trägst, weil: Wenn es so etwas wie ein *maskulistischer Protest* ist, dann bringt es ja nichts, das heimlich zu machen.«

»Nein, das stimmt auch wieder. Aber so ist es entstanden und ich habe mir irgendwann mal einen Rock gekauft und ihn zuhause angezogen. Und es gefiel mir, ihn zu tragen. Das gleiche mit dem Nachthemd. Ich schlafe nicht gerne in Hosen, ich weiß nicht, warum, aber es ist so.«

»Und was war mit dieser Andeutung der Ansprache von Melinda da im Hotel?«, fragte mich Sara.

»Das hat sie, denke ich, missverstanden. Oder ich erinnere mich nicht mehr so genau – sie war sicher fordernd, als wir zusammen im Bett lagen, und eine Frau, die rangeht, die die Initiative ergreift, ich denke, das mögen viele Männer. Aber Ansprache? Weiß ich nicht. Sie hatte eine gewisse Arroganz, das fand ich schon auf eine Art inspirierend.«

»Arroganz oder Dominanz?«, fragte Samantha.

»Ach, bei Dominanz muss ich immer an Domina denken und dabei an diese typischen Bilder von Frauen, die sich wie in Männerphantasien kleiden und dann so alberne Sprüche aufsagen. Diese ganze Szene hat für mich etwas von Comedy. Aber diese Verbindung zwischen euch, die finde ich wiederum faszinierend, weil sie so echt ist und ihr einen Weg gefunden habt, wie ihr einerseits gleichberechtigt eine Partnerschaft führen könnt und andererseits aber Samantha in bestimmten Dingen den Ton angibt. Ich weiß nicht, wie das geht und ich hätte nicht gedacht, *dass* es geht, bevor ich euch kennengelernt habe. Ich dachte immer, entweder kriegt man das eine oder das andere. Eine gleichberechtigte, gleichzeitig dominante Partnerin, dafür reichte meine Phantasie nicht aus.«

»Wofür reicht deine Phantasie denn aus? Was wäre eine Phantasie für dich? Du kennst meine ...«

Sara sah mich auffordernd an.

»Naja, ich wäre keiner, der Rock und Bluse in der Öffentlichkeit tragen würde, aber es wäre schon mal schön, mich nicht verstecken zu müssen.«

»Also jemand sieht dich in Rock und Bluse – da endet deine Phantasie?«, fragte Sara, leicht ironisch.

»Naja, zuhause hatte ich oft bei der Hausarbeit Rock und Bluse an.«

Samantha verzog das Gesicht zu einem Lächeln.

»Also, das ist im Grund genommen auch wieder ein bisschen sexistisch – du verbindest Putzen mit Frauenkleidung ...«

Ich wurde wahrscheinlich etwas rot an der Stelle.

»Tja, es gibt keine Phantasiepolizei – sonst wäre ich jetzt wohl festgenommen. Hier hast du wieder Recht, aber es ist eben so. Aber ausgelebt habe ich das nie.«

»Traurig«, meinte Sara.

»Und mein Haus war sehr klein und vollgestellt. So ein Haus wie das hier mal zu putzen und dabei einen Rock zu tragen, hätte sicher einen gewissen Reiz.«

»Was spricht dagegen?«, fragte mich Samantha herausfordernd. »Du ziehst dir morgen einen Rock an und schließt dein Zimmer ab. Dann gibst du mir den Schlüssel und wenn ich am Ende des Tages mit deiner Arbeit zufrieden bin, kriegst du ihn wieder.«

Ich nickte und Samantha zwinkerte mir zu.

»So, ich geh jetzt ins Bett. Solltest du auch tun, das wird offensichtlich ein anstrengender Tag für dich morgen!«

Samantha sagte mir später einmal, sie hätte mir eine Stunde gegeben, bis die Realität meine Phantasie eingeholt hätte. Eine weitere, bis ich ernsthaft überlegte, das Projekt abzubrechen und spätestens beim Mittagsessen, nach drei bis vier Stunden Arbeit und der Erkenntnis, dass trotz des Aufwandes immer noch mehr Zimmer ungeputzt als geputzt waren – und der erste Stock des Haupthauses, den Samantha bewohnte, war da gar nicht mit eingerechnet – würde ich Samantha um den Schlüssel zu meinem Zimmer bitten. Und sie hatte nicht völlig Unrecht. Nach einer Stunde wurde aus der inspirierenden Vorstellung, eine Villa im Rock zu putzen, nur noch unwesentlich mehr als lästige Arbeit. Nach zwei Stunden dachte ich *Was tu ich hier eigentlich?* Und als Sara dann kam und mich bat, ihr in der Küche zu helfen, war ich trotz der Tatsache, dass sich mein Körper in einer äußerst guten Verfassung befand, ziemlich dankbar. Endlich konnte ich sitzen und schälte Kartoffeln, während Sara sich um das Gemüse kümmerte. Und dann saßen wir beim Mittagsessen zusammen und ich fing an zu verstehen. Samantha war die Chefin, ohne jeden Zweifel. Die Küche mied sie fast wie Vampire das Licht. Sie kam ins Esszimmer, wenn alles gedeckt war, ließ sich von Sara den Teller füllen und krümmte auch keinen Finger, als es galt, den Tisch abzuräumen und das Geschirr in den Geschirrspüler zu stellen. Aber während des Essens war es so, als wären wir eine Familie. Wir unterhielten uns, fingen an uns kennenzulernen, lachten und genossen den wunderbaren Auflauf, den Sara gezaubert hatte. Und beim Essen oder wenn wir abends den Tag bei einem Glas Wein, Lager oder einer Kanne Tee ausklingen ließen, fühlte es sich an wie Feierabend. Wie ein Schalter, den die beiden umlegten und ich fand mich da überraschend schnell rein. Es war ein Gefühl, das ich fast vergessen hatte. Ich fühlte mich wohl, ich war ich und hier durfte ich das auch sein. Hier musste ich mich nicht verstellen und ich weiß heute, dass ich es damals noch gar nicht richtig greifen konnte, dass ich mich längst selber noch nicht so akzeptiert hatte wie heute.

Nach dem Abendessen gab mir Samantha den Schlüssel zum Gästezimmer zurück und dann saßen wir wieder alle zusammen auf der Terrasse. Es wehte ein lauwarmes Lüftchen und an dem Abend wurde es etwas früher frisch als am Tag zuvor, aber es war immer noch angenehm draußen.

Und dann stellte mir Samantha die Frage, die mein Leben für immer verändern würde. Sie sah dabei Sara lange an und es sah so aus, als hätten die beiden lange darüber diskutiert. Obwohl meine Antwort klar war, sollte ich noch eine Nacht darüber schlafen und mich am Morgen nach dem Frühstück entscheiden. Auch wenn ich ziemlich aufgeregt zu Bett ging, so schlief ich doch fast sofort ein und wachte erst am Morgen durch Saras Klopfen wieder auf. Als ich nach unten kam, roch es schon nach frischem Kaffee und aufgebackenen Croissants. Der Esszimmertisch war liebevoll gedeckt und die beiden wieder gekleidet, als würde hier in wenigen Minuten ein klassisches Konzert beginnen. Samantha trug ein langärmliges, dunkelviolettes Oberteil, einen engen, schwarzen Rock, der kurz über dem Knie endete und schlichte, schwarze Pumps mit einem schmalen, halbhohen Absatz. Sara trug wieder ihr grünes Satinkleid, in dem ich sie das erste Mal gesehen hatte.

Nach dem Frühstück stellte mir Samantha dieselbe Frage wie am Vorabend. Und die Antwort, die ich beim ersten Mal nur gedachte hat, sprach ich nun laut aus:

»Ja!«

»Gut«, sagte Samantha. Für einen Moment traf sich mein Blick mit dem Saras. »Aber ich möchte von Anfang an ein paar Dinge ganz klarstellen. Überlege dir die Antwort noch einmal – es ist völlig okay, wenn du dich jetzt noch anders entscheidest oder du noch Zeit brauchst. Das wird dir niemand übelnehmen. Was ich dir übelnehmen würde, wäre, wenn du den Job annimmst und wir nach einer Woche merken, dass du es nicht ernst meinst.«

»Ich habe mir das lange genug überlegt«, sagte ich. »Ich würde es gerne versuchen.«

»Eigentlich reicht es nicht, es nur *zu versuchen,* aber ich nehme es mal als Anzeichen dafür, dass du verstanden hast, dass das alles nicht einfach werden wird. Du hast keinerlei Erfahrung darin und es wird dir nicht leichtfallen. Es ist schön zu wissen, dass du es weißt.«

Samantha hielt inne und tauschte erneut einen Blick mit Sara aus. Ich hatte einen Kloß im Hals, der größer war als jedes verdammte Steak, das ich im Laufe meines Lebens zu mir genommen hatte. *Was machte ich hier*? Es gab einen Teil in mir, der mir sagte, ich sollte mich einfach nur fallenlassen, einfach Samantha machen lassen, sie einfach erzählen lassen und einfach ihr die Entscheidungen überlassen. Sara machte das so und ich hatte selten einen zufriedeneren Menschen kennengelernt als sie.

»Sara wird nach wie vor die volle Verantwortung dafür übernehmen, dass das Haus in einem angemessenen Zustand ist. Aber sie wird Arbeiten an dich delegieren – einige davon permanent. So übernimmst du das Einkaufen, bist für das Untergeschoß zuständig und für bestimmte Zimmer. Sara wird dir da genauere Anweisungen geben.«

Samantha sah Sara an und nahm einen Schluck Orangensaft.

»Es wird bestimmte Arbeiten geben, bei denen ich darauf bestehen muss, dass diese von Sara erledigt werden. Sara kocht sehr gut – das wird sie sich eh nicht nehmen lassen. Was die Wäsche betrifft, wird Sara diese klar trennen. Ich will nicht, dass du meine Unterwäsche anfasst, auch nicht, um sie aus der Maschine zu nehmen und aufzuhängen. Meine Sachen zu waschen und zu bügeln obliegt ganz allein Sara, klar bis hier?«

Ich nickte. *Obliegt*, dachte ich, wer sprach bloß so?

»Irgendetwas lustig von dem, was ich gesagt habe?«

Samantha sah mich so durchdringend an, dass ich schluckte und kurz mit dem Kopf schüttelte.

»Obliegt Sara«, wiederholte ich und musste mich zusammenreißen.

»Gut. Die andere Wäsche, Saras, deine, Geschirrtücher, Vorhänge und so weiter ist dein Bereich. Waschen *und* Bügeln!«

»Das kriegen wir schon hin«, meinte Sara und blinzelte mir zu. »Ich werde da einen genauen Plan erstellen, dass da nichts schieflaufen kann.«

»Sehr schön.« Samantha sah mich immer noch so an wie eine Personalchefin einen unsicheren Bewerber, dem sie nicht zutraute, für den Job geeignet zu sein. Daran hatte der Probetag nur geändert, dass sie nicht gleich sich gegen Sara durchgesetzt und das Experiment gar nicht erst versucht hatte.

»Weiter: Meine Zimmer, also mein Schlafzimmer, das Büro und das Galeriezimmer sind tabu. Bei der Bibliothek kann es meinetwegen Ausnahmen geben. Punkt zwei: ...«

Es ging noch weiter und es wurde noch schlimmer.

»Das hier ist ein Frauenhaushalt. Wir reden hier nur, weil die gute Mrs. Roberts kürzer treten und nicht mehr Vollzeit arbeiten möchte. Daher suche ich eine zweite Kraft für die Galerie und die kann eigentlich nur Sara heißen. Wir haben wenig Zeit füreinander, das ist der Preis unserer Jobs. Aber wenn ich dann im Büro arbeite und sie die Galerie putzt, sind wir uns doch ein bisschen näher als bislang. Das macht es aber leider unmöglich, sich zusätzlich um das Apartment und dann noch um das ganze Haus zu kümmern. Sie hat schließlich auch noch einen richtigen Job. Und Sara wäre zu recht nicht glücklich, eine zweite weibliche Hausangestellte einzustellen. Bei dir ist das offensichtlich etwas anderes. Sie mag dich und das respektiere ich.«

Ich wollte etwas sagen, aber Samantha war noch nicht fertig.

»Dennoch, dies ist und bleibt ein Frauenhaushalt. Wenn du hier einziehst, dann in das kleine Zimmer im Untergeschoss. Und dann will ich, dass du ausschließlich Kleidung trägst, die auch von weitem eindeutig als weibliche Kleidung zu erkennen ist. Es wird dir auch helfen, wenn du statt in Freizeitkleidung eine Uniform trägst, die dir immer klarmacht, dass das keine Freizeit ist. Wir werden dir in dieser Woche eine Art Grundausrüstung beschaffen. Röcke, Blusen und so weiter.«

Der Kloß wuchs und wuchs – ich hätte nicht einmal mehr etwas sagen können.

»Du hast einen zweiten Raum direkt neben der Garage, in dem du auch deinen GTX parken darfst. Auch in dem Raum steht ein Kleiderschrank, ein Sofa, Fernseher – das ist das Zimmer, wo du Mann sein darfst. Aber denk daran, ein *heute-ist-mir-nicht-nach-Rock* gibt es nicht. Draußen und im Garagenraum darfst du rumlaufen, wie du willst, aber im Haus herrscht in jedem Fall Rockzwang. Bei Sara ist es einfach, ich habe inzwischen dafür gesorgt, dass sie gar keine Hosen mehr besitzt und was mich betrifft, so bin ich eine Lady und sehe auch meistens so aus. Und wenn mir mal nicht danach ist, bin ich hier die Einzige, die sich Hosen erlauben darf. Punkt drei: …«

Mein Kopf schwirrte – hatte ich alles richtig verstanden?

»Um eines noch ganz klar zu sagen: Ich bin KEINE Domina. Ich habe weder die Zeit noch die Lust, mir irgendwelche Strafen auszudenken, wenn es nicht so läuft, wie ich es mir vorstelle. Wenn ich merke, dass du austestest, wie meine Reaktion auf Schlamperei aussieht, kannst du dir diese Zeit sparen, weil ich dir die jetzt sage: Du wärst raus. Du weißt, dass wir hier den Penny nicht umdrehen müssen – wir könnten einer professionellen Putzfrau einen guten Lohn bieten. Wir sind nicht auf dich angewiesen.« Sie holte tief Luft. »Das heißt umgekehrt aber, wenn mal was schiefläuft, obwohl wir Einsatz sehen, musst du dir keine Gedanken machen. Du kannst hier arbeiten, bis du nicht mehr kannst und selbst danach werden wir dich nicht rausschmeißen. Wir bieten dir also eine Stellung an, die eine perfekte Altersvorsorge ist, mit Arbeitsvertrag, Lohn, Versicherung und allem. Also sieh das hier nicht als Spiel, sieh es als Chance an. Und natürlich weiß ich, dass du doch auch wieder Artikel schreiben willst oder vielleicht anderweitig einen Fall übernehmen wirst und dann deine Zeit begrenzter sein wird. Die Freiheit wird dir keiner nehmen, du kannst dir die Zeit einteilen, wie du willst, in der Regel zumindest. Aber das darf nicht dazu führen, dass du den Haushalt vernachlässigst. Hier kontrolliert zwar niemand mit dem weißen Handschuh, aber ich möchte jederzeit Besuch empfangen können, ohne dass ich mich schämen muss. Gegebenenfalls sprich das bitte mit Sara ab, wenn du mal aus irgendeinem Grund eine Arbeit gar nicht schaffst.«

Samantha sah mich eindringlich an.

»Und zum Schluss: Ich habe keine Lust darauf, dich hier zu verstecken, mir Gedanken machen zu müssen, wer da draußen vor der Tür steht, wenn es klingelt. Und schon gar nicht kann ich tolerieren, dass du irgendwelche Arbeiten liegenlässt, wenn wir nicht unter uns sind. Oder ich selber Kaffee kochen und servieren muss. In der Regel macht das Sara, aber ... Wir verstehen uns. Unser Bekanntenkreis, Freundeskreis, aber auch andere Bekannte wissen alle über Sara Bescheid. Nicht jede kleine, versaute Phantasie, die sich in ihrem kleinen, verdorbenen, Köpfchen befindet ...«

Sara wurde knallrot.

»… aber grundsätzlich wissen sie, dass Sara mir dient und sehen es auch, wenn sie zu Besuch kommen. Ich möchte mir darüber keine Gedanken machen müssen. Du bedienst mich, du bedienst auch Sara, wenn sie es will und besonders bedienst du meine Gäste, wenn ich das will.«

Aussteigen. Aussteigen, dachte ich. In Sekundenschnelle überdachte ich nochmal meine Situation und kam sehr schnell zu dem Schluss, dass alle Alternativen nicht freundlicher aussahen.

In Buffalo würde es schwer werden, wieder Fuß in der Stadt zu fassen. Ich sah Samantha an und musste an Gina denken. Samantha sagte später mal, bevor ich bei Gina landen würde, würde Beethoven seine Unvollendete beenden. Wenn überhaupt, dann nur, wenn ich anders war und ich hatte gefragt: *Anders als wer?* Und sie hatte geantwortet: *Anders als sie es vermutet.* Das war der Tag, an dem ich beiden von meinen wirklichen Gefühlen für Gina erzählte, ebenso wie von ihrem Verlobten beim FBI und Sara eine Träne wegdrückte, obwohl sie das ja schon gewusst hatte.

»Darf ich jetzt ...?« Etwas unsicher sah ich Samantha an, die mit der Hand eine einladende Geste machte.

»Es ist, wie du sagst, ein Job. Und genauso sehe ich es auch. Ich möchte betonen, dass ich nicht wirklich eine devote Ader habe. Du brauchst also keine Angst zu haben, dass mich irgendetwas treibt, das – ich sag mal – *unangemessen* wäre. Ich habe mich während der ganzen Kindheit schon mehr oder weniger um den Haushalt gekümmert. Gut, unsere Hütte war etwas kleiner als diese hier … Also, was die Arbeit betrifft, sehe ich es als Herausforderung. Du denkst, ich werde scheitern – ich zeige dir das Gegenteil.«

Samantha lächelte wieder. Immer noch mit all dem Wissen über sie, all den Geschichten, die Sara mir erzählt hatte, war das perfekte Wort, um sie zu beschreiben, immer noch *süß*.

»Das ist kein Wettbewerb, Rich. Nur ein Job. Aber ich glaube dir, dass du es zumindest jetzt ernst meinst und es wirklich versuchen willst.«

Sie sah mich an wie die Personalchefin, die das Einstellungsgespräch beendet hatte.

»Und ich finde, du hast dir die Gage verdient für den Fall, für den dich Sara engagiert hat.«

»Ich …«, begann ich.

»Ich bin noch nicht fertig. Sara besteht darauf, dass du bekommst, was ihr vereinbart habt. Aber die Anschaffung der

Grundausrüstung kostet auch etwas, das werden wir verrechnen. Ihr beide macht das morgen bitte klar, dass du dann dein Geld bekommst.«

»Okay, danke.«

Samantha nickte.

»Gut, geh jetzt in dein Zimmer, zieh dich angemessen an und dann lass dich von Sara in den Haushalt einweisen. Und das Ganze mit Tempo – die Show hier ist vorbei.«

Sie hat nie wieder so mit mir gesprochen. Es war wie ein Einnorden, ähnlich überwältigend wie die Geschichte, die Sara mir erzählt hatte über ihre erste Begegnung mit Samanthas Dominanz. Samantha mochte keine halben Sachen und wie ich später von ihr erfuhr, war sie eher abgeneigt, sich darauf einzulassen, mich einzustellen. Aber Sara war diejenige, die mir ein Zuhause geben wollte. Nach all dem, was sie von mir wusste, verstand ich, was Vergebung hieß. Sara hatte mir vergeben und ich wollte alles daransetzen, um von nun an nichts mehr zu machen, was ihr wehtun oder schaden konnte. Und ich war gewillt, den neuen Job ernst zu nehmen. Ich wusste, es war die härteste Herausforderung, der ich mich je hatte stellen müssen. Aber die Gegenleistung war etwas, das unbezahlbar war: Ein Heim und so etwas wie eine Familie.

Kapitel 26

Die folgenden Wochen erwiesen sich als noch härter, als ich sie mir vorgestellt hatte. Dennoch gab es nicht einen einzigen Moment, in dem ich bereut hatte, mich darauf eingelassen zu haben. Wenn es mal Gedanken gab, die mich zweifeln ließen, dann waren es Gedanken an Gina, die für mich unerreichbar war. Die Bella impossibile vom NYPD. Ich hatte sie nie angerufen, aber sie hatte sich auch nie bei mir gemeldet und mit jedem weiteren Tag sank meine Hoffnung, sie je wiederzusehen. Man konnte auch sagen, mit jedem Tag wurde meine Befürchtung geringer, sie je wiederzusehen, denn ich wusste, dass das mit Schmerz verbunden gewesen wäre. Früher hätte mich die Tatsache, dass sie verlobt war, kaum davon abgehalten, den nächsten Schritt zu tun. Und einem Typen vom FBI die Frau auszuspannen, wäre eine zusätzliche Herausforderung für mich gewesen, ein besonderer Reiz. Und ich hätte gedacht, ihm damit einen Gefallen zu tun, denn wenn sie nicht mit mir rummachte, dann würde irgendwann ein anderer sein Glück versuchen. Also, warum jemandem dann nicht gleich reinen Wein einschenken, dass seine Angebetete gerne auswärts speiste?

Es gab noch viele schöne Sommerabende auf der Terrasse und manchmal stand ich auch einfach nur in der Küche beim Ausräumen des Geschirrspülers oder beim Gemüseputzen und schaute nach draußen, genoss die Aussicht auf das Grün der Wiese und der Bäume und den See. Ich lebte in dem schönsten Haus, das ich je gesehen hatte, und das mit zwei wunderbaren Menschen. Ich will nicht sagen, ich war glücklich, denn Gina konnte ich einfach nicht vergessen. Aber ich war zufrieden. Es war so viel besser, als mit dem GTX irgendwo in eine ungewisse Zukunft zu fahren.

Dann kam der Samstagabend, an dem Sara ihren Geburtstag feierte und ich das erste Mal in Rock und Bluse von anderen Menschen gesehen wurde als von Sara und Samantha. Und ich wusste, all diese Leute hatten Sara so akzeptiert, wie sie war und letztlich Samantha ja auch. Daher nahm ich meinen Mut zusammen – nicht, dass ich eine echte Wahl gehabt hätte. An dem Abend begegnete ich Julie Lean das erste Mal. Julie war eine Bekannte von Samanthas Schwester Amanda und Chefredakteurin beim Greenwich Mirror, der auflagenstärksten Zeitung von Fairfield County. Den Blick, den sie mir im Vorbeigehen zuwarf, konnte ich nicht deuten. Arrogant, überheblich oder nur selbstbewusst? Ich wusste es nicht. Und ich hatte auch keine Zeit, mir darüber Gedanken zu machen, denn die nächsten Gäste trafen ein und hatte ich anfangs noch Panik, die Tür zu öffnen in dem Wissen, dass draußen nun jemand stand, der mich in rosafarbener Bluse und schwarzem Rock sah, ging es bei den folgenden Gästen leichter, weil sie alle entweder freundlich waren oder mich gar nicht wirklich beachteten. Was hatte Samantha denen bloß erzählt? Ich war sicher, sie hatte da schon etwas Vorarbeit geleistet. Aber so fühlte ich mich etwas sicherer bei jedem Klingeln. Bis der Moment kam, in dem ich mich hätte verkriechen wollen.

»Hi«, sagte sie und konnte den Blick nicht von mir wenden. Mir war übel und schwindelig und ich war wütend zugleich. Wie konnten sie mir das antun? Wie konnten sie mich dermaßen ungeschützt ins offene Messer rennen lassen? Vor mir stand die einzige Person, die mich nie hätte im Rock sehen dürfen. Jedenfalls schämte ich mich zutiefst und wusste nicht, wo ich mit meiner Fassungslosigkeit hin sollte. Später würde Samantha mir sagen, sie hätte mich gefragt und ich würde mich an eine beiläufige Frage erinnern, die ich mit so etwas ähnlichem wie *Macht mir nichts aus* beantwortet hatte. Weil ich keinen Grund gesehen hatte, warum Gina uns besuchen sollte und wenn, gab es keinen, warum ich mich verstecken sollte – sie hatte ihren Typen vom FBI, vielleicht wäre es sogar gut gewesen – dann hätte ich vielleicht endlich die Ausgangstür in meinem Kopf gefunden, durch die ich sie hätte hinausbefördern können. Aber das war eine hypothetische Frage, keine reale. Dachte ich.

»Was ist?«, lächelte sie. »Lässt du mich rein?«

Sie trug ein knalliges, blaues Oberteil und einen langen, rauschenden Rock in Blassrosa. Aber im Gegensatz zu ihrem altmodischen Blazer sah sie in dem Rock unglaublich sexy aus. Ich verstand gar nichts, verstand nicht, warum sie hier war und vergaß für einen Moment alles. Samantha begrüßte sie dann mit einem großen *Hallo* und warf mir nur einen Blick zu, der mich zurück in die Küche schickte. Es war demütigend, in der Küche neuen Kaffee zu kochen, anstatt neben ihr zu sitzen und über all die Dinge zu reden, die mir auf dem Herzen lagen.

Aber nach etwa einer halben Stunde kam Gina herein und fragte mich, wie es mir ginge, was ich so machte und erzählte, dass sich auf dem Revier leider immer noch nicht viel getan hatte. Als sie dann wissen wollte, wie ich lebte und wie ich wohnte, konnte ich es ihr nicht zeigen. Ich konnte nicht zulassen, dass sie mein Zimmer sah, das nach allem aussah, aber nicht nach einem Mann, der mit einem FBI-Agenten konkurrieren könnte. So weit war ich noch nicht. Und dann fragte ich sie, warum sie nicht in Begleitung da wäre. Gina sah mich nur verständnislos an und fragte mich, an wen ich denn gedacht hätte.

»Coon!«, fauchte sie, als ich ihr erklärte, wie ich auf die Frage gekommen war. Sie zuckte ratlos mit den Schultern.

»Es ist manchmal leichter als Frau in einem Revier mit fast nur Männern, wenn man den Jungs keine Hoffnung macht. Keiner von denen könnte es mit einem FBI-Agenten aufnehmen, nicht mal mit einem eingebildeten. Aber du, Rich? Ehrlich?«

Wenn ich nicht immer noch einen Rock getragen hätte, wäre ich wahrscheinlich vor Freude in die Luft gesprungen. Aber nun, wo sie mich so gesehen hatte … Jetzt ärgerte ich mich noch mehr darüber und hätte mich am liebsten unsichtbar gemacht. In dem Moment hasste ich mich dafür, dass ich so war, wie ich war, dass ich diesen Job angenommen hatte, dass sie mich so sehen musste. Hatte das alles noch einen Sinn? Sie wusste nun, wer ich wirklich war. Und sie hatte mich als harten Kerl kennengelernt. Nun lernte sie eine andere, sensible Seite von mir kennen und sie musste davon gewusst haben, bevor sie hier hergekommen war, denn so sehr sie auch mich fast anstarrte, so richtig überrascht schien sie nicht.

»Mach Feierabend«, rief Samantha durch die Tür und ich war mir ziemlich sicher, dass sie dahintersteckte. Und was Samantha machte, machte sie richtig. Ich wusste nicht, was sie Gina erzählt hatte, aber sie musste die richtigen Worte gefunden haben. Wie sie immer die richtigen Worte fand.

»Warte, Gina. Ich zieh mich eben um und – vielleicht können wir ein bisschen frische Luft …?«

»Gern.«

Es war ein unvergesslicher Abend und wenn ihr nicht trotz meiner Jacke irgendwann kühl geworden wäre, dann wären wir noch stundenlang weitergegangen. Vielleicht … Jedenfalls fühlte ich mich neben ihr in Hosen wieder weitaus wohler, was aber das Gefühl von zuvor nur unwesentlich abschwächte.

»Wie kommst du hierher?«, fragte ich sie, nachdem wir eine Weile nebeneinander hergegangen waren und es langsam unangenehm wurde, dass wir über nichts sprachen, was uns wirklich bewegte. »Und nun sag nicht mit dem Auto.«

Gina lachte. »Zug und Taxi – besser?«

Ich schüttelte den Kopf.

»Ich weiß«, sagte sie. »Samantha.«

Ich nickte. Es passte zu ihr, obwohl ich nicht verstand, wie …

»Ich war noch einmal in ihrer Galerie – wir hatten die Karte beschlagnahmt von ihrem Fotoapparat und die wollte ich ihr zurückgeben. Samantha fragte mich dann, wie es mir ginge und ich erkundigte mich nach Sara, nach dir ... Vielleicht hat sie gemerkt, dass das keine Floskel war, sondern ich wirklich interessiert war. Und dann hatte sie die Idee, ob ich euch nicht selber fragen wollte und lud mich ein. Ich war davon so überrascht, dass ich zusagte.«

»Ja, Samantha kann sehr überzeugend sein.«

Und so verschwiegen – mir nichts davon zu erzählen! Später würde sie mir erklären, dass ich in dem Fall alles kaputt gemacht hätte mit dem Wissen, sie zu treffen. Sie hatte da ein Gefühl, dass ich, weil es Gina betraf, zu keiner richtigen Entscheidung fähig gewesen wäre und sie es sich erlaubt hätte, die Verantwortung zu übernehmen. Ja, das hätte richtig nach hinten losgehen können, das war ihr sehr wohl bewusst. Aber hätte ich gewusst, dass sie kommt, hätte ich sie entweder belügen müssen über meine Rolle auf Hathor Manor oder ich hätte es unbeholfen erklärt und dann hätte sie ihre Phantasie spielen lassen, was sicherlich viel problematischer gewesen wäre, als es einfach zu sehen. Und sie lag damit sicher richtig. Oder nicht?

»Und dann, zwei Tage später, rief sie mich an und bat mich darum, dass wir uns mal auf einen Abend zum Essen treffen sollten. Irgendwo in Manhattan. Und weitere zwei Tage später trafen wir uns dann und ich hatte keinen Schimmer, warum. Ich dachte erst, es ginge um den Fall, dass da noch Fragen offen seien und ich überlegte mir schon, was ich ihr sagen durfte und was nicht. Naja, und dann trafen wir uns und redeten über dies und das, es war wirklich nett. Und dann erklärte sie mir, dass es eine Besonderheit gäbe mit dem Haus und seinen Bewohnerinnen. Und dass ich das vorher wissen sollte, weil ich sonst vielleicht gleich rückwärts wieder rausgehen würde. Und hätte mir irgendjemand anderes das erzählt, wäre ich mit Sicherheit gar nicht erst gekommen. Aber Samantha erzählte das alles so ruhig, so, als würde sie mir erzählen, der Boden sei frisch gebohnert, ich sollte ein bisschen vorsichtig sein. Sie ging auch nicht ins Detail, aber sie sagte, ich solle mir das Hathor Manor vorstellen als einen Betrieb mit einer Chefin und zwei Angestellten, in dem Wert auf feminine Kleidung und Sauberkeit gelegt werde. Und dass der Name Hathor auf die ägyptische Göttin der Liebe, des Friedens, der Schönheit, des Tanzes, der Kunst und der Musik zurückginge. In erster Linie sei Hathor Manor also ein Ort der Liebe, des Friedens und der Kunst. Das gefiel mir sehr. Sie meinte, Rock oder Kleid trage sie fast immer, bei ihrem Personal sei das obligatorisch und bei den weiblichen Gästen sei es kein Muss, aber erwünscht, was ein kleiner Wink mit dem Zaunpfahl gewesen ist. Was meinst du, warum ich heute den Rock anhabe, den ich bei der Hochzeit meines Cousins trug? Ich habe genau zwei Röcke, der andere ist zu eng …«

Die Art, wie sie darüber redete, faszinierte mich. Sie war überrascht, irgendwie neugierig und sie sah mich an, während sie redete. So als sei es etwas Ungewöhnliches, aber nichts, wofür ich mich schämen müsste. Und doch spürte ich die Angst, dass am Ende genau das zwischen uns stehen würde und ich spürte wieder dieses flaue Gefühl.

Gina verzog die Augenbrauen.

»Und dann kam Sara dazu. Meine Güte, das ist eine Liebe, aber sie redete unentwegt auf mich ein, ich solle doch kommen und du würdest dich auch sicher freuen – hätte sie Samantha nicht gebremst … Und da war mir klar, dass sie es für dich will. Rich, ich habe lange überlegt, ob es eine gute Idee ist, hier herzukommen. Erst Maureen Lanahan, dann Sara, was um alles in der Welt hast du denen erzählt von mir?«

Ich hätte gerne etwas gesagt, aber erst hatte ich eine Idee, was und brachte es nicht über die Lippen und als ich soweit war, hatte ich vergessen, was ich sagen wollte.

»Ich will dir nicht wehtun ...« sagte sie leise.

Und doch hämmerte der Satz in meinem Kopf wie ein Vorschlaghammer. Ich will dir nicht wehtun heißt *Ich tue dir jetzt weh. Ich will das nicht, aber ich kann nicht anders.* Ich habe diesen Satz erfunden! Aber ich stand noch nie auf der Hörerseite …

»Du bist den ganzen Weg hier hinaus und wir gehen jetzt hier spazieren, damit du mir sagen kannst, dass wir uns nicht wiedersehen werden oder sowas?«

Gina sah mich mit großen Augen an.

»Mensch, Rich! Quatsch. Aber nachdem, was ich gehört hab, dachte ich, du hast dich in irgendwas verrannt, irgendwas, von dem denkst, dass ich so bin, aber so bin ich nicht. Wahrscheinlich nicht. Wenn sie sagen, du hättest dich verändert, und ...«

»Moment! Verändert habe ich mich. Ja. Aber doch nicht deinetwegen, sondern meinetwegen. Und Saras wegen. Ja, und auch deinetwegen. Und das ist gut! Das ist eine gute Sache, egal, wie es weitergeht.«

»Die Sache ist nämlich die, dass ich mir auch nicht wehtun möchte«, sagte sie vorsichtig und versuchte zu lächeln, was ihr nicht wirklich gelang. »Ich meine, wenn da draußen jemand ist, den ich irgendwie bewegt habe, wie kann ich das ignorieren? Aber wir kennen uns im Grunde genommen gar nicht!«

»Glaub, was du willst, aber als wir da in diesem Hotelzimmer standen und instinktiv beide zur richtigen Zeit auf Melinda schossen – ich habe mich in meinem ganzen Leben noch nie jemandem so nahe gefühlt, wie in diesem Moment.«

»Ging mir auch so«, sagte sie und schenkte mir unfreiwillig einen Augenaufschlag, der mein Herz zum Rasen brachte.

»Ein, zwei Gedanken hab ich mir noch gemacht, was den Fall betrifft«, sagte ich dann, nachdem wir wieder eine Weile stumm nebeneinander am See entlanggegangen waren.

»Warum haben sie Matthew Hedderby ans Messer geliefert? Ich meine, gut, um ihn aus dem Weg zu schaffen, aber wieso tut man das jemandem an, mit dem man jahrelang Seite an Seite gekämpft hat?«

»Tja«, antwortete Gina. »Also ich habe mit Maureen auch noch ein bisschen gesprochen. Wenn ich das alles richtig verstanden habe, war es so, dass Harber diese Entdeckung in seinem Labor machte, das alles schon so gut durchdacht präsentierte, dass Benchley damit zu Grove ging, Grove Senior. Und selbst Grove war davon von Anfang an überzeugt.«

»Er war ein Fuchs, wusste genau, wie man so etwas durchzog, aber Hedderby winkte ja ab und hatte kein Interesse.«

Gina nickte.

»Verständlich. Er war schon Multimillionär und verdiente weiter gutes, sauberes Geld durch legale Geschäfte.«

»Oder das, was er für legal hielt. Und seine Frau erwartete ein Baby, Sara. Warum sollte er das Geschäft riskieren?«

»Ja, aber Grove und Benchley waren keine Multimillionäre, Grove hatte viel Geld durch seine Scheidung verloren und die Karriere seines Sohnes verlief auch nicht wirklich so, wie er sich das erhofft hatte. Hedderby hätte ihn längst entlassen, wäre er nicht Groves Sohn gewesen. Daher hätten die den Geldregen gut gebrauchen können. Und Hedderby hatte wohl Grove gegenüber den Deal nicht direkt abgelehnt, sondern einfach alle potentiellen Sicherheitslücken aufgezeigt und daher das Geschäft als nicht machbar dargestellt. Aber Grove muss für alle Probleme eine Lösung gefunden haben. Tatsache ist, Hedderby hatte sich weitestgehend aus dem Tagesgeschäft herausgehalten, daher konnte Grove alles in Ruhe vorbereiten und stellte Hedderby fast vor vollendete Tatsachen.«

Ich stimmte ihr zu.

»Und dann brach für Grove eine Welt zusammen, als er merkte, dass es Hedderby nicht um die Sicherheit ging, sondern die Zeit der illegalen Geschäfte für ihn generell vorbei war und damit die Geschäfte, die ein bisschen Extrabonus eingebracht hatten, auch. Er fühlte sich von ihm in Stich gelassen, vielleicht auch betrogen, weil Hedderby ihn belogen hatte.«

»Grove hatte den Kontakt aber zu den Russen schon aufgebaut und die waren schon in voller Planung. Solche Leute fütterst du auch nicht an und lässt sie dann verhungern. Die Idee mit der Scharade in Toronto soll von den Russen gekommen sein, auch das Hedderby Double im Hotel war ein Russe. Die Auswahl des Hotels war auch klar, denn Weston Groves Freundin Melinda arbeitete dort. Sie hatte sich auch an Harber rangemacht, der für eine Frau wie sie leichte Beute war. Harber gab dir dann als Tom den Tipp mit Hedderbys Besuch in Toronto.«

»Ja, aber dann ging es schief durch die Floppy Disc, die unter einem Schrank gefunden wurde mit Ladescheinen für eine Reederei – und da flog das Geschäft dann auf. Soviel wissen wir ja aus den Gerichtsakten schon. Das war das Aus für Grove und Benchley. Und dann ging Harber zu NCS – warum?«

Ich hatte immer gedacht, NCS stecke da mit drin, aber das war ja nun nicht der Fall.

»Ich denke, Harber sah einfach keine berufliche Zukunft mehr bei Hedderby. Und er wollte sein Projekt verbessern, da sah er bei NCS die Chance, zumal OOO Sadovekali schon Kunde war bei NCS, ganz regulär«, meinte Gina. »So konnten sie sich dort auch einfach treffen und er konnte in seinem Labor das Projekt vorstellen, an dem die Russen immer noch Interesse hatten. Und sie hatten auch die Mittel, nicht nur ein bereits hergestelltes Produkt zu kaufen, sondern es auch mit dem Know-how selbst herzustellen, darum ging es inzwischen. Es ging um etwas weniger Geld als vorher, aber immer noch um genug.«

»Und so mussten die den Deal gemacht haben, die Russen wurden dann irgendwann Ukrainer. Und nun gehört die Krim wieder zu Russland, inoffiziell, faktisch, wie man es nennen will.«

»Ich denke, es ging mehr darum, dass OOO Sadovekali das Produkt nach Vorderasien exportiert hat und es dort zum Einsatz kam. Wenn man die Spur dieser Waffen bis in die Staaten verfolgt hätte, hätte das böses Blut gegeben.«

»Und die Russen wissen das ...«

»Jedenfalls war Hedderby unschuldig – das muss dich getroffen haben.«

In dem Moment sagte ich alles, auch wenn ich wusste, dass mich das wieder einmal an den Rand bringen würde, sie zu verlieren. Aber mit einer Lüge wollte ich das erste richtig gute Gespräch mit ihr nicht kaputt machen. Also erzählte ich ihr, dass ich nie an die Scharade in Toronto geglaubt hatte, jedenfalls nicht, nachdem ich Einzelheiten herausbekommen hatte, was anschließend passiert war. Dass Hedderby den Deal alleine gemacht hatte, ohne Grove, ohne Benchley und ohne seinen Anwalt, war schon unglaubwürdig, aber dass sie, wenn auch sehr unauffällig platzierte, Beweise bei Hedderby Chemicals gefunden hatten, passte das so gar nicht zu dem stets sehr gewissenhaften Hedderby. Aber er bezahlte jetzt für all die anderen Vergehen, für die er nie bezahlt hatte. Ich dachte, ein Cop würde das verstehen, aber sie tat sich damit schwer.

»Ich war Anfang zwanzig – ich kann es nicht mehr rückgängig machen. Heute lehne ich das genauso ab wie du.«

»Tja, die treibende Kraft war hier wohl Melinda Caven, die ihre Männer gut im Griff hatte. Grove Jr., Phil Harber und dich also auch. Und ...«, sie drohte mir mit dem Zeigefinger, »... spiel jetzt nicht nochmal die *Ich-war-Anfang-20-Karte.*«

An der Stelle machten wir kehrt und gingen wieder zurück Richtung Hathor Manor.

»Willst du eigentlich gar nicht wissen, wessen Kugel Melinda Caven nun getroffen hat?«, fragte sie mich dann plötzlich, elegant das Thema wechselnd.

Ich lächelte. »Das weiß ich schon.«

Gina war überrascht.

»Naja, wäre es meine Kugel gewesen, dann hätte es längst schon eine Untersuchung gegeben und meine Waffe wäre beschlagnahmt worden. Wobei das eigentlich auch so hätte passieren müssen. Was ist mit dir?«

»Ich saß gerade bei Warren drin und war kurz davor, meine Beurlaubung zu unterschreiben, weil ich seine klaren Anweisungen missachtet hatte, als er angerufen wurde und mich rausschickte. Und danach hatte sich das erledigt mit der Beurlaubung. Wie sich herausstellte, hatte Homeland Security mich direkt angefordert. Die E-Mail musste verlorengegangen sein, aber es war keine Zeit und da hätte man mich angerufen und dich auch, weil du für diesen Fall auch als externer Berater von Homeland engagiert worden bist.«

»Engagiert – ich krieg noch eine Gage?«

Gina lachte. »Nein, aber die haben uns den Arsch gerettet. Ich weiß nicht, warum, aber sie haben es getan. Ich soll dir schöne Grüße von Maureen ausrichten.«

»Danke«, sagte ich.

Es war hochanständig von Maureen, dass sie uns da rausgehauen hatte. Eigentlich war sie die erste wirkliche Freundin in meinem Leben. Es hatte nie für mehr gereicht und es war uns auch immer genug gewesen, aber trotzdem berührte mich in dem Moment, was sie für uns getan hatte. Ich musste ihr etwas bedeuten, sonst hätte sie das nicht gemacht.

»Sie scheint eine bemerkenswerte Frau zu sein. Und sie schien eine Menge über dich zu wissen, so wie du mit ihr gesprochen hast. Sie fragte dich, ob ich die Kleine wäre, die dich so positiv verändert hätte. Und dass die Kleine es wert sei. Ich dachte da noch, sie meinte, ich wäre Sara. Weil ich sie nicht gleich erkannt habe, so ohne Hut …«

»Nein, das hat sie gewusst, dass du nicht Sara warst. Und Sara, sie ist ein unglaublich liebes Mädchen, ich mag sie total gerne und ich hatte von Anfang an das Gefühl, Schuld an ihrer Lage zu sein und sie daher beschützen zu müssen, etwas wieder gut zu machen, aber mehr ...«

»Sie ist hübsch …«

»Ja, das ist sie.«

Und du bist noch viel hübscher!

»Aber ich hatte nie romantische Gefühle für sie. Und schon gar nicht mehr, nachdem ich dich das erste Mal gesehen habe.«

Gina lächelte schwach. Oder war das verlegen?

»Aber dann«, sagte sie, »nach dem Anruf bei Warren, rief sie mich an und erzählte mir, dass ich offiziell bei einem Homeland Security-Einsatz mitgewirkt hatte und erst da wurde mir klar, dass sie mich meinte.«

»Ja, ich war da auch etwas sauer auf sie, weil sie viel zu laut sprach und ich nicht wollte, dass du das mitbekommst. Zu der Zeit sah ich dich schließlich immer noch in Gedanken in den Armen eines anderen.«

»Aber es war gut. Ich dachte erst, du stehst nur auf jüngere, wärst so ein typischer Draufgänger, ein so *Wenn legal, dann egal*-Typ. Aber ich sah in ihrem Blick in dem Hotelzimmer, dass zwischen euch etwas war. Und diese Frau sah nicht aus wie das Klischee, das ich von dir vor Augen hatte. Ich meine, sie ist elegant, sieht noch gut aus, ist intelligent, aber eben auch viel älter als du. Aber – was meinte sie? Was war ich wert?«

»Maureen und ich, wir waren Freunde. Keine richtigen Freunde, die sich oft sehen oder mit denen man zusammen in den Urlaub fährt. Freunde, die sich halfen, wenn sich unsere Wege trafen. Und ab und an hatten wir zusammen Spaß. Jetzt sind wir nur noch Freunde.«

»Ohne Spaß …«

»Gerne auch mit Spaß, aber der Spaß hat nun Grenzen bekommen. Und das hat nur bedingt mit dir zu tun. Nein, es hat volle Kanne mit dir zu tun, aber nicht so, wie du denkst. Seit ich dich getroffen habe, ist in mir ein Wunsch auf mehr, reicht mir der Spaß allein nicht mehr aus. Nur ein bisschen von jemandem zu bekommen, ein bisschen mehr, ein bisschen Zeit miteinander zu verbringen und ab und an mal Spaß miteinander zu haben, das ist mir zu wenig. Jemand, der da ist, immer da ist, das ist das wahre Leben. Nicht wörtlich gemeint, sondern jemand, der an mich denkt. Nicht immer, aber jeden Tag, und an den ich denke, jeden Tag. Es ist ein Traum, aber es ist …«

»So Highschool!«, lachte Gina. »Sind das nicht die Träume, die man hat, wenn man …«

Sie machte eine lange Pause.

… verliebt ist, dachte ich.

»Hör zu«, sagte ich dann. »Ich weiß nicht, was gerade mit mir passiert. Vielleicht mache ich mir auch gerade das erste Mal in meinem Leben darüber Gedanken, wo die Enten aus dem Central Park im Winter bleiben.«

Gina winkte ab. »Nur, weil wir in Rye sind – ich habe in der Schule das Buch lesen müssen und ich habe es gehasst!«

»Ich auch«, lachte ich. »Ich mache gerade eine Metamorphose durch und damit meine ich nicht die Rockgeschichte, sondern alles. Mein Leben. Also zumindest tausche ich gerade Dinge aus meinen Leben aus, die mir nicht mehr gefallen, gegen interessante, neue Dinge. Nur mein GTX – der bleibt. So sehr kann ich mich gar nicht ändern …«

»Du fährst einen Roadrunner?«, fragte sie aufgeregt. »Einen Plymouth GTX Roadrunner? Welches Baujahr? Welche Farbe?«

»Ja. 1969. Rot.«

Bitte. Ein Auto? Ernsthaft? Die kleine, italienische Stupsnase ließ sich von einem Muscle Car beeindrucken? Im 21. Jahrhundert? Und als ich sie zum Bahnhof nach Port Chester brachte, brachte sie eigentlich mich. Ich saß zum ersten Mal in meinem Leben auf dem Beifahrersitz und hätte niemals irgendeiner Frau erlaubt, sich hinter das Steuer meines GTX zu setzen. Und Gina saß genau da, gab Gas, schaltete, lenkte, lenkte *mein* BaDmobil, *meinen* GTX und rief immer wieder *Das ist so cool!* Und ich? Ich war glücklich, glücklich, wie ich sie hinter dem Steuer sitzen sah, ihren zufriedenen Gesichtsausdruck erblickte und ihre Begeisterung spürte. Jetzt hatte ich das kleine Kind in ihr geweckt. Mit einem Oldtimer. So wie ich einer war.

Epilog

Der V8 schnurrte auf dem New York Thruway. Ich hatte bis zum Nachmittag gearbeitet und danach Gina am Bahnhof in Port Chester abgeholt. Samantha hatte mir ein paar Tage frei gegeben und Gina hatte auch Urlaub. Ich wusste nicht, was werden konnte zwischen uns, aber ich war bereit, den Weg zu gehen, wie lang er auch immer werden würde. Und als mich Gina fragte, wohin unser erster Ausflug gehen sollte, gab es nur einen Ort, der mir einfiel. Einen Ort, an den ich schon so viele Frauen geführt hatte, damit sie von der Magie des Ortes trunken wurden und sich in meine Arme fallen ließen. Und ich wusste, zum ersten Mal würde ich die Magie dieses Ortes selber spüren, zum ersten Mal wahrscheinlich mehr als die Frau neben mir. Die Frau, die soeben die Augen geschlossen hatte und nun friedlich neben mir schlummerte. Ich atmete zufrieden durch, stellte den CD-Player einen ganz kleinen Tick lauter, während der GTX unbeirrt seinen Weg in die Nacht fuhr, seinen Weg zu dem Ort, den er fast schon von alleine fand, seinen Weg nach Niagara Falls.

BONUSMATERIAL

Interview mit Gina Lonardoni, Detective der Major Case Squad beim NYPD

Miss Lonardoni, sind Sie mit der Darstellung Ihrer Figur in diesem Buch zufrieden?

(lächelt) Ich komm hier viel zu gut weg, glaube ich.

Weil der Erzähler ein Auge auf Sie geworfen hat?

(lacht) Kein Kommentar.

Haben Sie es als Frau wirklich schwerer beim NYPD?

Das ist doch überall so. Als Frau muss man besser sein, um gleich behandelt zu werden. Aber ich kann nicht klagen, wir haben eine gute Truppe.

Eine Truppe, der einer nicht mehr zugehört: Jim Mullan. Verraten Sie uns, warum?

Nein, definitiv nein!

Haben Sie noch Kontakt zu ihm? Lebt er noch in New York?

Kein Kommentar, tut mir leid.

Verraten Sie uns wenigstens, was in Niagara Falls passiert ist, bei dem Kurzurlaub mit Richmond? Haben Sie sich geküsst?

Ich rede mit Ihnen gerne über den Fall, aber darüber … – bitte haben Sie da Verständnis.

Wie würden Sie Niclas Richmond mit drei Worten beschreiben?

Ich mag ihn.

Die Jahre hatten tiefe Furchen in sein Gesicht gezogen. Er war blass geworden und seine weißen Haare verliehen ihm einen würdevollen Anblick. Er hatte immer noch den gleichen schelmischen Ausdruck in seinen Augen wie seinerzeit, als ich ihn kennengelernt hatte. Aber sie waren wärmer und freundlicher geworden. Man konnte sagen, seinem Gesicht war die Geschwindigkeit genommen worden. Der Workaholic von einst saß mir ganz entspannt gegenüber, nippte an seinem Kräutertee, den uns seine Haushälterin gekocht hatte. Auch sie war dieselbe wie damals, nur dass sie inzwischen offenbar bei ihm eingezogen war. Eine herzensgute Dame, die sich kaum verändert zu haben schien. Er hatte mich begrüßt wie einen alten Freund, den man nach vielen Jahren wiedersah und doch kam ich mir in seiner Gegenwart immer noch vor wie der Rookie von einst, der voller Ehrfurcht zu einem der Besten der Branche heraufschaute und es machte mich ein bisschen nachdenklich, dass ich heute in dem Alter war, in dem er gewesen war, als ich ihn kennengelernt hatte. Wir waren beide auf dem Höhepunkt unserer Karrieren gewesen, nur war er siebenundvierzig, ich fünfundzwanzig gewesen. Ich wusste nicht, ob es eine gute Idee gewesen war, ihn aufzusuchen, aber zum einen war ich gerade dabei, meine Vergangenheit aufzuräumen und mit ihr ins Reine zu kommen, zum anderen war immer noch eine Frage ungeklärt. Ja, ich hatte einige Spekulationen in den Raum geworfen, aber das waren eben Spekulationen. Doyle musterte mich lange, als ich ihm alles erzählte, was wir so viele Jahre später herausgefunden hatten. Alles, bis auf Saras wahre Identität – da waren schon genug Leute eingeweiht. Dann nippte er nachdenklich an dem Tee und lehnte sich zurück.

»Weißt du, Rich«, begann er, »so richtig überraschend kommt das für mich nicht. Baker und ich haben damals lange diskutiert, ob wir dich einstellen sollen oder nicht – und du weißt, welche

Position ich vertrat. Dennoch war auch mir klar, dass sich hier Ehrgeiz, Intelligenz, Hartnäckigkeit und Kreativität mit einem ungestümen Temperament mischten, mit Leichtsinn und Sorglosigkeit. Du hast ein Ziel gesehen und bist darauf zugestürmt. Fokussiert – ja, ist ja gut, aber links und rechts hast du nichts mehr wahrgenommen. Ein guter Ermittler sieht sein Ziel und erstellt einen Plan. Und dann geht er seinen Weg mit offenen Augen und mit offenen Ohren. Du hattest Hedderby im Visier lange vor dieser Geschichte, aber deine Abneigung und dein unbedingter Wille, ihn endlich an den Haken zu kriegen, hat dich weder näher an dein Ziel gebracht, noch dich zu einem besseren Journalisten gemacht, auch wenn dein Chefredakteur das damals offensichtlich anders sah.«

»Und doch habt ihr mich eingestellt …«

»Naja, du warst wie ein wildes Pferd. Man kann, wenn man viel Arbeit reinsteckt, daraus ein schnelles Rennpferd machen. Nur, Schnelligkeit alleine reicht nicht – es muss auch in der Spur bleiben. Und du bist im Laufe der Jahre immer besser geworden.«

»Ich hab vom Besten lernen dürfen.«

»Hör auf, mir Honig ums Maul zu schmieren, das steht mir in meinem Alter nicht mehr«, lachte er laut und verschluckte sich dabei.

»Was du dann gemacht hast, war billig. Du konntest ihm nie etwas nachweisen und hast ihn dann also auf diese Weise doch noch gekriegt. Doch man darf nicht schummeln, nicht so, und irgendwann schlägt das Leben zurück. Aber jetzt schau nach vorne, Junge. Reue ist gut, aber macht Hedderby nicht wieder lebendig.«

»Ich weiß – und ich hätte nie gedacht, dass das alles so sehr zurückschlagen würde eines Tages. Es gibt aber eine Sache, die mir noch nicht klar ist: Wer hat Baker & Doyle seinerzeit beauftragt? Wo kam das Geld her?«

Doyle runzelte die Stirn.

»Damit hast du uns damals schon gelöchert.«

»Ja, und du sagtest, den Auftrag hätte Baker entgegengenommen und der Auftraggeber wollte anonym bleiben.«

»Was die Wahrheit war – ich wusste es wirklich nicht.«

»Meine Vermutung ist ja, dass es Wladnik war oder Koltchakov. Die Russen, das hätte damals überhaupt keinen Sinn gemacht, aber heute, wo wir wissen, dass sie die Scharade in Toronto organisiert hatten, weil Hedderby dem Geschäft im Wege stand … Tja, schade, dass du es nicht weißt.«

»Du hörst immer noch nicht richtig zu! Ich sagte, ich *wusste* es nicht. Baker wollte es mir nicht verraten, aber als er starb, fand ich entsprechende Dokumente und weiß es heute.«

Mein Pulsschlag musste sich gerade verdoppelt haben.

»Und wer …?«

»Ich frage mich, ob es eine gute Idee ist und ob das Geheimnis bei dir gut aufgehoben ist.«

Doyle stützte seine Hände auf die Oberschenkel und beugte sich nach vorne.

»Mitch Jacobs!«

Er schien sich köstlich zu amüsieren, weil mir gerade alles aus dem Gesicht fiel. Mitch Jacobs? Der Geschäftsführer von Niagara Chemical Solutions? Wir hatten gerade den Beweis erbracht, dass NCS nicht hinter der ganzen Sache stand, sondern es das Werk von einzelnen Personen war, von denen einer zufällig bei NCS arbeitete. Das verwirrte mich völlig.

»Junge«, lachte Doyle immer noch, »du solltest deinen Gesichtsausdruck sehen!«

»NCS war da nicht mit involviert, da gab es am Ende gar keine Zweifel!«, sagte ich trotzig.

Da war wieder dieser schelmische Blick.

»*Worin* involviert, ist die Frage. Als Matthew Hedderby verurteilt wurde, war Jacobs klar, dass die Geschäftsführung da mit drinstecken musste. Er kannte die Konkurrenz sehr gut und wusste, dass der Kopf der großen Geschäfte meistens Grove war, nicht Hedderby. Und er wusste Einzelheiten. Von Phil Harber. Als Gegenleistung bot er ihm dann einen Job im gehobenen Management an. Ja, in das Waffengeschäft war er nicht involviert, aber er sah die Chance, Hedderby Chemicals so entscheidend zu schwächen, dass es ganz legal zu einem Machtwechsel kommen musste, was letztlich damit endete, dass NCS Hedderby schluckte.«

Doyle zuckte mit der Schulter.

»So ist das – schlucken und geschluckt werden. Und Mitch hat sich das eine Stange Geld kosten lassen! Das gab einen richtig fetten Bonus damals.«

Ich sah ihn lange an und ich brachte es nicht übers Herz, ihn zu fragen, ob er wusste, dass der Löwenteil von dem Bonus nicht von Jacobs Rechnung bezahlt worden war, sondern von dem Schweigegeld, von dem Melinda Caven gesprochen hatte.

Als ich mich von Doyle verabschiedete, war eine ordentlich Portion Wehmut mit im Spiel, denn ich hatte eine Ahnung, dass ich ihn an jenem Tag das letzte Mal gesehen hatte. Und als ich ihm die Hand gab, zwinkerte er mir zu und was er dann sagte, war so verblüffend, dass ich für einen Moment das Atmen vergaß.

»Und grüß die kleine Sara von mir!«

Interview mit Phil Harber, Mitglied der Geschäftsführung bei Niagara Chemical Solutions

Mr. Harber, Sie sind fast eine Hauptfigur, kommen aber im gesamten Buch nie direkt vor.

Ist das eine Frage?

Fanden Sie Ihre Person korrekt wiedergegeben?

Was glauben Sie? Die Figur hatte ja überhaupt keine Chance, irgendetwas beizutragen oder gar Substanz zu entwickeln. Abgestempelt als unsympathischer Fachidiot, der alles tut, nur weil eine Frau ihm schöne Augen macht.

Und das entspricht nicht der Wahrheit?

Soll ich mich entschuldigen, weil ich mir schon als junger Chemiker nichts von den Alten habe sagen lassen, die stehengeblieben waren? Soll ich mich dafür entschuldigen, dass ich einfach besser war als die meisten anderen? Nein. Aber das hat mit Sympathie nichts zu tun, sondern mit Realismus.

Wie sind Sie letztlich in die Geschäftsführung von NCS gekommen? Das hatte Ihnen keiner von Hedderby Chemicals zugetraut!

Oh, das wurde gelost, ich hatte Glück. Was meinen Sie denn? Was meinen Sie, warum ich von Hedderby weg bin? Bei NCS hat man letztlich meine Fähigkeiten erkannt.

Wissenschaftler und Gewissen – passt das zusammen?

Ich bin Wissenschaftler, kein Politiker. Ich finde heraus, wie man etwas einsetzen kann, ein Politiker entscheidet, ob man es einsetzen sollte. Ich werde für meinen Job bezahlt, er für seinen.

NYC Mercury

New York City — Thursday, June 19, 2015

Murderer of NYC Mercury Jounalist arrested!

by Sara Maria Anderson

NYC, It was the darkest day in the young history of NYC Mercury, when journalist Brian O'Reilly was found dead in his apartment Saturday before last.

This murder was connected to a cold case, a long forgotten crime that kept the courthouses busy in the early 90's when chemical mogul Matthew Hedderby was found guilty of committing dirty arms deals during the final stage of the cold war with Russian Agents. NYPD Captain Eric Warren: „The arrest was the result of a meticulous teamwork between our NYPD Major Case Squad and the HSI. I was convinced from the beginning that a close cooperation between both organizations would be the key to success. I am proud of my team!"

Brian O'Reilly joined NYC Mercury in 2008 and he will leave a huge void in our team. The NCY Mercury would like to express our deepest sympathy for his family.

Tonight 9 PM at O'Neills: Buffalo Indie-Rock Band „Chubby Ankles".

Body found on Castle Island identified

by David Kerec

Boston, In today's press conference of Boston Police Department Police Chief Lawrence Callahan announced that the identity of the dead body found last Saturday in the Castle Island Park, Boston, could have been detected: 25 year old Harvard student Davie Reyes. His murderer is still on the run.

Story on page 8

Interview mit Samantha Fatima Woolf, Galeriebesitzerin in Lower Manhattan

Miss Woolf, wie fühlt man sich als Gutsherrin auf Hathor Manor?

Haben Sie das Buch gelesen? Kaum, sonst würden Sie diese Frage so niemals stellen. Hathor Manor ist kein Gutshaus, kein Herrenhaus oder gar Herrinnenhaus. Hathor Manor ist ein Ort der Liebe und der Kunst, um mal die beiden wichtigsten Punkte zu nennen. Bei uns wird Fürsorglichkeit und Verantwortung füreinander sehr groß geschrieben.

Aber was tragen Sie dazu bei?

Ich bin diejenige, die die Ventile reguliert, die aber auch immer darauf achtet, dass genug Luft drinnen bleibt. Sara hätte mit ihren Phantasien an Wer-weiß-wen geraten können und Rich – der hätte sich nie getraut, irgendeinen Schritt in diese Richtung zu unternehmen. Der muss immer alles unter Kontrolle haben. Bei uns hat er die Kontrolle, aber wir geben seinem Leben wieder Sinn, eine Aufgabe, eine Familie. Ich hätte nie gedacht, dass er solange durchhalten würde und ganz ehrlich: Wenn das mit Gina nochmal ernster wird, dann weiß ich nicht, was passieren wird. Ich kann ihr nur raten, ihn da nicht mehr ändern zu wollen. Das wäre so, als klebte man ein Ventil zu. Das kann gutgehen, aber wenn nicht, können die Schäden irreparabel sein.

Aber Sie verstehen schon, dass sie Probleme damit haben könnte, was er bei Ihnen tut?

Was tut er denn? Er ist Hausangestellter und laut Hausordnung gilt eine Kleiderordnung während der Arbeitszeit. Glauben Sie, bei uns passiert irgendetwas mehr als das? Er ist ein Mann – mein Interesse ist da rein pragmatischer Natur. Und ich mag ihn als Mensch.

Ich wollte nur, dass unsere Leser es aus Ihrem Mund hören. Miss Woolf, Sie sind eine bemerkenswerte Frau.

(lächelt) Danke, aber ich denke, alle Frauen sind bemerkenswert! Man muss ihnen nur die Chance geben, es zeigen zu dürfen.

Personen von A-Z (ohne zu viel zu verraten)

Anderson, Sara Maria *1989 Journalistin beim NYC Mercury
Anderson, Roger *1953 Gerichtmediziner beim NYPD und CPD
Anderson Bernice *1954 kfm. Angestellte
Baker, Donald Aaron *1935 +2001 Inhaber von Baker & Doyle
Benchley, Joe *1946 Managing Director Hedderby Chemicals Inc.
Bowles, Agnes *1951 Sekretärin bei NCS, Inhaber eines Hundehotels
Brainard, Robert *1939 ehem. Chefredakteur der Niagara Post
Cavan, Meldina * 1969 Hotelfachfrau im Humble Bay Castle
Coon, Tyler *1981 Murder Squad Detective NYPD
Dimon, Victoria *1959 Journalistin beim NYC Mercury
Doyle, Jonathan *1942 Inhaber Baker & Doyle
Fisher, Marvin *1991 Murder Squad IT Specialist NYPD
Grove, Robert *1943 General Manager Hedderby Chemicals Inc
Grove, Weston *1967 Chemiker bei Hedderby Chemicals Inc
Harber, Phil *1965 Leiter Forschung NCS, später Geschäftsführung
Hedderby, Irene *1945 Frau von Matthew Hedderby
Hedderby, Matthew *1939 Inhaber Hedderby Chemicals Inc.
Jacobs, Mitch *1952 Managing Director NCS
Kerec, David *1992 Journalist beim NYC Mercury
Koltchakov, Michajl *1944 Purchasing Manager OOO Sadovekali
Kresby, Steven *1967 Managing Director NYC Mercury
LaBrake, Allyssa *1975 Ex-Freundin von Niclas Richmond
Lonardoni, Gina *1982 Murder Squad Detective NYPD
McCarty, Chris *1949 General Manager NCS
McKean, Gary *1972 Purchasing Manager UCCC, ehem. bei NCS
Mitchell, Kelly *1985 Journalistin beim NYC Mercury
Morrison, Dave *1948 Detective BPDNY
Mullan, Jim *1961 ehem. Murder Squad Detective NYPD
O'Reilly, Brian *1979 Journalist beim NYC Mercury
Richmond, Niclas *1969 Privatdetektiv Baker & Doyle, Ex-Journalist
Sunstrum, Curt *1958 General Manager NCS
Tom Informant von Niclas Richmond

Townsend, Howard *1960 Chefredakteur Niagara Post

Tschernjawaskii, Nikolaj S. *1943 Chemiker, russischer Überläufer

Vineyard, Marc *1964 Redakteur NYC Mercury

Warren, Eric *1964 Captain Murder Squad NYPD

Watson, Ellen *1967 Frau von Vince Watson

Watson, Stuart *1998 Leadgistarrst »Chubby Ankles«

Watson, Valerie *1996 Tochter von Vince Watson

Watson, Vince *1967 Private Security, Freund von Niclas Richmond

Wladnik, Fjordor *1944 Agent, arbeitet für OOO Sadovekali

Wood, Marcey *1962 Kindermädchen, Altenpflegerin

Woolf, Amanda Sinah *1972 Samanthas Schwester

Woolf, Samantha Fatima *1975 Galerie-Inhaberin in Manhattan

Weitere Veröffentlichungen des Autors

»Rich & Mysterious – Sie ist dein Ruin«
Band 2 der »Rich & Mysterious« -Reihe

Welches Interesse hat die New Yorker Polizei an einem Mord auf Castle Island in Boston? Warum ist Detective Gina Lonardoni verschwunden? Riskiert sie ihre Karriere für ihren suspendierten Vorgesetzten – oder gar mehr? Warum sonst hat Privatdetektiv Niclas »Rich« Richmond, als es darauf ankommt, den kompletten Polizeiapparat des NYPD hinter sich?

Einst ein junger, erfolgreicher Journalist und Privatdetektiv, ist vom einstigen Ruhm nicht mehr viel übrig geblieben. Doch als Gina vermisst wird, läuft nicht nur Richs GTX auf Hochtouren. Bis er ausgerechnet von dem Mann engagiert wird, den Gina um jeden Preis hinter Gittern bringen will …

Taschenbuch, 395 Seiten, ISBN 978-3-96050-103-9

»Das Spanische Schwert« von Neal Skye & Cherry Loster

Niclas »Rich« Richmonds Motivation, Nachforschungen über jahrhundertealte verschwundene Dokumente anzustellen, ist begrenzt, als er einen Tipp aus der Redaktion des »Buffalo Star« bekommt. Doch seine wenig erfolgreich verlaufende Karriere als Privatdetektiv und die fehlenden Aufträge der Zeitung überzeugen ihn schnell, sich auf die Suche zu begeben …
Cherry Loster, in derselben Branche wie Rich tätig, erhält einen privaten Auftrag, eben diese Dokumente zu finden. Und beschließt, ihren »Konkurrenten« für ihre Zwecke einzuspannen ...
Was anfangs wie ein langweiliger und leicht zu bewältigender Auftrag aussieht, entwickelt sich schnell zu einem Wettrennen – nicht nur zwischen Rich und Cherry. Immer wieder geraten beide in die Schusslinie der inoffiziellen Garde der spanischen Königin und eines uralten Geheimbundes, die ebenfalls ein Interesse daran haben, dass die Dokumente aus der Zeit des Sonnenkönigs nicht in falsche Hände geraten. Denn die darin beschriebene Intrige um die spanische Krone würde auch jetzt noch für Wirbel sorgen.

»Das Spanische Schwert« kann unabhängig von der Rich & Mysterious-Reihe gelesen werden.
Taschenbuch, 325 Seiten, ISBN 978-3-96050-147-3

Novitäten 2019 im Franzius Verlag

Romane

»28m² – Die Probandenstudie«
Thriller von Perry Payne, ISBN 978-3-96050-168-8

»Getaway – Auf der Flucht vor der Vergangenheit«
Thriller von Timothy Whiter, ISBN 978-3-96050-164-0

»Redric«
Thriller von Jenny Rubus, ISBN 978-3-96050-160-2

»Tödliche Ruhr«
Kriminalroman von Ralf Weißkamp, ISBN 978-3-96050-152-7

»S.A.M. – Mord zwischen den Zeilen«
Roman von Teresa Nagengast, ISBN 978-3-96050-156-5

»Barackenkinder«
Roman nach einer wahren Begebenheit
Von Marion Schinhofen, ISBN 978-3-96050-158-9

»Blowing Across«
Science-Fiction von Christine Keller, ISBN 978-3-96050-154-1

»Ein Stück Süden für Dich«
Roman von Sigrid Wohlgemuth, ISBN 978-3-96050-150-3

»Jagdbare Tiere«
Mystery-Thriller von Ronja Potstawa, ISBN 978-3-96050-145-9

»Auf leeren Seiten«
Mystery-Thriller von Melanie Bottke, ISBN 978-3-96050-143-5

»Yoga, Chaos und ein Mörder«
Kriminalroman von Kathrin Hölzle, ISBN 978-3-96050-141-1

»Für eine Stunde«
Thriller von Perry Payne, ISBN 978-3-96050-130-5

»Übelst – Eine schräge Komödie«
Roman von Andreas. A. Reichelt, ISBN 978-3-96050-139-8

»Grazie Roma @ schön, dass es E-Mails gibt«
Roman von Claudio Gallo, ISBN 978-3-96050-134-3

»Das Labyrinth des Narren«
Roman von Peter Dumat, ISBN 978-3-96050-095-7

Biografien

»Elisabeth Amandi. Die Biografie – Kreativität macht glücklich«
Von Yngra Wieland, ISBN 978-3-96050-123-7

Sachbücher und Ratgeber

»Increase your energy: Mehr Gesundheit, Erfolg und Glück« Deutsche Erstausgabe des Titels »Increase your energy«
Von Frederick Dodson, ISBN 978-3-96050-136-7

»KETOGA – Ketogene Ernährung und Yoga«
Von Fabrizio P. Calderaro, ISBN 978-3-96050-120-6

»2021 – Wer wir sind, wo wir stehen und wohin wir gehen«
Aktualiserte und überarbeitete Fassung von »2015«
Von Petra Liermann, ISBN 978-3-945509-31-9

Kinder- und Jugendbücher

»Acello und die Lichtkönigin«, Band 4 der »Acello«-Reihe
Von Mirjam Wyser, ISBN 978-3-96050-162-6

»Die Kristallkinder und das fliegende Auto«, Band 3 der »Kristallkinder«-Reihe
Von Mirjam Wyser, ISBN 978-3-96050-166-4